Ludwig Blau

Das altjüdische Zauberwesen

Ludwig Blau

Das altjüdische Zauberwesen

ISBN/EAN: 9783743350168

Hergestellt in Europa, USA, Kanada, Australien, Japan

Cover: Foto ©ninafisch / pixelio.de

Weitere Bücher finden Sie auf **www.hansebooks.com**

DAS ALTJÜDISCHE

ZAUBERWESEN

VON

DR. LUDWIG BLAU,

PROFESSOR AN DER LANDES-RABBINERSCHULE ZU BUDAPEST.

STRASSBURG I. E.

KARL J. TRÜBNER

1898.

Inhalt.

Vorwort.

Die in den letzten Jahren in Menge zum Vorschein gekommenen Zauberpapyri haben die Aufmerksamkeit in erhöhtem Masse auf die antike Magie gelenkt und so darf ich hoffen, dass die folgende, durchweg aus den Originalquellen geschöpfte Darstellung des altjüdischen Zauberwesens als eine zeitgemässe freundliche Aufnahme finden wird. Das altjüdische Zauberwesen bildet an sich einen interessanten Abschnitt in der Geschichte des menschlichen Glaubens und Denkens, bietet aber zugleich den besten Beleg für die Zähigkeit magischer Vorstellungen. Diese wurzeln so tief in der menschlichen Natur, dass sie der jüdische Monotheismus trotz seiner weltgeschichtlichen Triumphe aus dem eigenen Volke nicht gänzlich auszurotten vermochte.

Bei dem engen Zusammenhange zwischen Glauben und Zauberei liegt nichts Auffallendes in der Thatsache, dass der Gott Israels, namentlich der vierbuchstabige Gottesname und seine Variationen, in den Zauberpapyri und auf den Abraxasgemmen einen so hervorragenden Platz einnehmen. Mit dem wachsenden Einfluss der jüdischen Religion auf die alte Welt wuchs auch das Ansehen des fremden Gottes bei den heidnischen Völkern und ihren Zauberern. Den weisen Salomo verehren die Zauberer bis auf den heutigen Tag als ihren König und Urahn. In wie weit jedoch andere Elemente des jüdischen Zaubers in die heidnische Magie eingedrungen sind oder auf dieselbe eingewirkt haben, lässt sich bei dem heutigen Stande dieser Studien nicht genau bestimmen. Einige Beispiele findet man in unserer Darstellung. Im Allgemeinen hat in diesem Punkte das Heidenthum einen unvergleichlich grösseren Einfluss auf das Judenthum ausgeübt, als das Judenthum auf das Heidenthum. Die Originalität des jüdischen Volkes liegt ausschliesslich in der erhabenen Erkenntniss des einig-einzigen Gottes.

Mit „altjüdisch" bezeichne ich das Zeitalter der jüdischen Tradition, also beiläufig das erste halbe Jahrtausend unserer Zeitrechnung. Den jüdischen Zauber des Mittelalters, wie er sich namentlich in der Kabbala und ihrer Litteratur breit macht, habe ich wohl nicht berücksichtigt, aber einen Schlüssel zu seinem Verständniss an die Hand gegeben, denn die Kabbala ist nicht nur ein Kind der Philosophie, sondern auch der Magie.

Der erste, der sich mit unserem Thema beschäftigt hat, ist S a l o m o i b n A d r e t, die grösste rabbinische Autorität Spaniens in der zweiten Hälfte des 13. Jahrhunderts. In seinen rabbinischen Gutachten ist Nr. 413 (Editio Bologna 1519) der Frage gewidmet, ob man sich magischer Heilmittel bedienen dürfe. Er behandelt die Frage, wie gelegentlich andere Decisoren und Commentatoren des Talmuds, vom halachischen (religionsgesetzlichen) Standpunkt. Der medicinische Gesichtspunkt waltet vor bei D r. G i d e o n B r e c h e r, der in seinem Werke: „Das Transcendentale, Magie und magische Heilarten im Talmud" (Wien 1850) das einschlägige Material gesammelt hat. Er schöpft fast ausschliesslich aus dem babylonischen Talmud, ohne ihn auszuschöpfen, und beschränkt sich auf eine trockene Registrierung der Thatsachen. Den theologischen Standpunkt vertritt der als Talmudist und als Theologe gleich ausgezeichnete Seminar-. rabbiner Dr. D. Joël in seiner Schrift: „Der Aberglaube und die Stellung des Judenthums zu demselben", die im Jahresbericht des jüdisch-theologischen Seminars „Fraenkel'scher Stiftung" erschienen ist (Breslau 1881 I. einziges Heft). Wie schon der Titel zeigt, kommen in dieser Schrift alle Arten des Aberglaubens und nicht blos die Magie zur Sprache. Die anscheinend oder thatsächlich superstitiösen Hauptstellen der Quellenschriften des Judenthums werden in chronologischer Reihenfolge vorgeführt und besprochen. Vollständigkeit ist gar nicht beabsichtigt.

Ich war in erster Reihe bestrebt, den vorhandenen Stoff vollständig zu sammeln und in möglichster Kürze vorzulegen. Die classischen Stellen sind in den Anmerkungen im Original gegeben, um den Leser mit den Quellen vertraut zu machen und zugleich die Controlle zu erleichtern. Der Text ist aber auch ohne Noten lesbar. Ich glaube Spuren magischer Vorstellungen auch in anscheinend ganz unschuldigen Aeusserungen nachgewiesen zu haben (vgl. besonders S. 33 ff. und 146 ff.). Hier bietet sich der Forschung noch ein weites Feld. Soweit meine Kenntnisse und meine litterarischen Mittel reichten, machte ich auch geschichtlich-vergleichende Studien. Ich bin mir in diesem Punkte der Mangelhaftigkeit meiner Arbeit bewusst und bedauere sehr, dass mir keine Hilfsmittel über die aegyptische Magie zur Verfügung standen. Eine Vergleichung des jüdischen und aegyptischen Zauberwesens, die auf Grund der vorliegenden Arbeit angestellt werden kann, wäre eine lohnende Aufgabe für einen Aegyptologen.

Ich war ferner bestrebt, den gesammelten Stoff

übersichtlich zu ordnen und zu beleuchten. Um Wiederholungen zu vermeiden, verwendete ich die einzelnen Angaben in der Regel nur Ein Mal als Beleg; in einigen, verhältnissmässig wenigen Fällen jedoch war ich in Ermangelung anderweitiger Daten gezwungen, auf schon angeführte Angaben zurückzugreifen, um die Existenz mancher in Frage stehender magischen Vorstellung zu beweisen.

Meinem Lehrer und Collegen, Herrn Prof. Bacher, der eine Correctur dieses Werkes gelesen, spreche ich auch an dieser Stelle meinen Dank aus.

BUDAPEST, im August 1898.

Ludwig Blau.

I.

Aberglaube, Zauberwesen und Dämonenglaube.

Nach der Demokratisirung der staatlichen Regierungs-
form und der schönen Literatur ist in der Gegenwart auch
die Wissenschaft mehr denn je demokratisch geworden;
nicht nur die Statistik, die Sociologie, die Volkswirthschaft,
die Ethnographie und andere Disciplinen, sondern auch die
Religionswissenschaft zieht die grossen Massen in den Bereich ihrer Betrachtungen. Nachdem man sich lange Zeit
hindurch blos um die Geschichte der Theologie, d. h. um
die Geschichte der Religion der gelehrten Vertreter derselben gekümmert hat, ist man nunmehr zur Ueberzeugung
gelangt, dass zu einer wirklichen Geschichte der Religion
auch die Kenntniss der volksthümlichen, religiösen Anschauungen, Sitten und Gebräuche gehört. Der „kleine Mann"
ist auch auf diesem Gebiete in den Vordergrund des Interesses
getreten: sein Aberglaube hat nach unverdienter Zurücksetzung
im Reiche des Wissens die Gleichberechtigung erhalten.

Und mit Recht. Denn der Aberglaube ist älter als
der Glaube, wie die Verehrung von Götzen älter, als die
Anbetung Gottes. Der Aberglaube ist der Vorgänger des
Glaubens, aber der Glaube ist nicht sein Erbe, da jener nicht
zu den Todten gehört. S t u b e n v o l l entrollt in seiner
im vorigen Jahre erschienenen Schrift: „Religion und Aberglaube" ein düsteres Bild von den religiösen Anschauungen
der europäischen Völker. An der Hand von Beispielen, die aus
den letzten Jahren gesammelt sind, wird gezeigt, dass die Religion von Aberglauben überfluthet wird. Der Aberglaube ist
wohl zurückgedrängt, aber nicht verdrängt worden. Er hatte
immer und überall seine Heimstätte, er kennt keinen Unterschied der Race, der Erdstriche, der Zeiten; er ist, wenn ich
so sagen darf, menschlich: sein Gebiet ist unbeschränkt.

1

: Aberglaube ist mannigfaltig, der Glaube einfach:
Unwahrheiten gibt es viele, Wahrheit nur eine und
n kann in diesem Betrachte die Religion eher eine
ı g a t i v e, als eine p o s i t i v e nennen. Freilich ist
nicht leicht zu sagen, wenn man sämmtliche Erscheinun-
zen, welche das Verhältniss des Menschen zu einer höheren,
übernatürlichen Macht gezeugt hat, in Augenschein nimmt,
wo der Glaube aufhört, und wo der Aberglaube beginnt?
Diese Grenze ist, soweit die geschichtliche Kenntniss reicht,
in verschiedenen Epochen verschieden bestimmt worden;
das Gebiet des Aberglaubens war bald ein weiteres, bald
ein engeres. Man hat daher den Aberglauben auch dahin
definirt, dass er nichts Anderes sei, als der Glaube einer
überwundenen religiösen Anschauung. Es ist nun allerdings
richtig, dass das überwundene Heidenthum als Aberglaube
angesehen wird, unrichtig ist jedoch die Meinung, j e d e
überwundene Religionsstufe sei Aberglaube. Dies ist ohne
Weiteres klar. Der wahre Kern dieser Definition ist blos›
dass von A b e r g l a u b e n nur in Fragen des G l a u b e n s
die Rede sein kann, falsche Meinungen über andere Fragen
sind Irrthümer, aber kein Aberglaube. Dem Glauben und
Aberglauben „ist gemeinsam das Grundmerkmal der Beziehung auf ein Uebersinnliches," der Unterschied beider
liegt aber darin, dass im Aberglauben, so im Zauber, durch
sinnliche Mittel übersinnliche Wirkungen erzielt werden
sollen. „Das Uebersinnliche wird zum dienenden Mittel und
das Sinnliche zum massgebenden Zweck, eben damit wird
die Idee des Uebersinnlichen des ihr wesentlichen, sittlichen
Charakters entkleidet und verfällt den unsittlichen Ten-
denzen menschlicher Leidenschaft".[1]

Wir müssen jedoch die Frage nach der bestimmten
und genauen Umgrenzung des Aberglaubens nicht weiter verfolgen, da uns hier von den mannigfachen Erscheinungen des
Wahnglaubens nur diejenigen interessiren, welche unter dem
Namen der Zauberei jedem bekannt sind. Jeder weiss, was Leben
ist, wenn er auch den Begriff nicht definiren kann. Wir glauben

---

[1] Pfleiderer, Theorie des Aberglaubens, Berlin 1872, p 1 ff., wo
diese Definition — offenbar mit Rücksicht auf das Neue Testament —
begründet wird.

gegen die Wahrheit nicht zu verstossen, wenn wir behaupten, dass jede Zauberei Aberglaube ist, aber nicht jeder Aberglaube Zauberei. R i e s s äussert sich über das Verhältniss beider zu einander folgendermassen: „Im Worte schon liegt, dass der Aberglaube etwas ruhendes, mediales ist, eine Gesinnung keine Thätigkeit. Aber wie die Religion sich nicht begnügen kann, an Götter zu glauben, sondern sich praktisch in ihren Cultus umsetzt, so wird der Aberglaube im Zauber, der gewissermassen seine Kultübung bildet, praktisch. Durch ihn macht sich der Abergläubische, die ihn bedrohenden und bestimmenden Mächte geneigt, oder ruft die schützenden herbei, den Einfluss jener zu brechen".[1])

Das charakteristischeste Merkmal des Zauberns ist also irgend eine Handlung, durch welche in übernatürlicher Weise eine That bewerkstelligt werden soll. Wie wir noch sehen werden, hat auch die jüdische Tradition als das Kriterium des Verbrechens der Zauberei die That betrachtet, vermittelst welcher irgend eine physische Veränderung (מעשה) hervorgebracht wird. Blendwerk, „Täuschung des Auges," ist also noch keine Zauberei. Das ganze weite Gebiet der Mantik, über welche in der Bibel, wie im Talmud und Midrasch ein überreiches Material vorliegt, gehört nach jüdischen Begriffen nicht zur Zauberei im engeren Sinne, (כשפים), wenn auch die angewandten Mittel und die angerufenen, vermeintlichen höheren Mächte in beiden oft dieselben sein mögen. Zum Verständniss des altjüdischen Zauberwesens ist also die Behandlung der mannigfachen Formen der Wahrsagerei nicht nothwendig, weshalb wir sie im Rahmen unserer Aufgabe nur gelegentlich zu streifen haben werden.[2])

---

[1]) P a u l y s Real-Encyclopädie der classischen Alterthumswissenschaft. Neue Bearbeitung herausgegeben von Georg W i s s o w a, Band I p. 33. Wir werden dieses Werk in der Folge kurz als PW. citiren. Nach Pfleiderer l. c. S. 8 sind die zwei Grundformen des Aberglaubens Zauberei und Mantik. Mit diesen beiden wäre demnach der Begriff des Aberglaubens erschöpft.

[2]) Burger, Protestantische Real-Encyclopädie[3] XVII 417, fasst unter den Begriff der Zauberei „alles aussergewöhnliche Können auf dem Gebiete des Thuns und Wissens" zusammen. Allerdings bediene

Das Wesen der Zauberei ist, wie gesagt, die angebliche Kunst, durch sinnliche Mittel übersinnliche Wirkungen hervorzubringen. In den Erscheinungen der Magie fanden Manche eine Reihe der tiefsinnigsten Ahnungen über das Wesen des Menschen und sein Verhältniss zu dem Leben der Natur und der übersinnlichen Welt. Nach der Schelling-schen Naturphilosophie wäre die Magie etwas durchaus Edles, ja so ziemlich die höchste Spitze des geistigen Lebens des Alterthums, und die eigentliche Zauberei ist nur eine später entartete Form dieser höheren Disciplin.[1]

Die Occultisten der Gegenwart, welche von den Indianern mit dem Tabakrauchen auch den Spiritismus angenommen haben, huldigen zwar ähnlichen Anschauungen, eine nüchterne Auffassung wird jedoch dieser Afterwissenschaft kein Vertrauen entgegen bringen und lediglich bestrebt sein, Ursprung, Bestand und Wachsthum der Zauberei, welche bei jedem Volke ein naturwüchsiges, einheimisches Produkt ist und sowohl bei Naturvölkern, als auch bei den civilisirten Nationen bis auf den heutigen Tag in mehr oder minder hohem Masse angetroffen wird, zu begreifen und zu erklären. Ein competenter Forscher, E. B. Tylor, Verfasser der „Urgeschichte der Menschheit“ und der „Anfänge der Cultur“ äussert sich hierüber in seinem letzteren Werke Seite 115 ff. mit den folgenden Worten:

„Der Hauptschlüssel zum Verständniss der schwarzen Kunst (Zauberei) besteht darin, dass wir sie als beruhend auf der Ideenassociation betrachten, einer Fähigkeit, welche die Grundlage für die menschliche Vernunft, aber auch in nicht geringem Grade für die menschliche Unvernunft bildet. Der Mensch, der auf einer noch unentwickelten geistigen Stufe gelernt hat, in Gedanken jene Dinge zu verbinden,

---

sich die Wahrsagekunst zur Erlangung von wunderbaren Offenbarungen über das Zukünftige mancher Zaubermittel, wie Beschwörungen und dgl., sie hängt also mit dem Zauberwesen zusammen, i d e n t i s c h mit ihr ist sie jedoch nicht.

[1] Pauly, Real-Encyclopädie IV 1377. Von der Schelling'schen Naturphilosophie heisst es l. c. 1387, dass sie „in Vielen sehr tief im Element des Zaubers steckt, der auch die ihm entwachsene Religion in seinen Kreis hinabzuziehen sucht“. —

von denen ihm die Erfahrung gezeigt hat, dass sie wirklich in Zusammenhang stehen, ist weiter gegangen und hat irrthümlich diese Verrichtung umgekehrt und den Schluss gezogen, dass eine Verbindung in Gedanken nothwendig einen ähnlichen Zusammenhang in der Wirklichkeit bedinge. So hat er denn versucht mit Hilfe von Vorgängen, von denen wir jetzt einsehen, dass sie nur eine ideelle Bedeutung haben, Ereignisse zu entdecken, vorauszusagen und hervorzurufen. Durch eine ungeheure Menge von Zeugnissen aus dem wilden, barbarischen und civilisirten Leben sind wir in den Stand gesetzt, magische Künste, welche daraus entstanden sind, dass man einen ideellen Zusammenhang für einen reellen hielt, aus der niederen Cultur, in der wir sie finden, zu verfolgen. Dahin gehören die Kunstgriffe, durch welche man auf entfernte Personen einen Einfluss üben kann, indem man auf etwas mit ihnen in nahem Zusammenhange Stehendes wirkt — ihr Vermögen, Kleider, welche sie getragen haben, und namentlich abgeschnittene Stücke des Haares und der Nägel. Nicht nur hoch und niedrig stehende Wilde wie die Australier und Polynesier, und Barbaren, wie die Völker Guineas, leben in Todesfurcht vor dieser tückischen Kraft — nicht nur die Parsen haben ihr heiliges Ritual, welches ihnen vorschreibt, ihre abgeschnittenen Haare und Nägel zu vergraben, damit Dämonen und Zauberer kein Unheil damit anrichten können, sondern die Furcht, man dürfe solche Späne und Schnitzel nicht umherliegen lassen, damit ihrem früheren Besitzer nicht ein Leid dadurch geschehe, ist noch keineswegs im Munde des europäischen Volkes ausgestorben."

„Der einfache Gedanke, zwei Gegenstände mit einer Schnur zu verbinden, und dann anzunehmen, dass diese Vereinigung einen Zusammenhang herstelle oder einen gegenseitigen Einfluss herbeiführe, ist in verschiedener Weise in der Welt verarbeitet worden. In Australien befestigt der eingeborne Doctor ein Ende eines Strickes an das schmerzende Glied des Patienten und behauptet dann durch Saugen an dem anderen Ende zur Erleichterung desselben Blut zu saugen."

„Die Zahl der magischen Künste, bei denen der Zusammenhang nur auf Analogie oder Symbolismus beruht, ist endlos im ganzen Verlaufe der Civilisation."

Wir müssen es uns versagen aus Tylors lehrreichem
Werke weitere Beispiele anzuführen, so sehr sie auch das
Verständniss des von uns zu behandelnden jüdischen Zauberwesens erleichtern würde. Die Vorstellungen von der Gefährlichkeit der verstreuten Nägel ist auf parsischen Einfluss zurückgeführt worden[1]), die Möglichkeit ist aber nicht
ausgeschlossen, dass man es mit einem allgemein verbreiteten
zauberischen Aberglauben zu thun habe. Der Verwendung
von Menschen- und Thierhaaren, sowie der Vorstellung, dass
durch Verbindung Uebertragung von Krankheiten, Entzauberung
und dgl. bewerkstelligt werden könne, werden wir ebenfalls
noch begegnen. Fest steht die Thatsache, dass die Zauberei
einen wesentlichen Bestandtheil des wilden Lebens bildet
und dass sie sich theils als Ueberbleibsel, theils als fremde
Einwirkung auch im Schosse des monotheistischen Volkes
der Juden eine Stätte erobern konnte.

Was nun das Wesen, die Ziele und die Mittel der
Zauberei, sowie die Personen, welche dieselbe betreiben,
betrifft, beschränken wir uns trotz obiger Erkenntniss hauptsächlich auf Anführung von Analogien aus dem Alterthum,
dessen jüdischen Zauber wir darzustellen haben, obgleich
nicht unbedeutende Reste der Magie und Superstition auf
verschiedenem Wege sich auch in das Zauberwesen der
Gegenwart herüber gerettet haben, wie von verschiedenen
Seiten nachgewiesen worden. Es genügt ein Blick in eine
beliebige Darstellung der abergläubischen Anschauungen
irgend eines lebenden Culturvolkes, um sich hiervon zu
überzeugen. Die Grundlinien scheinen bei allen Völkern
dieselben zu sein. Da die Wirksamkeit des Zaubers von
der stricten Einhaltung gegebener Vorschriften abhängig gemacht wird, sind diese Praktiken naturgemäss nicht nur
zähe, sondern auch unveränderlich. Sogar bei den Zauberformeln, in welchen gewisse Mächte angerufen werden, bleibt
der äussere Rahmen derselbe, nur werden statt der wirkungs-
vollen Namen den veränderten religiösen Anschauungen
entsprechend, andere eingesetzt, wie Beispiele aus dem
Mittelalter und der Neuzeit zeigen[2]).

---

[1]) Schorr, Hechaluz VII.

[2]) Siehe Gaster, The sword of Moses, London 1896, p. 5.

Dies führt uns zur Betrachtung einer zweiten Seite der Magie. Wenn auch einerseits anerkannt werden muss, dass Ideenassociation und Symbolismus schöpferische Kräfte der Zauberei sind, so kann andererseits nicht geleugnet werden, dass dem Glauben an Geister, der den Naturmenschen, der, wie noch heute die Kinder, die ganze Natur als beseelt sich vorstellt, charakterisirt, im Zauberwesen eine hervorragende, wenn nicht die hervorragendste Stelle zukommt. Nach christlicher Ansicht — und diese ist bei einer Behandlung des altjüdischen Zaubers nicht ausser Acht zu lassen — beruht aller Zauber auf dämonischer Hilfe.[1])

Diese Geister will der Zauberer durch seine geheimnissvollen Mittel in seine Gewalt bringen und zur Ausführung seines Willens zwingen. Die Vorstellung vom Ursprunge, von der Natur und Macht dieser unüberwindlichen Wesen, die sich der Mensch dienstbar machen kann und will, war und ist bei den einzelnen Völkern eine verschiedene, dies ändert aber am Wesen der Sache nicht viel: Dämonen- und Zauberglaube sind von einander unzertrennlich. Im Zauber werden die Geister herbei gerufen, im Gegenzauber werden sie abgewehrt; das zeigt eben den Meister, dass er auch diejenigen Geister los werden kann, die ein Anderer gerufen. Die Dämonen bilden gleichsam Mittelwesen zwischen Menschheit und Gottheit.

Alle Völker glaubten und glauben bis auf den heutigen Tag an die Existenz dieses Zwischenreiches, sie unterscheiden sich lediglich nur in der mehr oder minder reichen Ausstattung desselben. „Das Heidenvolk hat mit einer so grossen Anzahl Dämonen, Göttern und Halbgöttern zu thun, dass es in beständiger Furcht vor der Macht derselben schwebt. Es gibt in seinem Lande keinen Weiler, der nicht wenigstens einen Baum, eine geheime Stätte besässe, welche als Sitz böser Geister gelten. Mit der Nacht verdoppelt sich aber der Schrecken des Heiden und es kann ihn sodann

---

[1]) Justinus M., Dialogus cum Tryphone 69, Apologie L 14, II. 5; Eusebius, Historia Ecclesiastica II. 13; Minucius Felix, Octavius 26 Tertullian, Apol. 22; Pauly IV. 1413.

nur die dringendste Nothwendigkeit bewegen, seine Woh-
nung nach Sonnenuntergang zu verlassen. Muss dieses geschehen, so schreitet er mit äusserster Vorsicht von dannen.
Er beachtet das geringste Geräusch; er murmelt Beschwörungen vor sich her, die er immerfort wiederholt; er hält
Amulete in der Hand, betet ununterbrochen und führt sogar einen Feuerbrand mit sich, um seine unsichtbaren
Feinde abzuwehren. Hört er den geringsten Laut, das
Rauschen eines Blattes, die Stimme eines Thieres, so hält
er sich sogleich für verloren; er bildet sich ein, dass ein
Dämon ihn verfolge, und um seinen Schrecken zu be-
meistern, fängt er an zu singen, oder in lauter Weise zu
sprechen; er beschleunigt seinen Schritt und athmet erst
dann wieder auf, wenn er endlich einen, seiner Ansicht
nach, sicheren Ort erreicht hat."[1]) Diese Beschreibung des
heutigen Hindus passt nach Lenormant[2]) auf's genaueste auf
die alten Chaldäer, die sich gegen die Dämonen, von denen
sie sich jeden Augenblick umgeben wähnten, vermittelst der
heiligen Magie zu schützen suchten. Die Dämonen der
Akkader und Assyrer waren in fünf Hauptclassen eingetheilt
und bildeten eine hierarchische Rangstufe. Sieben böse
Geister, welche aufs genaueste den Widerpart der sieben,
mit der Leitung des Weltalls bekleideten Planetengottheiten
bildeten, konnten sogar „die Ordnung des Laufs der Planeten
stören, Sonnen- und Mondfinsternisse verursachen."[3]) Ihre
Zahl war eine unübersehbare und es gab ein besonderes
Werk „über die bösen Geister."

Die Staatsreligion der Aegypter war mit der Magie nicht
in dem Masse verknüpft, wie bei den Chaldaeo-Babyloniern,
aber eine Unzahl von guten und bösen Dämonen lebte auch in
ihrer Phantasie. Neben Set, dem nie völlig besiegten bösen
Dämon „stehen zahlreiche Dämonen „die Feinde," „die Bösen",
welche dem Einzelnen nachstellen, sein Leben, seine Wohl-
fahrt bedrohen. Vor allem kommt es darauf an, die richtigen Opfer zu bringen, die Formeln und Handlungen zu

---

[1]) J. Roberts, Oriental illustrations of Scriptures S. 452.
[2]) Die Magie der Chaldäer p. 42.
[3]) Ib. p. 24 f.

brauchen und zu üben, welche die Herzen der Götter gnädig
stimmen und das Uebel abwenden . . . Die ganze Natur ist
voll von göttlichen Wesen. Da sind heilige Bäume, Steine
Geräthe, in denen sie wohnen." Die Hauptaufgabe der Ge-
heimlehre, wie der Zauberkunst ist, die Herrschaft über die
feindlichen Mächte zu gewinnen.[1]) Dass die Dämonen in
Aegypten auch in hellenistischer Zeit eine bedeutende Rolle
spielten, ersieht man aus den an's Licht gezogenen magischen
Papyri.[2]) Die classischen Völker waren von dem Glauben
an böse Geister nicht weniger angesteckt als andere Völker.
Auch Philosophen glaubten an Dämonen, Stoiker und Platoniker hatten eine sehr ausgebildete Dämonenlehre, welche
„in den gläubigen Kreisen der gebildeten Welt eine Art
von dogmatischer Geltung gewonnen hatte. Plutarch sagt:
Diejenigen, die entdeckt haben, dass ein Geschlecht von
Dämonen zwischen Menschen und Göttern in der Mitte steht
und beide miteinander verbindet und im Zusammhange erhält, (mag nun diese Lehre aus der Schule Zoroasters, von
Orpheus, aus Aegypten oder Phrygien stammen) haben
mehr oder grössere Schwierigkeiten gelöst als Plato durch
die Theorie von der Materie".[3])

Bevor wir nun zur Charakteristik des volksthümlichen
jüdischen Dämonen- und Zauberwesens übergehen, wollen
wir noch eine Aeusserung Maury's über die Religion der
uncivilisirten Völker anführen, um für die Beurtheilung der
jüdischen Anschauungen auch von dieser Seite einen Mass-
stab an die Hand zu geben: „Die Religion des wilden, oder
noch im hohen Grade uncivilisirten Menschen ist ein aber-
gläubischer Naturdienst, ein zusammenhangsloser Fetischis-
mus, in welchem alle Erscheinungen der Natur, alle Wesen
der Schöpfung zu Gegenständen der Anbetung werden. Der
Mensch denkt sich überall persönliche Wesen nach seinem

---

[1]) So charakterisirt Meyer, Geschichte des Alterthums I. § 59,
die Volksreligion im alten Aegypten.

[2]) Siehe Wessely, Griechische Zauberpapyrus von Paris und London (Wien 1888) und Neue Griechische Zauberpapyri (Wien 1893) im
Register s v. δαίμων.

[3]) Friedländer, Sittengeschichte Roms⁵ III 517 mit Berufung auf
Zeller Philosophie der Griechen III³ 1, 157 f.

Ebenbilde, die er mit den Gegenständen selber vermengt, bald von ihnen absondert". „Die Aufgabe der Magie bestand Anfangs vornehmlich in der Beschwörung der Geister, von denen die wilden Völkerschaften bei weitem mehr Unheil erwarteten, als Wohlthaten erhofften . . . Da der Cultus bei diesen Völkern fast ausschliesslich auf Beschwörung von Geistern und Verehrung von Amuleten beschränkt war, so hatten ihre Priester, gleich Zauberern, nur den Beruf, sich mit den gefürchteten Dämonen in Verbindung zu setzen."[1]

Eine Vorbedingung für den Glauben an die Macht des Zaubers bildet, wie man sieht, der Glaube an die Existenz von übermenschlichen und untergöttlichen Wesen, und ein solcher war bei den alten Juden in reichem Masse vorhanden. Man kannte nicht nur „dienstthuende" und „Verderben bringende" Engel, sondern mehrere Gattungen von bösen Wesen, die Geister, Gespenster, Schädlinge, Teufel genannt werden.[2] Der Engel kann sich — wenigstens nach älterer Anschauung — kein Mensch bedienen, da sie, wie schon ihr hebräischer Name zeigt, A b g e s a n d t e Gottes sind, weshalb wir diese hier mit Schweigen übergehen können[3]. Die Zahl der bösen Geister, der M a z z i k i n ist

---

[1] La Magie et l'Astrologie dans l'antiquité et au moyen age p. 7. ff.; Lenormant, Magie p. 80 f.

[2] Man findet oft die Namen: רוחות, מלאכי חבלה, מלאכי השרת und zwar שדים, מזיקין, רי רעה, רי הטמאה und רוח הקדש. Im Neuen Testament findet man oft רוח הטמאה == πνεῦμα ἀκάθαρτον; πνεῦμα δαιμονος == רוח שד und רוח רעה == πνεῦμα πονηρόν.

[3] Siehe Brecher, Das Transcendentale, Magie und magische Heilarten im Talmud Capitel 1 und 2.; Kohut, Ueber jüdische Angelologie und Dämonologie in ihrer Abhängigkeit vom Parsismus, besonders p. 17 ff.; Schorr Hechaluz VII. 20; Grätz, Geschichte der Juden, II. Band, 2 Hälfte 14. Note, besonders p. 416 ff.; F. C. Conybeare Demorology of the New-Testament in Jewish Quarterly Rewiew Band VIII und IX.; Steinschneider, Monatsschrift für Geschichte und Wissenschaft des Judenthums 42, 166. Wichtig ist die Thatsache, dass die Talmudisten sich des babylonischen Ursprungs der Engelnamen bewusst waren: שמות המלאכים עלו עמהן מבבל (j. R. H. 56d 10 v. u.). Ihre Zahl ist unbeschränkt, bei der Offenbarung sind auf Einmal 1,200.000 von Himmel heruntergestiegen (Sabb. 88a; Pesikta 124 b). מלאכי חבלה werden erwähnt Berachoth 51a; Kethub. 104 a; B. K. 60a und (משחית Sanhedrin 106 b. u.; j. Schebuoth 37a 10 v. unten und sonst.

eine so ungeheuere, dass kein Mensch vor ihnen Bestand
hätte, wenn sein Auge sie sehen dürfte; sie umringen jeden
einzelnen, jeder soll sogar zur Linken 1000 und zur Rechten
100.000 von ihnen haben; das Gedränge in den Schulen,
die Müdigkeit der Kniee, die Abnützung der Kleider der
Rabbinen sei auf ihre Rechnung zu setzen[1]). Die Teufel,
S c h e d i m, sind nicht minder zahlreich; Jochanan (gestorben 279 in Tiberias) sagte: 300 Gattungen Teufel
waren in Schichin, was aber ein weiblicher Teufel sei,
weiss ich nicht[2]). Die bösen Geister hat Gott am Freitag
geschaffen[3]); daher wurde, wie wir glauben, Freitag für
einen Unglückstag gehalten, und nicht weil Jesus an diesem
Tage hingerichtet worden, was in altjüdischen Kreisen weder
bekannt noch beachtet worden ist. In den Jahren, wo Adam
mit dem Banne belegt war, zeugte er Geister, Teufel und
Lilithe, sagt Jirmija b. Eleasar[4]). In drei Beziehungen gleichen
die Teufel den Engeln: sie haben Flügel, schweben von
einem Ende der Welt zum anderen Ende und wissen, was
geschehen wird; in anderen drei Beziehungen hingegen gleichen sie den Menschen: sie essen und trinken, pflanzen sich
fort und sterben[5]). Da sie die Zukunft kannten, wurden sie
um dieselbe befragt, was aber gefährlich war; andere, über
Oel und Eier gesetzte, durften gefragt werden, waren aber
Lügner[6]). Sie konnten verschiedene Gestalten annehmen,
gewöhnlich erschienen sie als Menschen, hatten jedoch
Hühnerfüsse und keinen Schatten[7]). Ihr Haupt war Aschmedaï,

---

[1]) תביא אבא בנימין אומר אלסלא נתנה רשות לעין : Berachoth 6a
לראות אין אין כל בריה יכולה לעמוד, מפני המזיקין, . . . אינהו נפישי מין . . .
כל הד וחד מינן אלפא משמאליה, ורבבתא מימיניה וכו'. Vgl. Ev. Marc. 5, 9.

[2]) Gittin 68a.

[3]) Aboth V 6; Sifre II 355; Pesachim 54a u.

[4]) Erubin 18b: כל אותן השנים שהיה אדם הראשון בנדוי היה הוליד
רוחין ושידין ולילין. Die »Lilith« kennt schon die Bibel; über Ahriman
bar Lilith, Baba Bathra 73ab, vgl. Joel, Aberglaube, 81 f.

[5]) Chagiga 16b: תיר ובר יש לדם כנפים וטסין מסוף העולם ועד סוף:
ויהדעין מה שעתיד להיות וכו' אוכלין ושותין פרים ורבים וטתים.

[6]) Sanhedrin 101a. Dies glaubten auch Griechen und Römer.
Friedländer III 562: Die Dämonen als ehemalige Diener Gottes kannten
seine Absichten.

[7]) Siehe Karethot 5b; Gittin 68b; Joma 75a; Jebamoth 122a.

einer hiess Josef, mit dem die Amoräer Josef, Rabba und Papa, ein
anderer Jonathan, mit dem Chanina freundschaftlich verkehrte[1]).
Rabba erzählte, er habe Hurmiz, die Tochter der Lilith, gesehen[2]). Der König Salomo, dessen Weisheit die Zauberer
geerbt zu haben vorgaben, hatte auch nach dem Talmud alle
Teufel in seiner Gewalt, so lange er nicht gesündigt hatte[3]).
Oefters als die Schedim werden die Mazzikin, die schädlichen
Geister genannt. Sie hielten sich gewöhnlich in Ruinen[4]) und
an unreinen Orten auf[5]). Wer sich vor dem Hahnenschrei
auf dem Weg macht, verschuldet sein Leben[6]). Jedoch
erscheinen sie nur dann, wenn jemand allein ist, oder an
Orten, wo sie zu Hause sind, mitunter auch zweien; sie
sind aber lichtscheu und werden durch eine Fackel oder
noch gründlicher durch Mondschein verscheucht[7]). An dem
Tage, wo Moses die Aufstellung des Tabernakels beendigt
hatte, wurden die Mazzikin verscheucht[8]); wer das Gebot
des Hüttenfestes erfüllt, den schützt Gott vor den schädlichen

---

In der Nacht durfte man seinem Nächsten nicht die Hand reichen aus
Furcht vor einem Dämon (Megilla 3a; Sanh. 44a.)

[1]) Erubin 43a u; Pesachim 110a; Karethot 5b; Jebamoth 122a;
Gittin 66a (vgl. Joel, Aberglaube 82 n. 2.); über קטב מרירי ib. p. 100 n. 1 :
über רוח סבכונית, Sanh. 44b, p. 112 ff. יוסף war ein sehr häufiger
Name, ebenso wie Simeon, wie aus Tosefta Kidduschin II 2 (337°):
על סנת שאני יוסף ונמצא יוסף ושמעון hervorgeht; daher auch das Beispiel
von den zwei יוסף בן שמעון Tos. B. B. IX 13 (414, 18). Vgl. auch die
Vorladung des Teufels, Chullin 105b.

[2]) Baba Bathra 73a u und Sanhedrin 39a. Wer allein in einem
Hause schläft, wird von der Lilith besessen, Sabbath 151b.

[3]) Pesikta Buber 45b: עד שלא חטא שלמה היה רודה בשידה ושידות;
Megilla 22b; Gittin 63b; über אשמדאי cf. Rappoport, Erech Millin 242 ff.

[4]) Berachoth 3a u; Lenormant, Magie p. 34: „Dass sich die Dämonen in der Wüste aufhielten, wurde übrigens nicht nur in Chaldäa
und Mesopotamien, sondern auch in Syrien allgemein für thatsächlich
erachtet." „Hausen gewöhnlich in öden, verlassenen und verwilderten
Gegenden". Vgl. hiezu Kidduschin 39b unt. und auch J. Q. R. IX 457
über dieselbe Anschauung des Neuen Testaments: Matth. XII 44, Luk.
VIII 29.

[5]) Ib. 62a und sonst.

[6]) Baraitha Joma 21a 2.

[7]) Berachoth 3b und 43b 18.

[8]) Pesikta 6b.

Geistern[1]), womit der Agadist seinen Hörern sicherlich Muth zusprechen wollte, sich in der Hütte, wo man auch schlief, nicht zu fürchten. Am Pesachabend haben die Dämonen keine Macht, weil dieser Exodus 12, 42, „die behütete Nacht" genannt wird, weshalb man ohne Furcht vor Beschädigung von Seite der Dämonen vier Glas Wein trinken darf, während sonst eine gerade Zahl gefährlich ist[2]).

Ebenso oft wie von Mazzikin und Schedim, wenn nicht noch öfters, wird auch von dem bösen Geist „Ruach raah" gesprochen. Wenn jemand seine Nothdurft nicht verrichtet, wird er vom bösen Geist ergriffen.[3]) Der böse Geist verleitet den Menschen zur Sünde.[4]) Wie von Heiden und Räubern, kann man auch von einem bösen Geist verfolgt werden, was nicht minder gefährlich ist.[5]) Es wird auch der Geist des Aussatzes, der Herzkrankheit, der Starrsucht er-

---

[1]) Ib. 187 a.

[2]) Pesachim 109 b—110 a b. In Palästina achtete man auf die זוגות nicht, wie der Talmud ausdrücklich sagt, Rappoport Erech Millin 227, wo ק׳ פסחים ein Druckfehler ist. Demnach scheint die Baraitha ib. 110 a 4: השותה כפלים דמו בראשו babylonischen Ursprungs zu sein und wir hätten in dieser, sowie auch in anderen mystischen Baraithas, einen Beleg für die bekannte Erscheinung, dass die Mystik vor Pseudepigraphie nicht zurückschreckt.

[3]) Sabbath 82 a. Chisda und Rabina, zwei babylonische Amoräer, controversiren: חד אמר רוח רעה. שולטת בו וחד רוח זוהמא, welch letzterer nach Raschi, der oft rationalistische Erklärungen gibt, den bösen Geruch des Athems bedeutet. Die Aussprüche über die Nothdurft gehören zum weitaus grössten Theile den Babyloniern an, wo die Lehre über diesen Gegenstand unzweifelhaft unter persischem Einfluss ausgebildet worden ist.

[4]) Baraitha Erubin 41 b 22: כי דברים מעבירין את האדם על דעתו ועל דעת קונו, אלו הן כותים [סינים .1] ורוחרעה ודקדיקי עניות. Bei dem oft citirten Spruch: אין אדם עובר עבירה אלא אם כן נכנס בו רוח שטות (Sota 3 a 8 S. b. Lakisch) denken die Wenigsten an einen Dämon. Besonders instructiv Jalkut I Nr. 2 aus Pirke di R. Eliezer: משל למה הדבר דומה לאדם שיש בו רוח רעה כל מעשים שהוא עושה וכל מה שמדבר אינו מדעתו אלא מדעת רוח רעה שיש בו. In Judas fährt der Satan hinein und verleitet ihn zum Verrath (Ev. Joh. XIII 2. 27; andere Beispiele bei Conybeare Jewish Quarterly Review VIII 282).

[5]) Taanith 22 b: תיר ואחד יחיד שטרדף מפני נכרים או מפני לסטים שננכס בו רוח שירה ורץ, was von Raschi erklärt wird: וספני רוח רעה והולך. Ebenso darf man den Sabbath entweihen aus Furcht vor נוים לסטים, רוח רעה nach Mischna Sabbath II 5.

wähnt,[1]) woraus man sieht, dass manche Talmudlehrer, wie die Chaldäer, Aegypter und Christen, alle Krankheiten der Besessenheit zugeschrieben haben. „Nach chaldäischem Glauben sind alle Krankheiten ein Werk der Dämonen."[2]) „Das Austreiben von Dämonen, welche die Krankheiten verursachen sollten, war in Aegypten uralt; Ulpian sagt, Solche, die besprechen und „um ein gewöhnliches Wort der Betrüger zu gebrauchen exorcisiren" seien nicht für Aerzte zu halten, obwohl Manche rühmend versichern, dass ihnen dergleichen geholfen habe."[3]) Nach Josephus Ant. J. VIII. 2, 5 haben sich auch Juden auf den Exorcismus verstanden, wie jedoch bekannt, werden solche Curen am häufigsten im Neuen Testament erwähnt, besonders im Evangelium Matth., worauf man sich jedoch in der Regel nicht beruft.[4]) Die Geister hatten auch ihren Fürsten, dem ein Talmudlehrer begegnete.[5])

Die angeführten Beispiele, welche blos einen kleinen Bruchtheil der talmudischen Dämonologie darstellen, genügen vollauf, um einen Einblick in diese Lehre zu gewähren und den Zusammenhang zwischen der Geisterwelt und dem Zauberwesen aufzuzeigen. Wie sich S c h e d i m , M a z z i k i n und die mannigfaltigen R u c h o t h von einander unterscheiden, ist nicht leicht zu sagen; nur soviel scheint mir sicher, dass R u c h o t h ursprünglich die Seelen Abgeschiedener bedeutet hatte, während S c h e d i m eine eigene Gattung von Wesen bilden, welche, wie wir schon oben gesehen, zur Hälfte Menschen und zur Hälfte Engel sind; nach einer Tradition hat sie Gott am Freitag geschaffen, nach der andern Adam gezeugt, was ebenfalls

---

[1]) Kethuboth 61 b 8; Gittin 67 b רוחא דקרדייקוס (= καρδιακός); Pesachim 111 b und Chullin 105 b רוח צרדה (siehe Levy Neuhebräisches Wörterbuch IV 217 b und 275 b).

[2]) Lenormant, Magie p. 37.

[3]) Friedländer S. G⁴ I 362.

[4]) Vgl. z. B. Matth. 4, 23. 21; c. 8; 9, 29. 30; 11, 15 und oft. Blinde, Lahme, Aussätzige, Besessene, und kurz alle Krankheiten und Gebrechen werden geheilt u. Todte lebendig gemacht (siehe auch oben p. 10 n. 2.).

[5]) Schekalim 9 a, col. a; Taanith 20 b unten סלתא דשיבתא.

schon angeführt worden. **Mazzikin** scheint beide nach ihren schädlichen Wirkungen zu benennen.

Der Zauberer setzt nun die Geister in Bewegung, damit sie sein Vorhaben ausführen. Instructiv ist über diesen Punkt die folgende Deutung: Die aegyptischen Zauberer waren natürlich der Meinung, Mose bewirke seine Wunderzeichen durch Zauberwerk und sie thaten desgleichen (Exodus 7, 11. 22). Nun heisst es aber an der ersten Schriftstelle, die Aegypter bewirkten dies בלהטיהם und an der zweiten בלטיהם, woraus zu schliessen ist, dass sie verschiedene Mittel in Anwendung brachten. Das erste Wunder vollführten sie mit Hilfe von verderblichen Engeln, das zweite, mit Hilfe von Dämonen.[1] Der babylonische Amora Abaji (gest. 338) stellt die Behauptung auf, wenn der Zauberer eines Geräthes bedarf, arbeitet er mit einem Sched, wo nicht, mit Zauberei[2]. Derselbe, der von seiner Pflegemutter eine Menge magischer Mittel gegen allerlei Krankheiten mittheilt; hält gewisse Arten des Zaubers für erlaubt, andere für unverfänglich[3]).

---

[1]) Exodus rabba c. 9 Nr. 11 (Folio 41b Wilna): בלטיהם אלו מעשה שדים, בלהטיהם אלו מעשה כשפים וכו׳ לפי שמעשה כשפים על ידי מלאכי חבלה נעשים; vgl. Tanchuma Stettin p. 199, wo die Begründung lautet: לפי שאין השד יכול לעשות פחות מכשעורה; b. Sanhedrin 67b dasselbe ohne Begründung. Eine Vergleichung der Stellen ergibt, dass der Urheber dieser Unterscheidung Jochanau ist, wie es im Tanchuma heisst; an den anderen zwei Stellen ist blos der Tradent Chijja bar Abba genannt. Hingegen scheint die Begründung des Tanchuma „weil ein Sched ein kleineres Ding als ein Gerstenkorn nicht erschaffen kann" falsch zu sein. Ueber die Frage, ob es möglich sei irgend etwas zu erschaffen, heisst es Genesis r. c. 39 Nr. 14 (161b): אם מתכנסין כל באי העולם לברוא; ib. c. 84 Nr. 4 (313a); Schir rabba c. 1 Nr. 3; Tanchuma לך לך Ende 12 (p. 56); Aboth d. R. Nathan c. 12 1. Vers. (p. 53); ähnlich Sifre II 32; Pesikta r. Friedmann p. 181a; j. Sanh. VII Ende; b. Sanh. 67a; die Autorennamen variiren, Gen. r. ist nach Pes. zu lesen: אמר ר׳ אלעזר [בשם רבי יוסי] בר זמרא. S. Bacher, Agada pal. Amoräer I, 114. 2. Demnach können Menschen einem leblosen Wesen keinen Geist einhauchen. Sicherlich mit Hinblick auf Num. 16, 22 und 27, 16. Der Zauberer bewirkt blos — so dachten die Alten — dass schon vorhandene Wesen sich auf einem Platze sammeln (Sanh. 67b der Amora R Papa).

[2]) Sanh. l. c. דקסיד אטבא שד דלא קסיד אטבא כשפים.

[3]) Ib. הלכות כשפים כהלכות שבת, יש בהן בסקילה ויש סהן פטור אבל אסור ויש סהן סותר לכתחילה.

Aus den letzten zwei Aeusserungen, sowie aus Pesachim 110 b, wo in Bezug auf das Trinken von mehreren
Bechern in gerader Zahl zwischen Dämonen und Zauberei unterschieden wird, geht deutlich hervor, dass
nicht jeder Zauber als unter Mithilfe von Dämonen ausgeführt gedacht wurde. Ob auch die Palästinenser diesen Unterschied gemacht haben, kann ich nicht entscheiden. Die
Analogie aus dem Neuen Testamente und den Kirchenvätern
spricht für die Annahme, dass die Palästinenser in jedem
Zauber die Wirksamkeit von Dämonen sahen. Es sei dem,
wie ihm wolle, soviel ist sicher, dass Zauberwirkungen auch
ohne Dazwischenkunft von Dämonen denkbar sind, entweder
nach der oben angeführten Erklärung Tylors durch die Ver-
wechslung von ideellen und reellen Beziehungen, also auf
Grund von Ideenassociation und Symbolismus, oder nach
der verbreiteten Anna? ne, dass über die ganze Natur ein
Netz von sympathischen und antipathischen Beziehungen
ausgebreitet ist. Wohl heisst dies auch soviel, dass die leblosen Dinge beseelt sind und sich gegenseitig anzichen oder
abstossen, es wird jedoch damit nicht gesagt, dass selbständige, individuelle Dämonen in Wirksamkeit treten müssen.
Mit diesen Erörterungen gewinnen wir, wie es uns scheint,
eine Grundlage für das Verständniss der Erscheinungen des
altjüdischen Zauberwesens, zu dessen Darstellung wir nunmehr übergehen wollen.

II.

Die Verbreitung der Zauberei bei den Juden.

1. Die Verbreitung der Zauberei in biblischer Zeit.

Bevor wir das Mass der Verbreitung der Zauberei bei
den Juden in nachbiblischer Zeit bestimmen, werfen wir
einen Blick auf die Aeusserungen der heiligen Schrift über
dieselbe. Die zwei Haupterscheinungsformen jedes Mysticismus sind Zauberei und Wahrsagerei, Magie und Mantik.
Allerlei Wahrsager, Zeichendeuter, Beschwörer und Zauberer
sind Deuteronomium 18, 10. 11 genannt, wo diese geheimen
Künste als Greuelthaten der Urbewohner den Israeliten ver-

boten werden. Dass hier von Götzendienst die Rede ist, geht
sowol aus dem Zusammenhange als aus dem charakteristischen
Worte „Greuel" klar hervor, was auch ein Vergleich mit
II. Könige 21, 6 und II. Chronik 33, 6 bestätigt, wo vorher und nachher von der abgöttischen Verehrung der Ge-
stirne des Himmels und der Götzenbilder berichtet wird.
Etymologie und Bedeutung der einzelnen Namen ist jedoch
nicht genau ermittelt[1]); blos מְכַשֵּׁף wird seit uralter Zeit ein-
stimmig für Zauberei erklärt, in welchem Sinne das Wort
auch im Neuhebräischen gebraucht wird. Wenn auch die
Etymologie etwas dunkel ist (Gesenius, Thesaurus unter כשף
und Fleischer bei Levy, Neuhebräisches Wörterbuch II 459),
so lässt sich doch die Bedeutung des Wortes als Zauberei
aus den Bibelstellen, in welchen es angetroffen wird, mit
Sicherheit bestimmen. Der Zauberer, der mit geheimnissvollen Mächten in Verbindung stand und über dieselben nach
Belieben verfügte, war eine gefürchtete und verhasste Per-
sönlichkeit. Daher sagt Jesaia 47, 9—15 von Babel, seine
Wahrsagerei und Zauberei werde ihm nicht helfen in der
Noth. Aus dem Zusammenhange ersieht man deutlich, dass
der Prophet unter חבריך die Wahrsager meint, welche im
Voraus die Unglückstage verkünden und hierdurch der dro-
henden Gefahr vorbeugen, und unter כְּשָׁפַיִךְ die Zauberer.
welche das hereingebrochene Unglück abwenden.[2]) Auch
Micha 5, 11 bedeutet כשפים die Macht, welche der Zauber
verleiht, denn es heisst daselbst: Gott werde vernichten Ross
und Streitwagen, niederreissen Städte und Festungen, aus-
rotten Zauberei aus deinen Händen. Die Jeremias 27, 9 erwähnten „Zauberer" dürften auch als solche genannt sein,

---

[1]) S. Lenormant, Die Magie der Chaldäer p. 506 und 514.
Die Tannaiten erklären קסם mit Rhabdomantie (aus קסם = nh. Span)
מנחש mit Omen, מעונן mit Gaukler (aus עין) oder mit Zeitwähler (aus
עונה = nh. Zeit), חבר חבר mit Schlangenbeschwörer, בעל אוב mit Python,
ידעוני der einen Knochen des ידוע genannten Thieres in den Mund nimmt
und es zum Sprechen veranlasst (Sifre Deut. sect. 171, 172; Tosifta
Sanhedrin X 6. 7 p. 430 Zuckermandel; Sifra 90b, 91a (vgl. 91c unt.),
93d 10 Weiss; b. Sanh. 65a b).
[2]) Die ganze Stelle wird in ein helleres Licht gerückt, wenn man
an die Vertreter der Magie und Mantik denkt.

welche die feindliche Macht abwehren. Die Gefährlichkeit der
Zauberer zeigt sich auch Exodus 7, 11, wo sie einen unschuldigen Stab in eine Schlange verwandeln, die jedoch von
Ahrons Stab, welcher durch Gottes Kraft eine Schlange geworden, verschlungen wird: die aegyptischen Zauberer sind
gegen Gott ohnmächtig. Bemerkenswerth ist auch, dass Daniel
2, 2. Nebuchadnezar die Zauberer und Chaldäer rufen lässt;
da es sich aber um einen Traum handelt, sprechen blos die
„Chaldäer" (Vers 4), weil die Oneiromantie nicht in das
Gebiet des Zaubers gehört.

Die Allgewalt der Zauberei, welche gegen den Feind
so willkommene und schätzbare Dienste leistete, konnte aber
auch missbraucht werden, indem sie der Zauberer gegen die
eigenen Volksgenossen in Anwendung brachte. Er konnte sich
seiner Kunst besonders gegen Schwache, von denen keine
Wiedervergeltung zu befürchten stand, bedienen. Hieraus
wäre es verständlich, dass Maleachi 5, 3 und Exodus 22,
17—23 die Zauberer und Bedrücker der Fremden, Taglöhner,
Wittwen und Waisen nebeneinander zu stehen kommen.

Wie zu allen Zeiten und bei allen Völkern ist auch in
Israel und zwar in erster Reihe von Frauen hauptsächlich
der Liebeszauber geübt worden, der zwischen erlaubter
und verbotener Liebe natürlich keinen Unterschied machte.
Maleachi nennt 3, 5 unmittelbar nebeneinander Zauberer und
Ehebrecher; Jehu spricht zu Jehoram II. Könige 9, 22 von
den Buhlereien und vielen Zaubereien seiner Mutter Isabel;
Ninive wird Nachum 3, 4 mit einer schönen Buhlerin und
Zauberin verglichen „die Völker verkaufte durch ihre Buhlereien und Geschlechter durch ihre Zaubereien". Wie es scheint,
trieb die Buhlerin zugleich auch Zauberei. Das Gesetz, Ex.
22, 17, welches auf Zauberei die Todesstrafe setzt, spricht von
der „Zauberin" und nicht vom Zauberer, was schon die Tradition richtig dahin interpretirt, dass zumeist Frauen Zauber
treiben (Baraitha Sanhedrin 67a). Wenn man den engen Zusammenhang, in welchem Zauberei und geschlechtliche Verbrechen
mit einander standen, vor Augen hält, wird man es psychologisch
begreifen, warum an der zuletzt beregten Schriftstelle vor dem
Verbot der Zauberei, von der Verführung einer Jungfrau und
nach derselben von dem Verbrechen der Viehschande ge-

übermässig reiche Zahl der Aussprüche der Tradition übe
diesen Gegenstand, von denen wir zunächst diejenigen an
führen, welche Zauberei im Allgemeinen erwähnen.

Das Gesetz, die Zauberei mit dem Tode zu be
strafen, hält die Tradition natürlich aufrecht, aber sie be
schränkt seine Geltung: gemeint sei nur der wirklich
Zauberer, der vermittelst seiner geheimen Künste etwa
hervorbringt, aber nicht der Gaukler, der die Leute blendet.[1]

Die Meinungen gehen jedoch auseinander darübe
welche Todesstrafe über dieses Verbrechen verhängt wird
Ismael meint, die des Schwertes, Akiba, Jose Hagelili
und Jehuda ben Bethera meinen, die der Steinigung.[2]
Verboten ist ferner nur die thatsächliche Ausübung diese
Kunst, aber nicht ihre Erlernung, um sie zu verstehen und
um über sie urtheilen zu können.[3]) Der grösste palästinische
Amora Jochanan (gestorben 279), stellte sogar die These
auf, zu den unerlässlichen Eigenschaften eines Synhedrial
Mitgliedes gehöre auch die Kenntniss der Zauberei[4]). Welch
weite Kenntnisse des Zauberwesens mancher Tanna besesser
hat, ersieht man aus Akiba's nachstehender Aussage: 30(
(nach manchen 3000) Halachoth deutete Rabbi Eliezer übe
das Gesetz: „Eine Zauberin lasse nicht am Leben" (Exodus 22, 17), ich lernte aber blos zwei von ihm[5]). Man
durfte auch von Heiden lernen, obgleich das jüdische Gesetz
welches von den Noahsöhnen nur die Beobachtung von 7
Geboten forderte, ihnen die Zauberei verbot[6]). Ob man je-

---

[1]) Mischna Sanhedrin 67 a; Sifre II 170 p. 107 a Friedmann; Tosifta Sanhedrin XI 5 p. 431 25 Zuckermandel; Sifra 90 b, 91 a, 91 c unt.
93 d 10 Weiss; b. Sanh. 65 a b: העושה מעשה חייב, האוחז את העינים פטור

[2]) Mechilta zu 22, 18 p. 94 b Friedmann; vgl. Mischna l. c.

[3]) Sifre II 170; Baraitha Sabbath 75 a; Rosch Haschana 24 b
Aboda Zara 18 a; 43 b; Sanh. 68 a לא תלמד לעשות אבל למד אתה למד להבין
ולהורות, was sich auf alle Arten der Götzendienerei, aber auch auf die
Praktiken der Zauberei bezieht.

[4]) Sanhedrin 17 a unten: אין מושיבין בסנהדרי אלא בעלי קומה ובעלי
חכמה ובעלי מראה ובעלי וקנה ובעלי כשפים ויודעים בשבעים לשון. Die pole-
mische Spitze dieses Ausspruches gegen Jesus und seine Bekenner ist
unverkennbar.

[5]) Tosifta Sanhedrin XI 5, p. 431 24. Zuckerm.

[6]) Tosifta Aboda Zara VIII 6, p. 473 26; b. Sanh. 68 a unten.

sprochen wird. Der Talmud, der Bileam für einen Zauberer
hält, behauptet (Sanhedrin 105b oben), er habe mit seiner
Eselin wie mit seinem Weibe Umgang gepflogen. Ueber die
Mittel und Wege, mit welchen die Zauberkünste ausgeführt
worden, finden sich in der Schrift leise Andeutungen, welche
hier nicht weiter verfolgt werden sollen und wir möchten
nur noch auf Ezechiel 13, 17—23 verweisen, wo der gefährlichen Künste der Zaubereien Erwähnung geschieht.[1]

2. Die Verbreitung der Zauberei im talmudi-schen Zeitalter.

Wie wenig das geschriebene Wort gegen die herrschenden Anschauungen der Zeit auszurichten vermag, kann nichts
so gut beweisen, wie die Geschichte des Zauberwesens bei
den Juden. Der Pentateuch (Ex. 22, 18; Lev. 20, 27;
Deut. 18, 10—13) verbietet bei Todestrafe jede Art von
Wahrsagerei, Orakel, Beschwörung, Zauberei etc.; die Juden
haben nach dem babylonischen Exil die Götzendienerei
vollständig überwunden und die Lehre Mosis als Lebens-
norm heilig gehalten; dennoch konnten sie sich von dem
Wahne des Dämonen-, Geister- und Gespensterglaubens,
womit im Grunde genommen jeder Mysticismus und Occul-
tismus zusammenhängt, nicht befreien, ja sie haben bei
aller Hochachtung und Heilighaltung des geoffenbarten Gesetzes gegen dessen klaren Wortlaut und gegen die Vorschrift der aus ihm fliessenden mündlichen Lehre Zauberkünste geübt. Wie weit diese in den ersten Jahrhunderten
unserer Zeitrechnung verbreitet waren, beweist schon die

---

[1] Ueber die Zauberei in der Bibel vgl. Winer, Biblisches Real-
wörterbuch³, Protestantische Real-Encyclopädie³, Riehm., Hamburger
u. A. s. v.; ferner Stade, Geschichte des Volkes Israel I 505 und Sellin,
Beiträge zur israelitischen und jüdischen Religionsgeschichte 1 181 ff.
Ueber alle Arten der Magie und Wahrsagekunst in der Bibel findet man
in Lenormant's gleichnamigem Werke an vielen Stellen interessante Aus-
künfte, jedoch sind, wie mir scheint, die Akten über die einschlägigen
Fragen noch nicht geschlossen, denn Vieles ist noch gar zu dunkel.
Wir wollten nur einen für unsere folgenden Studien wichtigen Punkt
behandeln. Ueber die Stellung, welche die heilige Schrift dem Aberglauben gegenüber einnimmt, hat ausführlich gehandelt D. Joel in
seiner in der Vorrede erwähnten Arbeit, wo nachzuweisen versucht wird,
dass den Zauberkünsten gar keine reale Macht zuerkannt wurde.

übermässig reiche Zahl der Aussprüche der Tradition übei diesen Gegenstand, von denen wir zunächst diejenigen an führen, welche Zauberei im Allgemeinen erwähnen.

Das Gesetz, die Zauberei mit dem Tode zu be strafen, hält die Tradition natürlich aufrecht, aber sie be schränkt seine Geltung: gemeint sei nur der wirkliche Zauberer, der vermittelst seiner geheimen Künste etwas hervorbringt, aber nicht der Gaukler, der die Leute blendet.[1]

Die Meinungen gehen jedoch auseinander darüber welche Todesstrafe über dieses Verbrechen verhängt wird Ismael meint, die des Schwertes, Akiba, Jose Hagolili und Jehuda ben Bethera meinen, die der Steinigung.[2] Verboten ist ferner nur die thatsächliche Ausübung dieser Kunst, aber nicht ihre Eriernung, um sie zu verstehen und um über sie urtheilen zu können.[3] Der grösste palästinische Amora Jochanan (gestorben 279), stellte sogar die These auf, zu den unerlässlichen Eigenschaften eines Synhedrial- Mitgliedes gehöre auch die Kenntniss der Zauberei[4]). Welch weite Kenntnisse des Zauberwesens mancher Tanna besessen hat, ersieht man aus Akiba's nachstehender Aussage: 300 (nach manchen 3000) Halachoth deutete Rabbi Eliezer über das Gesetz: „Eine Zauberin lasse nicht am Leben" (Exo- dus 22, 17), ich lernte aber blos zwei von ihm[5]). Man durfte auch von Heiden lernen, obgleich das jüdische Gesetz, welches von den Noahsöhnen nur die Beobachtung von 7 Geboten forderte, ihnen die Zauberei verbot[6]). Ob man je-

---

1) Mischna Sanhedrin 67 a; Sifre II 170 p. 107 a Friedmann; To- sifta Sanhedrin XI 5 p. 431 25 Zuckermandel; Sifra 90 b, 91 a, 91 c unt, 93 d 10 Weiss; b. Sanh. 65 a b: העושה מעשה חייב, האיהו את העינים פטור.

2) Mechilta zu 22, 18 p. 94 b Friedmann; vgl. Mischna l. c.

3) Sifre II 170; Baraitha Sabbath 75 a; Rosch Haschana 24 b; Aboda Zara 18 a; 43 b; Sanh. 68 a לא תלמד לעשות אבל אתה למד להבין ולהורות, was sich auf alle Arten der Götzendienerei, aber auch auf die Praktiken der Zauberei bezieht.

4) Sanhedrin 17 a unten: אין מושיבין בסנהדרי אלא בעלי קומה ובעלי חכמה ובעלי מראה ובעלי זקנה ובעלי כשפים ויודעים בשבעים לשון. Die pole- mische Spitze dieses Ausspruches gegen Jesus und seine Bekenner ist unverkennbar.

5) Tosifta Sanhedrin XI 5, p. 431 24. Zuckerm.

6) Tosifta Aboda Zara VIII 6, p. 473 26; b. Sanh. 68 a unten.

doch von einem Magier etwas lernen dürfe, ist strittig. Rab,
der 219 die Schule zu Sura gegründet hat und in Babylonien die palästinische Tradition zur Geltung brachte, erklärte
den Magier für einen Götzendiener, von dem man nichts lernen dürfe, Samuel hingegen beurtheilte seine Landsleute mil-
der und meinte, die Magie sei blos Zauberei[1]).

Diese gesetzlichen Bestimmungen wollen die Bethäti-
gung des Zaubers verhindern, stellen aber die Kraft desselben nicht in Abrede. Alle Völker des Alterthums haben
Zauberei getrieben und es wäre ein Wunder, wenn die Juden an diese Kunst nicht geglaubt hätten[2]). Thatsächlich
kümmerte sich das Volk nicht allzu viel um die Ansichten
der Gelehrten und war, wenn auch nicht in dem Masse,
wie Babylonier und Aegypter, Griechen und Römer, deren
ganzes öffentliches und privates Leben unter der Herrschaft
des Aberglaubens stand[3]), der Zauberei ergeben. Die Mischna

---

1) Sabbath 75 a oben: הלומד דבר אחד מן המגוש חייב מיתה, מנושתא
רב ושמואל חד אמר חרשי וחד אמר אסר נדופי. Das aramäische Aequivalent für
כשף ist חרש. Andere Stellen über den Magus s. bei K o h u t Aruch I
113. Die Babylonier suchten im Allgemeinen die verkehrsstörenden
Gesetze gegen Götzendienst und Götzendiener zu mildern, wie man sich
aus den Interpretationen des babyl. Talmuds zum Mischnatraktat Aboda
Zara überzeugen kann.

2) Joel l. c. 7 ff., 30 ff., 50 ff, kann sich mit der von ihm selbst
constatirten Thatsache, dass man sich dem Einflusse der Umgebung nicht
entziehen könne, nur schwer befreunden und er versucht nicht ohne
Geschick manches hinweg zu interpretiren. Allein schon Plinius erklärt,
die Magie verdiene seine besondere Aufmerksamkeit, weil sie, die trü-
gerischeste aller Künste, in der ganzen Welt noch so lange Zeit hindurch in Blüthe gestanden hat. Der Verfasser des Lekach Tob, Tobia
ben Eliezer, erklärt die Kunst der Aegypter für reine Gaukelei (Exodus
p. 36 f. Buber).

3) Pauly IV 1383 „das ganze Griechenthum eine lebendige Magie
.... Mysterien und Mythologie in engster Verbindung mit der grie-
chischen Magie ..... [da] in einer Fülle von religiösen Lebensformen
der Griechen jenes Streben sich äussert, durch subjectives Thun die
Ordnung des Schicksals und der Götter wie die Gesetzmässigkeit der
Natur zu bewältigen, als die Mythen nur die im Spiegel der religiösen
Phantasie reflektirten Typen des Volkslebens sind, diese aber von
Elementen des Zaubers durch und durch inficirt erscheinen." Bei den
Griechen war die Magie legitim, bei den Juden trotz des Bestandes
illegitim.

Sota IX 13 seufzt, dass Buhlerei und Zauberei Alles vernichtet haben, zwei Verbrechen, welche, wie wir schon oben
gesehen haben, eng mit einander verknüpft sind; nach der
Tosifta Sota XIV 3 (320₁₃) kam Gottes Zorn über die Welt
und die göttliche Majestät entfernte sich von Israel, seitdem
sich die „Besprecher" vermehrt haben[1]). „Kein Mann wird
vor euch bestehen können" heisst es Deuteronomium 7, 24.
Hiezu bemerkt Sifre II 52 (85 b u): Hieraus wissen wir nur,
dass kein Mann, kein Volk oder Geschlecht im Stande sein
wird, euch Widerstand zu leisten, woher wissen wir aber, dass
auch keine Frau mit ihren Zaubereien dies wird thun können ?
Zu Deut. 4, 35 „Der Ewige ist Gott, es gibt keinen ausser
ihm" bemerkt der Amora Chanina, Sanh. 67 b, auch nicht
zu Zauberhandlungen und liess, an seiner Ansicht festhal-
tend, das Weib, welches von unter seinem Stuhle Erde
nahm, ruhig gewähren. Er scheint der einzige gewesen zu
sein, der die Meinung hegte, gegen Gottes Willen könne
kein Zauber schaden, denn Jochanan sagt an derselben
Stelle, die Zauberer leugnen die „himmlische Familie", indem sie Menschen, denen zu leben bestimmt war, tödten[2]).
Der Talmud kann den Muth Chaninas nur so begreifen,
dass er sich auf die Kraft seiner vielen Verdienste stützte.
Oefter als aus Liebe und Hass wurde die Zauberei zu Heilungszwecken verwendet, worüber später ausführlich zu
sprechen sein wird. Die Krankheitsursache wurde im Allgemeinen im Behextsein oder Besessensein gesucht, das
Heilverfahren bestand dieser Aetiologie entsprechend, gleichviel ob bewusst oder unbewusst, in zauberbrechenden oder
geistaustreibenden Mitteln. Als allgemeiner Grundsatz galt

---

[1]) Mischna : משרבו לוחשי ; Tosifta: הזנות והבשמים כילו את הכל.
לחישות בדין בא חרון אף לעולם ונסתלקה שכינה מישראל. Jochanan ben
Zakkai meint, wie ich glaube, eine gewisse Art des Gottesurtheils; der
Commentar מנחת בכורים denkt an Rechtsanwälte.

[2]) אמר ר׳ יוחנן למה נקרא שמן כשפים שמכחישין פמליא של מעלה,
wozu Raschi bemerkt: נטריקין כחש פמליא של מעלה שעל מי שנגזר לחיים
ממיתין. Chanina sagt auch: „Alles hänge vom Himmel ab mit Ausnahme
der Erkrankungen durch Kälte und Hitze, vor denen man sich nach
Prov. 22, 5 selbst hüten soll« (Ab. Z. 3b unten), vgl. hierzu j. Sabbath
14c u. von 100 Menschen sterben 99 durch Kälte oder Hitze.

in diesem Pnnkt: was zur Heilung dient, ist wegen Aberglauben nicht verboten.[1] Das Vieh darf man sogar von Götzendienern heilen lassen[2]).

Mehr als die Palästinenser waren die Babylonier vom Glauben an Zauberei angesteckt. Der babylonische Talmud allein liefert viel mehr Material als die umfangreichere palästinensische Litteratur, zu welcher Mischna, Jeruschalmi und die zahlreichen Midraschwerke gehören. Lehrreich ist in dieser Beziehung ein Vergleich der zwei Talmude zu den Abschnitten der Mischna Sabbath VI. und XIV., Pesachim X., Gittin VI., Sanhedrin VII.; während der Babli Sabbath 66 b—67 b; 109 b—110 b; Pesachim 109 b—113 b; Gittin 68 a—70 a und Sanhedrin 67a—68a die reichste Ausbeute liefert, findet sich an den entsprechenden Stellen des Jeruschalmi verhältnissmässig wenig. Von der Vorliebe der Babylonier für diese geheime Kunst zeugt schon der Umstand, dass hauptsächlich sie die palästinensischen Traditionen über diese Materie erhalten haben. Dies geht schon aus unseren Quellenangaben hervor, und wird sich auch bei der Besprechung der einzelnen Arten des Zaubers zeigen, weshalb hier blos auf zwei allgemeine Aeusserungen hingewiesen werden soll. Berachoth 6b: der Prophet Elia flehte auch deshalb zu Gott damit man nicht sage, seine Wunderthat sei Zauberei (Huna); Sabbath 10b 19 (Beza 16a): jetzt da wir vor Zauber fürchten (Papa).[3]

3. Die zaubernden Personen.

Wie zu allen Zeiten und bei allen Völkern,[4] war auch bei den Juden das Zaubern vorzüglich das Geschäft der Frauen. Die Baraitha Sanhedrin 67a sagt, Exodus 22, 18

---

[1] Sabbath 67 a und Chullin 77 b: כל דבר שיש בו משום רפואה אין בו משום דרכי האמרי.

[2] Mischna Aboda Z. II 2: מתרפין מהן רפיי ממון ולא רפיי נפשׁת.

[3] Vgl. noch Sabb. 109 b Zeile 8 von unten; Baba Mezia 23 a (= j. Ab. Z. 40a 16 v. u. und sonst).

[4] „Thatsächlich wurde die böse Zauberei in Chaldäa, wie in Thessalien und andern Ländern des Alterthums, hauptsächlich von Frauen betrieben, weshalb auch eine lange Reihe von assyrischen Beschwörungen gegen das Unwesen dieser Zauberinnen und Hexen gerichtet war". Lenormant, Magie p. 70.

werde bei der Verhängung der Todesstrafe deshalb die
Zauberin und nicht der Zauberer genannt, weil die meisten
Frauen der Zauberei ergeben sind.[1]) Simeon ben Schetach
hat in Askalon an Einem Tage 80 Zauberinnen aufhängen
lassen.[2]) Da man nach jüdischem Gesetz an einem Tage
nicht einmal zwei Todesstrafen aussprechen, viel weniger
vollziehen darf, wird dieses Verfahren mit den ausserordent-
lichen Umständen motivirt, was für die ausserordentliche
Verbreitung des Zauberwesens spricht. Wird diese Erzählung
für eine Sage erklärt, ist der Beweis für die Denkweise
der Alten umso kräftiger. Simon ben Jochai (um 150) meint,
die Zauberkünste haben in den letzten Generationen bei den
Töchtern Israels zugenommen ;[3]) ja er steht nicht an zu erklären, „die Frömmste der Frauen sei eine Zauberin".[4])
Jose sagt, Berachoth 53a unten: „Israels Töchter räuchern
dem Zauber" ;[5]) „wer viel Weiber nimmt, vermehrt die Zauberei," heisst es Aboth II 7, was auf die Gepflogenheit der
Weiber, sich die Liebe des Mannes gegen die Gefährtinnen
durch Zauber zu sichern, hindeutet.[6]) Man sieht also auch
hier den Zusammenhang zwischen Liebe und Zauberwerken.
Der schön geformte Spruch des Sirach 42, 9. 10 über das
fragwürdige Glück, welches eine Tochter dem Vater bedeute,
wird Sanh. 100b 21 mit nachstehendem Zusatz citirt: „wenn

---

[1]) תיר סכשפה אחד האיש ואחד האשה אם כן מה תיל סכשפה סמני
.סמני שרוב הגשים כשפניות vgl. j. Sanh. 25d 10: שרוב נשים מצויות בכשפים

[2]) Mischna Sanhedrin 45b: אסר רי אליעזר והלא שמעון בן שטח תלה
.נשים באשקלון? אמרו לו: והלא שמונה נשים תלה ואין דנין שנים ביום אחד

[3]) Erubin 64b: לא שנו אלא בדורות הראשונים, שאין בנות ישראל
.פרוצות בכשפים, אבל בדורות האחרונים שבנות ישראל פרוצות בכשפים מעבירין

[4]) Soferim XV, 10 (Müller p. XXVIII): הכשרה שבנשים בעלת
בשפים. In der Mechilta zu Ex. 14, 7 p. 27a Friedm., wo sich der Anfang
von S. b. J. Kraftsprüchen befindet, wird ursprünglich auch dieser Satz
enthalten gewesen sein, der auch dann die allgemeine Auffassung charakterisirt, wenn er, wie die übrigen, für eine Uebertreibung genommen
wird. Müller p. 212 will dieses harte Urtheil auf die römischen und
christlichen Frauen des zweiten Jahrhunderts beziehen, wogegen schon
der Ausdruck הכשרה שבנשים, sowie die anderen hierhergehörigen Ur-
theile über die jüdischen Weiber laut protestiren.

[5]) .סמני שבנות ישראל מקטרות לכשפים

[6]) .מרבה נשים מרבה כשפים

die Tochter alt wird, vielleicht wird sie Zauber ausüben,"[1])
woraus man sieht, dass auch bei den Juden die alten Weiber
für Hexen galten. Wie es scheint, sind besonders allein-
stehende Frauen, Jungfrauen und Wittwen, der Zauberei
verdächtigt worden[2]); eine solche Wittwe war Johanna, die
Tochter des Retibi, welche die Geburt der Frauen mittelt
Zauber zu verhindern trachtete.[3]) Die Hundswuth sei nach
Rab (Joma 83 b unt.) nichts Anderes als das Spiel der Zauberweiber mit dem Hunde, während Samuel dies dem bösen
Dämon zuschreibt. Sogar die Töchter des Schulhauptes Nachman
sind bei Zauberei ertappt worden, mit deren Hilfe sie die
Hand in den siedenden Topf steckten, ohne verletzt zu wer-
den, was man Anfangs ihrer Frömmigkeit zugeschrieben hatte.[4])
Sanhedrin 67 b werden Frauen drei Mal als Zauberer genannt.
Wenn eine Frau bestraft wurde, witterte man auch bei hoch-
gestellten Frauen in erster Reihe Buhlerei oder Zauberei,
welche, wie wir schon bemerkt haben, mit einander in
Verbindung standen.[5]) Wie an der soeben erwähnten Stelle

---

[1]) הוקינה, שמא תעשה כשפים. Wie die Bibel (Genesis 4, 1; 35, 17;
I. Sam. 1, 11; Psalm 127, 3; Job 3, 3), schätzt auch die Tradition die
männlichen Kinder höher als die weiblichen, was sich fast bis zur Ge-
ringschätzung der letzteren steigert. Vgl. z. B. Ende Kidduschin: אי
אפשר לעולם בלא זכרים ובלא נקבות אשרי מי שבניו זכרים ואוי לו למי שבניו
נקבות „Wehe dem der Töchter hat". Aehnlich dachten die Römer (Friedländer, Sittengeschichte Roms I 464).

[2]) Sota 22 a : תיר בתולה צילנית ואלמנה שובבית וקטן שלא כלו לו
חדשיו הרי אלו מבלי עולם, was Raschi so interpretirt, dass die viel betende
Jungfrau und die die Nachbaren oft besuchende Wittwe nur heucheln, um
ohne Verdacht Buhlerei und Zauberei treiben zu können. Der Ausdruck
„sie richten die Welt zu Grunde" macht diese Erklärung plausibel,
ebenso die Zusammenstellung mit dem „Minderjährigen, der zu früh zur
Welt gekommen", welcher zur Zauberei geeignet ist. Der Talmud meint,
es sei von einem Schüler die Rede, der gegen seine Lehrer verstösst und
vor der Zeit stirbt, was zu gekünstelt scheint. Dem Wesen nach ist
Raschi's Interpretation richtig, die Motivirung jedoch, die Jungfrau und
Wittwe wollen die Leute hinters Licht führen, ist zu rationalistisch.

[3]) ib. יוחני בת רטיבי. Der Name יוחני erinnert an יוחנא, der nach
Menachoth 85 a mit ממרא zusammen das Haupt der aegyptischen Zauberer war. Es ist an das Nestelknüpfen zu denken.

[4]) Gittin 45 a בחשן קידרא בכשפין vgl. Kohut Aruch II 37.

[5]) Sifre II 26 p. 70 b 1 : שלא יהיו בני הסלך אומרים דומה שנמצא
בה דבר ניאוף או דבר כישוף.

von einer Königin, wird Sabbath 81b u. von einer römischen Matrone gesprochen, welche ein Schiff „band", das
sich erst in Bewegung setzte, als der Zauber von Einem
„gelöst" wurde. Eine Matrone war es auch, welche Jochanan unter dem Siegel des Geheimnisses ein zauberkräftiges
Heilmittel gegen Zahnweh empfahl, das er in seiner Predigt
sofort verkündete.[1]) Die meisten Hausmittel, welche natürlich Zaubermittel sind, theilt Abaji im Namen seiner Pflegemutter mit[2]); auch von der Mutter des Achdaboi wird
ein Mal eine solche Arznei mitgetheilt.[3])

Als solche, die zu erlaubten Zwecken sich gelegentlich
einer gewissen, von uns mit Recht als Zauber anzusprechen-
den Kunst bedienten, werden die folgenden Talmudlehrer
genannt. Eliezer ben Hyrkanos, der auf Verlangen
Akiba's mittelst eines Spruches bewirkte, dass ein ganzes
Feld sich mit Gurken füllte und in Folge eines andern
Spruches die Gurken sich auf einen Platz sammelten.[4]) Josua
ben Chanania, der einen Ketzer (Min) vermittelst eines
Zaubers an die Thüre des Bades bannte.[5]) Rab hat durch
irgend welche Praktik herausgebracht, an welcher Krankheit
die Todten eines ganzen Friedhofes gestorben sind.[6]) Cha-

---

[1]) Aboda Zara 28a. Von einer buhlerischen Matrone, gegen die
sich Chanina bar Papa wie Josef gegen Potifars Weib benahm, wird
Kidduschin 39b u. erzählt, sie habe mittelst eines Gegenzaubers Ch
b. P. geheilt.

[2]) Kidduschin 31b, wo alle mit אמרה לי אם „meine Pflegemutter
sagte mir" eingeführten Stellen verzeichnet sind.

[3]) Sabbath 109b unten. — Die Oberin der Zauberweiber wird
erwähnt Pesachim 110a unt.; s. noch ib. 111b.

[4]) Sanhedrin 68a: נטיעת קשואין mit עקירת קשואין. Dass dieses
Wunder auch Zauberer bewirkt haben, beweist die Mischna ib. 67a, wo
Akiba als Beispiel für מכשף „Zauberer" שנים לוקטין קשואין anführt.
Vielleicht ist Chagiga 14b, wo von den vier Gelehrten gesprochen wird,
die in den Garten (Pardes) eingingen, unter denen sich auch Akiba
befand und wo es heisst, Elischa ben Abuja (אחר) habe die Pflanzungen
beschnitten (קיצץ בנטיעות), mit נטיעת קשואין in Zusammenhang zu bringen. Gnostizismus und Magie fallen nicht weit von einander (s. jedoch
weiter unten IV 4).

[5]) j. Sanh. 25d 21, woselbst auch noch Anderes von demselben
erzählt wird.

[6]) Baba Mezia 107b 3: דרב סליק לבי קברא עבד מאי דעבד wozu

nina bar Papa an der Seite 26 n. 1 genannten Stelle.
Chanina und Oschaja, denen während der Beschäftigung mit der Schöpfungshalacha (הלכות יצירה oder ספר) all-
wöchentlich ein schmackhaftes Kalb erschaffen worden, das
sie verzehrten. Jannai und Zeera, die sich des Gegenzaubers bedienten, worüber noch zu sprechen sein wird;[1]
Chisda und Rabba, Sohn des Rab Huna, die das von einer
Matrona gebannte Schiff wieder in Bewegung brachten.[2]

Diese Daten, welche zum weitaus überwiegenden Theile
aus palästinensischen Quellen fliessen, wenn sie auch mitunter nur im babylonischen Talmud allein erhalten sind,
reden eine deutliche Sprache und bezeugen, dass auch im
heiligen Lande in echt jüdischen Kreisen, welche von den
Anschauungen der antiken Welt weniger beeinflusst waren,
als die Diaspora, an die übernatürliche Kraft des Zaubers
geglaubt wurde, und dass derselbe trotz des biblischen und
rabbinischen Verbotes geübt worden. Zwar war das öffentliche
und private Leben bei weitem nicht in dem Grade von
diesem Wahnglauben beherrscht, wie bei Babyloniern und
Aegyptern, bei Griechen und Römern — dies verhinderte
der vor jeder bewussten Götzendienerei ein wahres
Grauen empfindende Monotheismus — dennoch darf kühn
behauptet werden, dass das gezeichnete Bild blasser ist als
die einst vorhandene Wirklichkeit, denn die Farben sind
zumeist, wenn ich so sagen darf, den Aussprüchen der
Gebildeten und nicht den Anschauungen und Handlungen
des Volkes entnommen, welche eher der hierher gehörige
Theil der altchristlichen Literatur spiegelt, wo das Volk und
der Hellenismus zu Worte kommt. Die Dämonologie war
eine hochentwickelte und der Exorcismus blühte in jüdisch-

Raschi bemerkt: יודע היה ללחוש; Aruch hingegen: שאלת חלום ויא נטע
אילנות.

[1] Sanhedrin 67b, wo Raschi meint, die Schöpfung geschah von
selbst durch die richtige Zusammenfügung der Buchstaben des Gottesnamens: ואין כאן משום מכשפות.

[2] Sabbath 81b unten. Die beiden Gelehrten sind nach Ausspruch
der Matrone gegen Bezauberung gefeit, weil sie keinen Scherben beim
Anus verwenden; kein Ungeziefer auf ihren Kleidern tödten; von dem
Bündel des Gärtners erst nach Auflösung des Knotens essen.

christlichen Kreisen. Wohl haben die Apostel gegen Magie und Zauberwesen angekämpft, gegen Simon Magus (Acta 8, 9) gegen Bar-Jehu (13, 6. 8) und gegen Andere; weit, weit mehr noch aber als bei den Vertretern der jüdischen Tradition finden sich bei ihnen und den Kirchenvätern Wunderthaten und Aussprüche, welche als Zauberei angesprochen werden können. Wenn schon manche Talmudlehrer trotz des strengen Festhaltens an dem pentateuchischen Gesetze, der Zauberer solle nicht am Leben belassen werden, den verschiedenen Arten der Magie und Dämonologie einen Einfluss auf ihren Glauben und ihre Denkweise gewährten, ist es nicht zu verwundern, dass die Apostel und Kirchenväter der allgemeinen Zeitströmung vollständig erlegen sind.[1]) Man machte nämlich einen Unterschied zwischen erlaubter und unerlaubter Magie: in und mit dem Namen des Gottes, an den man glaubte, durften übernatürliche Wirkungen hervorgebracht werden. Die Zauberbücher wurden verbrannt (Acta 19, 19), aber sicherlich nur aus dem Grunde, weil sie heidnische Gebräuche, Formeln und Anrufungen vorschrieben, vermittelst welcher man die höheren Mächte in die Gewalt bekommen kann. Manche jüdische Beschwörer wollten, den veränderten Anschauungen entsprechend, die bösen Geister durch den Namen Jesu bannen, dies gelang aber nur den Schweisstüchlein des Paulus, aber nicht den Juden, die der böse Geist nicht respectirte (ib. 19, 11—15).

„Das Wunder ist des Glaubens liebstes Kind". In den Augen der Römer und Griechen aber, welche den „Glauben" nicht besassen, waren die Wunder des Neuen Testaments

---

[1]) Wir verweisen über diese Frage auf die Artikel Exorcismus, Magier, Zauberei in Winer's Biblisches Realwörterbuch[3]; Prot. Real-Encyclopädie[2] s. v. Zauberei; Hilgenfeld, Ketzergeschichte an mehreren Stellen (s. Register s. v. Magie): Schürer, Geschichte des jüdischen Volkes[2] II 640; Deissmann, Bibelstudien besonders p. 276; ganz besonders Conybeare, The Demonology of the New Testament (Jewish Quarterly Review Band VIII—IX). Es ist eine Uebertreibung, wenn Conyb. meint: „The truth is that the Pagans, Christians, and Jews of the first five centuries all breathed the same air, and were inspired by the same beliefs about good and evil spirits. There was some difference of names, but nothing more" (l. c. IX 98).

und seiner Anhänger nichts Anderes als Zauberei, was man begreiflich finden wird, wenn man an die nachstehende, von einem christlichen Gelehrten gegebene Definition denkt: „Das Wunder ist legitime Zauberei, die Zauberei ist das illegitime Wunder".[1]) Die Geschichte des Urchristenthums und seiner Anschauungen beschäftigt uns nicht, wir glaubten jedoch diese Bemerkungen voraus schicken zu müssen, um die einschlägigen Aussagen der jüdischen Tradition in's rechte Licht zu rücken.

Jesus galt den Talmudlehrern, welche übrigens keine autochthonen Traditionen über ihn besassen und ihn lediglich aus den unter dem Volke verbreiteten Erzählungen der Evangelien kannten, als Zauberer.[2]) Ein Judenchrist hat im Bade Eliezar, Josua und Akiba mittelst eines Zauberspruches an eine Stelle gebannt, was Josua mit der gleichen Handlung heimzahlte. Derselbe Zauberer hat auch das Meer gespalten und geprahlt, er habe die Wunderthat Moses' verrichtet, Josua beschwor aber den Geist des Meeres, worauf der Zauberer im Wasser ertrank.[3]) Mehrmals wird erwähnt Jakob aus dem Dorfe Sechanja (Sichnin), der mit dem Namen Jesus einen Schlangenbiss heilen wollte, was jedoch Ismael nicht erlaubte und seinen Schwestersohn eher sterben liess.[4]) Den Enkelsohn des Josua ben Levi hat ein

---

[1]) Soldan, Geschichte der Hexenprocesse S. 8. Derselbe Gelehrte meint, der Aberglaube beginne, wo die herrschende Religion aufhöre. Diese Definition ist mehr geistreich als wahr.

[2]) Sanh. 106b und Sota 47b bei Levy Neuhebräisches Wörterbuch II 272: ‏בלעם‏ . ‏על שכישף והסית והדיח את ישראל‏, mit welchem Namen manchmal Jesus gemeint ist, gilt ebenfalls als Zauberer; sein Name wird mit ‏בלע עם‏ gleich gesetzt, was ‏הסית והדיח‏ entspricht. (Vgl. Levy I 236 sub ‏בלעם‏). Ueber Ben-Stada werden wir im nächsten Capitel sprechen.

[3]) j. Sanh. 25d.

[4]) Tosifta Chullin II 22 (503 13): ‏מעשה. ברבי אלעזר בן דמה שנשכו‏ ‏נחש ובא יעקב איש כפר סמא לרפאותו משום ישוע בן פנטרא ולא הניחו ר'‏ ‏ישמעאל וכו'‏. Statt ‏סמא‏ itt zu lesen ‏סכניא‏ oder ‏סכנין‏, wie es ib. 503 26 heisst ‏סכנין‏ ‏יעקב. איש כפר‏. Dieselbe Geschichte kommt noch vor j. Sabb. 14d unt. ebenfalls ‏איש כפר סמא‏; j. A. Z. 40d; b. A. Z. 27b; Koheleth rabba c. 1 (7ab Wilna), wo es ‏בשם פלוני‏ heisst. Jakobus war bei den Judenchristen ein häufiger Name — so hiess ein Bruder Jesus' — und es wird ein solcher aus der zweiten Hälfte des dritten Jahr-

Christ ebenfalls mit dem Namen Jesus geheilt, worauf J. b.
L. sich dahin äusserte, der Tod wäre dieser Heilung vorzu-
ziehen gewesen.[1]) Da sich die Judenchristen mit magischen
Heilungen abgaben, wird man es begreiflich finden, dass
ihre Bücher für Zauberbücher erklärt werden.[2]) Mit diesen
„Sifre Minim" dürften christliche S c h r i f t e n und nicht die
b i b l i s c h e n Schriften der Christen gemeint sein. Es
heisst nämlich Tosefta Sabbath XIII (XIV) 5: „die Bücher
der Christen stiften Feindschaft zwischen Israel und ihrem
Vater im Himmel".[3])

In der Bezeichnung „Zauberbücher" liegt die schärfste
Verurtheilung, weshalb auch Zeera, ein Feind agadischer
Schriften, diese für Zauberbücher erklärte.[4]) Ueberhaupt galt
Zauberei für die schwerste Sünde und alle Bedrücker Israels
wurden für Zauberer ausgegeben.[5]) Ebenso lassen die Rab-

---

hunderts genannt A. Z. 28 a, während der ib. 17 a und Tosefta Chullin
II 24 genannte im 2. Jahrhundert gelebt hat. יעקב סימאה (Megilla 23 a
und Chullin 84 a), der mit den babyl. Amoräern Jehuda und Raba verkehrte, war kein Christ.

[1]) j. Sabb. 13 d 40.

[2]) Tosifta Chullin II 20 (503 11): ‏וספריהן [של מינים] ספרי קוסמין‏.

[3]) ‏ספרי מינים שמטילין איבה וקנאה ותחרות בין ישראל לאביהם שבשמים‏.
Es handelt sich um die Frage, ob diese Schriften wegen der in ihnen
enthaltenen Gottesnamen am Sabbath aus dem Feuer gerettet werden
dürfen; ob man an Wochentagen vorerst die Gottesnamen ausradiren
und erst dann das Uebrige verbrennen soll. Vgl. auch b. Sabbath 116 a. Sifre
I 16 (p. 6 a Friedmann), wo von der des Ehebruchs verdächtigten Frau
die Rede ist, heisst es ebenfalls: „Wenn Gott erlaubt hat, dass die
Rolle, welche mit Heiligkeit geschrieben worden, mit Wasser abgewa-
schen werde (Numeri 6, 23), um zwischen Mann und Weib Frieden zu
stiften, um so eher dürfen die Bücher der Minim, welche Feindschaft,
Hass, Neid und Streit stiften, aus der Welt geschafft werden. Ismael
meint, man radire die Gottesnamen und verbrenne das Uebrige; Akiba
hingegen erlaubt, dass sie im Ganzen verbrannt werden, denn sie sind
nicht mit Heiligkeit geschrieben". Raschi meint jedoch Chullin 13 a u. zu
‏ספריו [של מין] ספרי קוסמין‏, dass hiermit „Tora, Propheten und Hagio-
graphen" bezeichnet sind, denn so wird auch Gittin 45 b verordnet ‏ספר‏
‏תורה, שכתבו מין ישרף‏. Allein an derselben Stelle gibt es Meinungs-
differenzen. Vielleicht bedeutet ‏ספרי מינים‏, bald biblische und bald
christliche Schriften.

[4]) j. Maaseroth 51 a 10.   —

[5]) Pharao (Moed Katan 18 a); Bileam (oft); Amalek (j. Rosch

binen auch die Gegner Israels sprechen. Haman sagte:
Moses, Josua, David, Salomo haben ihre Wunder- und
Heldenthaten vermittelst Zauber vollbracht.[1]) Besonders lehrreich ist folgende Erzählung. Ein Heide (עו) sagte einmal zu Jochanan ben Zakkai: Euer Gebahren scheint eine
Art Zauberei zu sein. Ihr nehmet eine rothe Kuh, schlach-
tet, verbrennet, zerstosset sie und nehmet ihre Asche; wenn
dann jemand von euch von einem Todten unrein wird,
sprenget ihr zwei oder drei Tropfen auf ihn und sprechet
zu ihm: Nun bist du rein. Da antwortete J. b. Z.: Ist
nicht jemals ein böser Geist in dich eingefahren? Hast du
nie einen Menschen gesehen, in den ein böser Geist eingefahren war? Ja! Was macht ihr mit ihm? Man nimmt
Kräuterwurzeln, räuchert unter ihm und umlagert ihn mit
Wasser, worauf der Geist entflieht. Jochanan erklärt hierauf,
auch dieser Geist, der mit der Asche der rothen Kuh vertrieben wird, ist ein Geist der Unreinheit. Die Schüler
des J. b. Z. sagen hierauf: Den Heiden hast du mit einem
schwachen Rohr abgewiesen, was wirst du uns antworten?
Der gefeierte Lehrer erklärt dann zum Schluss: Nicht die
Leiche verunreinigt, nicht das Wasser reinigt, sondern Gott
hat ein Gesetz geschaffen und niemand darf es übertreten.[2])

Haschana 59 a 20); ein Herrscher (שׁלטּ Schocher Tob zu Psalm 80
p. 364 ed. Buber).

[1]) Horowitz, Sammlung kleiner Midraschim p. 69: die Trocken-
legung des Meeres, die Niederwerfung Sisra's und seines Heeres, die
Eroberung von Städten und die Niedermetzelung der Feinde (durch
Salomon) war Zauberwerk. Plinius n. h. XXX 1, 11 berichtet: Est et
alia magices factio, a Mose et Janne et Lotape ac Indaeis pendens.
Moses wird auch von Apulejus Apologia c. 90 für einen berühmten
Zauberer gehalten (siehe Reinach, Textes d'auteur grecs et romains
relatifs au judaisme p. 282 und 335). In den Zauberpapyri wird Moses
für einen Zauberer angesehen. Ein Buch heisst: Μωϋσέως ἱερὰ βίβλος
ἀπόκρυφος ἐπικαλουμένη ὀγδόη, ἡ ἁγία (Dietrich, Abraxas p. 169;
vgl. ibid. p. 193 17 und die Ausführungen Dietrich's p. 70 f. Moses ist
auch für den Lehrer des Orpheus gehalten worden). Salomo (siehe Josephus, Archäologie VIII 2, 5) ist bis auf den heutigen Tag die Haupt-
person der Zauberer (Dietrich 141 f.).

[2]) Pesikta 40a und Parallelstellen. Der böse Geist heisst רוח
טומאה, von dem auch der tollwüthige Hund nach j. Joma 45 b ob. besessen ist. Die Procedur des Exorcismus erinnert an die von Josephus

Man sieht aus den angeführten Belegen, dass die grauenvolle Macht des Zauberns sowohl Freunden als Feinden zugeschrieben wurde. Die übernatürlichen Wirkungen aber, welche verehrte Personen hervorbrachten, wurden für Wunder angesehen. Dies darf uns jedoch nicht daran hindern, diese Erzählungen zur Charakterisirung der volksthümlichen Anschauungen von der Zauberei heranzuziehen. Es ist nämlich von diesem Gesichtspunkte betrachtet, kein Unterschied zu machen, ob die betreffenden Personen sich des Zaubers bewusst waren, oder in gutem Glauben handelten. Selbstverständlich ist auch keine Rücksicht darauf zu nehmen, ob vorgekommene Fälle erzählt oder Deutungen von Bibelstellen gegeben werden, da dies Alles der Charakteristik der allgemeinen Anschauungen keinen Eintrag thut. Die Talmudlehrer brachten die übernatürlichen Wirkungen vermittelst heiliger Namen oder irgend welcher Handlungen hervor, was nach ihrem Glauben keine Sünde war, sie leugneten aber nicht, dass dieselben Handlungen auch vermittelst unheiliger Namen oder verbotener Handlungen bewerkstelligt werden können, wie die schon angeführten Aussagen über Pharao, Amalek, Bileam u. A. beweisen. Man kann also die allermeisten Wunderthaten, welche als von Frommen und Heiligen gewirkt, allgemein erzählt und geglaubt wurden, getrost als die volksthümlichen Anschauungen von der übernatürlichen Kraft des Zaubers in Anspruch nehmen, auch in solchen Fällen, wo die in Anwendung gebrachten, Wunder wirkenden Mittel nicht mitgetheilt werden.

Dieser Umstand darf uns nicht überraschen, da ja der Talmud auch dort, wo er von faktisch ausgeübtem Zauber

---

Arch. VIII 2, 5 beschriebene. Das Wasser ist, wie aus unserer Stelle erhellt, nicht deshalb in Anwendung gekommen, damit der Geist es bei seinem Ausfahren umstürze, sondern als dämonenvertreibendes und zauberbrechendes Mittel, was wir in dem Abschnitt über die Zaubermittel noch sehen werden. — Bei der rothen Kuh wird die siebenfache Anwendung der Siebenzahl gefunden (Pesikta 33 b = Pes. r. 58 a). Eine Kuh, die an einen Heiden verkauft, am Sabbath nicht arbeiten will und auf die ihr ins Ohr geraunten Worte ihres früheren Eigenthümers hört, wird erwähnt Pes. r. 57 a 7, wo zugleich der Jude erklärt: ich treibe keine Zauberei etc.

spricht, sich auf die allgemeine Constatirung der Thatsache beschränkt, ohne über den modus procedendi ein Wort zu verlieren, was mit der Geheimhaltung dieser gefährlichen Kunst ohnehin nicht vereinbar wäre. Für die Richtigkeit unserer Behauptung können wir einige Legenden anführen, welche unverkennbare Merkmale des Zaubers zeigen und an die theurgische Magie der Neuplatoniker, die auf einen Unterschied zwischen Goëtie und Magie drangen, erinnern.

Choni Hameaggel ist angegangen worden, um Regen zu beten. Nachdem sein Gebet nicht von Erfolg begleitet war, „was that er?" Er zog einen Kreis, stellte sich in die Mitte und sprach: Herr der Welt . . . . . . ich schwöre bei deinem grossen Namen, dass ich mich von diesem Orte nicht rühren werde, bis du dich deiner Kinder nicht erbarmst. Da fing's zu tröpfeln an. Als er nicht zufrieden war, kam Sturmregen, womit er ebenfalls unzufrieden war; da kam ein segenvoller Regen. Da dieser aber nicht aufhören wollte, musste ihn Ch. durch ein zweites Gebet vertreiben.[1] Choni hat dies nicht bloss ein einziges Mal gethan, sondern so oft als Regenmangel eintrat, was im Talmud in der Ausschmückung der Sage ausdrücklich erwähnt wird, worauf aber schon der Beiname „der Kreiszieher" hinweist.[2] Die Erzählung ist allerdings streng monotheistisch, der Kreis jedoch, den er zog, der Schwur „bei dem grossen Gottesnamen", sowie die Eigenschaft als Regenmacher deuten auf fremde Vorstellungen. Nach classischem Aberglauben kann auch das Gewitter durch Zauberer hervorgerufen werden.[3] Wie den Sturm, schrieb man auch plötzliches Unwetter den Zauberern zu.[4] „Julian der Theurge macht Wet-

---

[1] Mischna Taanith 19 a.

[2] Ib. 23 a b und j. Taanith 66 d, wo auch erzählt wird, dass Choni der Kreiszieher, 70 Jahre geschlafen hat.

[3] PW. I 42 41. Vgl. auch Wuttke, Der deutsche Volksaberglaube der Gegenwart 1. Aufl. § 191.

[4] PW. I 43 38. „Namentlich der Regenzauber hat wie bei so vielen primitiven Völkern so auch bei den Indogermanen offenbar einen der wichtigsten Bestandtheile des Cultus gebildet". Meyer, Geschichte des Alterthums II 45. — Die Juden gelten noch heute als besonders kundige Feuer- und Gewitterbanner. Wuttke § 334.

ter (Suidas v. Ἰωλ.), Sopater Wind, ebenso Proklus, welcher Athen von einer Dürre befreit".[1]

Der Exorcismus, von dem ein Beispiel oben 31 angeführt worden, stammt aus Aegypten und wurde hauptsächlich von Judenchristen betrieben. Dass diese Heilmethode Zauberei sei, ist selbstverständlich, wenn sie auch heute noch geübt wird. Nun erzählt der Talmud Meila 17b, Simon ben Jochai „der in Wundern erprobte" habe den Daemon Ben Temalion aus des Kaisers Tochter ausgetrieben.[2] Derselbe Lehrer flüchtete einst mit seinem Sohne Eleazar vor den Römern in eine Höhle, wo ihnen ein Johannisbaum und eine Wasserquelle zu ihrer Nahrung erschaffen worden. Sie hielten sich dreizehn Jahre verborgen und lagen dem Studium ob. Als ihnen der Prophet Elia den Tod des Kaisers verkündete, verliessen sie ihr Versteck und sahen die Leute pflügen und säen, worüber sie ungehalten waren und sprachen: Sie verlassen das ewige Leben (das Studium der Thora) und beschäftigen sich mit dem zeitlichen. Alles, wohin sie die Augen warfen, wurde verbrannt. Da ertönte eine Stimme (Bath-Kol) und rief ihnen zu: Seid ihr herausgekommen, um meine Welt zu zerstören etc.[3] Wenn man schon von dem Johannisbaum und von der Wasserquelle absehen will, der magische Zug des sengenden Blickes ist nicht zu verkennen. Mit seinem Blicke verwandelte Simon b. J. einen Menschen in einen Knochenhaufen.[4]

Man hielt Menschen mit zusammengewachsenen Augenbrauen und langen Augenlidern für zauberkräftig. So ist der tödtliche Blick, den die Sage dem Amoräer Jochanan zuschreibt, zu erklären.[5]

Jesus ging mit seinem Lehrer Josua ben Perachja, der freilich ein Jahrhundert vor ihm gelebt hat, nach Alexandria, dem Sitz der Zauberei, in Verbannung. Als der

---

[1] Pauly IV 1415.

[2] Siehe über diese Stelle Levi, Halevy und Bacher, Revue des Etudes Juives VIII 200; X 60; XXXV 285.

[3] Sabbath 33b.

[4] Pesikta 90b.

[5] Vgl. weiter.

Lehrer in die Heimat zurückkehren durfte, fand er bei
einer wohlthätigen Frau gastliche Aufnahme. Er lobte sie
mit den Worten: Wie schön ist meine Gastwirthin! Hierauf
soll Jesus erwidert haben: Ihre Augen sind klein, d. h.
ihre Augen werden von ihren Wimpern bedeckt.[1]) Wie
mir scheint, wollte Jesus mit dieser Bemerkung
nicht so sehr die Schönheit der gastfreundlichen Wirthin in
Abrede stellen, als vielmehr andeuten, dass sie der Zauberei
verdächtig sei. Man versteht dann die Frage des Lehrers:
„Mit solchen Dingen beschäftigst du dich?" sowie die harte
Strafe, dass er seinen Schüler verstiess.

Pinchas ben Jair, der Schwiegersohn des, oben genannten Simon ben Jochai, war als Wundermann berühmt
(siehe Bacher, Agada der Tannaiten II 494—499). Von
seinen Wunderthaten, die j. Demai 22a erzählt werden, trägt
eine ganz magischen Charakter. Als Mäuse in der Saat
auf dem Felde grossen Schaden anrichteten, beschwer er sie
und sie versammelten sich auf einen Platz. Da begannen sie
zu piepen und P. b. J. fragte die Ortsbewohner, ob sie
wissen, was die Mäuse sagen? Sie antworteten: Nein.
Da sagte er ihnen, die Mäuse sagen, das Getreide sei nicht
verzehntet. Als die Bewohner den Zehnten gaben, hörte der
Schaden auf. Die Erzählung ist jüdisch-monotheistisch und
die Tendenz religiös. Das Wesen erinnert trotzdem an das
Folgende: Römer und Griechen hielten Mäuse vom Felde
ab, indem sie den Samen mit Katzenasche bestreuten, oder
indem sie ihnen ein ausdrücklich bezeichnetes Land als
Eigen anwiesen und sie hierdurch aus dem Acker verbannten
(PW. I 74 und 34).

Mehr als in gelehrten Kreisen war das Zauberwesen
naturgemäss bei den unteren Schichten des Volkes ver-

---

1) Sanh. 106b (fehlt in den censirten Ausgaben); אמר כמה יפה.
אבכסניא זו, אמר ליה רבי עיניה טרוטות אמר ליה רשע בכך אתה עוסק וכו'
Ich nehme טרוטות in dem Sinne, wie es vom Aruch s. v. סרסת (vgl.
Levy II 188a) erklärt wird. Das Wort bildet wohl einen Gegensatz zu
יפה, wie z. B. in Nedarim 66b, das schliesst aber die Anspielung auf
Zauberei nicht aus, da Hässlichkeit und Zauber zusammen gehören. Die
Alten hielten nur alte Weiber für Hexen. Man bedenke ferner, dass
Jesus vom Talmud consequent als Zauberer charakterisirt wird.

3*

breitet. Es ist mir jedoch keine Stelle aus der Tradition
bekannt, wo ein gewerbsmässiger jüdischer Zauberer genannt
wäre. Und doch gab es solche Gaukler im Auslande in grosser
Zahl, wie aus den angeführten Aussagen des N. T. und aus
Josephus (Archäologie VIII 2, 5) ersichtlich ist. Die heidnischen Schriftsteller erwähnen nicht selten jüdische Zauberer und Zauberei.[1]) In der Heimat werden die Zauberer
nicht geduldet worden sein, denn viel weniger als ein Prophet kann ein Zauberer in seiner Heimat zur Geltung
kommen.[2]) Die Menge der unter den verschiedensten Namen
und der Firma der Magier grassirenden Zauberer der classischen Welt wird bei Pauly IV 1394 folgendermassen
charakterisirt: „Habsucht, schmutzige Gemeinheit, Laster
und Betrügereien aller Art waren die Züge, wodurch sich
diese Menschenklasse bemerklich machte, welche alle ver-
abscheuten und doch alle brauchten." Wir suchen in der
jüdischen traditionellen Literatur vergeblich die Züge zu
diesem Bilde. Jedes Volk hält ein anderes für zaubertreibend
und zaubergewaltig, wie überhaupt die Magie fremden Ursprungs sein muss, um zu Ansehen zu gelangen. Die Völker
beschuldigen sich gegenseitig der Zauberei, wie anderer
schwerer Verbrechen. Man muss diese allgemeine Erscheinung vor Augen halten, um nicht jede fremde Behauptung
für vollwerthige Münze zu nehmen. Wird hingegen einem
Volke von seinen Gegnern die magische Kunst abgesprochen,
so ist diesem Zeugnisse sicherlich zu trauen. Von diesem
Gesichtspunkte aus wird man die Behauptung des Tryphon,
der in Justin's bekanntem Dialog den jüdischen Standpunkt

---

[1]) Siehe besonders Juvenal VI 542—47, woraus auf ihre weite
Verbreitung geschlossen werden kann; Suidas s. v. Ἐζεκίας erwähnt
die Zauberei der Leviten. Andere classische Schriftsteller siehe bei Reinach p. 160, 166, 175, 211, 253, 282, 336. Ueber Magie und Judenthum
vgl. auch Hilgenfeld, Ketzergeschichte p. 419 n. 707; bei den Ebionäern
war Magie, Astrologie und Wahrsagerei heimisch p. 434; den Karpokra-
tianern sagt Jrenäus allerlei Magie nach p. 398.

[2]) Die Schäfer werden bei manchen Völkern für magisch gehalten
(PW. I 83₂₀). Vielleicht ist der Ursprung der Antipathie gegen die »Hirten
des Kleinviehes« (Sanh. 57a; A. Z. 11b und 26a) auf einen solchen
Glauben zurückzuführen, da sie mit עכו״ם zusammen genannt werden.

vertritt, dass keine Dämonen existiren,[1]) zu beurtheilen
haben. Es darf hieraus wenigstens soviel gefolgert werden,
dass die r e i n e r e altjüdische Auffassung oder mit Schürer
zu reden, das o f f i c i e l l e Judenthum dem Dämonenwesen
feindlich gegenüber stand, mithin auch der von ihm unzer-
trennlichen Magie abhold war.

4. Die Quellen des jüdischen Zauberwesens.

Aegypter, Assyrer, Babylonier, Meder, Perser, Syrer,
Griechen und Römer waren abwechselnd die Herren des
heiligen Landes, der Heerstrasse aller grossen Eroberer der
alten Welt. Alle diese Völker, zu denen noch die kanaani-
tischen Urbewohner und Nachbaren hinzugerechnet werden
müssen, haben das kleine Volk Israel nicht nur die Schärfe
ihres Schwertes, sondern auch die Schwerkraft ihrer Cultur
fühlen lassen und so scheint es eine Unmöglichkeit, bestimmen zu wollen, wess Geisteskind der Aberglaube ist,
der sich bei den an den Monotheismus trotz der Zeiten Un-
gunst festhaltenden Juden vor mehr denn zwei Jahrtausen-
den von Neuem eingeschlichen und sich immer mehr ausgebreitet hat. Dies scheint schon aus dem Grunde unmöglich,
weil die genannten Völker auch mit einander in engen Beziehungen standen und sich gegenseitig mehr oder minder
beeinflussten und weil die Juden in jener Epoche, welche
wir behandeln, schon eine tausend Jahre alte Vergangenheit
hinter sich hatten, so dass man nicht wissen kann, wie viel
Reste alten Aberglaubens unter der Asche fortglimmten, bis
sie ein günstiger Wind zu hellen Flammen emporlodern
liess. Man wird also thatsächlich darauf verzichten müssen,
auf die Frage nach der Herkunft eines j e d e n Wahnglaubens bei den Juden eine Antwort zu erhalten; im Allgemeinen wird man jedoch mit ziemlicher Sicherheit annehmen dürfen, dass der Hauptantheil den Chaldaeo-Babyloniern, Aegyptern und Emoritern, wie die Urbewohner in
der Mischna oft genannt werden, zufalle, neben denen die
griechisch-römische Welt, welche in diesem Punkte selbst
unter der Einwirkung des Orients stand, nur in zweiter Reihe

---

[1]) Dialogus cum Tryphone c. 79 p. 305; Hilgenfeld p. 159.

in Anschlag gebracht werden kann. In Anbetracht der Geistesrichtung der genannten Völker wird man alle Arten der Wahrsagerei auf die Babylonier, die Zauberei hauptsächlich auf die Aegypter zurückführen dürfen, wobei es nichts verschlägt, dass möglicherweise der betreffende Zauber bei den Aegyptern nicht genuin ist, denn es handelt sich hier nur um die Frage, wer ihn den Juden vermittelt habe. Massgebend ist hier die jüdische Tradition selbst, welche entschieden das Morgenland für die Heimat der Wahrsagerei und Aegypten für die Heimat der Zauberei hält.

Merkwürdigerweise macht schon der Midrasch einen ähnlichen Unterschied, indem er die folgende Deutung gibt: „Die Weisheit des Salomo übertraf die Weisheit der Söhne des Morgenlandes." (I. Könige 5, 10). Worin bestand die Weisheit der Söhne des Morgenlandes? Sie kannten den Planetenlauf und weissagten aus dem Vogelfluge; und alle Weisheit der Aegypter d. h. er durchschaute die List des Pharao, der durch seine Zauberer feststellen liess, welche Arbeiter in demselben Jahre sterben werden und hierauf diese Salomo zum Bau des Heiligthums sandte.[1]) Salomo durchschaute sofort die List des Pharao und schickte alle Arbeiter mit Leichenkleidern zurück. Astrologie und Wahrsagerei ist die Kunst der Babylonier, Zauberei die der Aegypter.

In einer ebenso kernigen, wie treffenden Charakteristik der Länder und Völker der alten Welt heisst es: „Zehn Mass (Kab) Zauberei kam herunter auf diese Welt, neun nahm sich Aegypten und eins die ganze übrige Welt."[2])

---

[1]) Pesikta Buber 33 b: Pesikta rabbathi Friedmann 59 b. Vgl. die Noten der Herausgeber und Levy Nh. Wb. II 156 b. In Pes. r. wird bei Aegypten das charakteristische Wort בשעם, sowie auch מכשעיו gebraucht.

[2]) Kidduschin 49 b: עשרה, קבין כשפים ירדי לעולם, תשעה נטלה מצרים ואחד כל העולם כולו. In derselben Form wird der Reichthum Rom, die Armuth Babel, die Kraft den Persern, die Unzucht Arabien, die Trunksucht Aethiopien, die Schwatzhaftigkeit den Frauen etc. zugeschrieben. Aboth di R. Nathan ed. Schechter 1. Version c. 28 Anf. heisst es in einer ähnlichen Zusammenstellung: ואין לך כשפים בכשפים

Es wird also behauptet, dass Zauberei bei **a l l e n** Völkern
angetroffen wird, ihr Vaterland sei jedoch Aegypten, was
von richtiger Kenntniss der Sachlage zeugt.[1]) Als Moses
seine Wunderzeichen in Aegypten verrichtete, da sagten ihm
Jochana und Mamra (Jannes und Mambres), die Häupter
der aegyptischen Zauberer, „Stroh bringst du nach Afraim?"
worauf er mit dem Sprichwort antwortet: Nach einer Stadt,
die reich ist an Grünzeug, bringe Grünzeug, da findet man
nämlich Käufer.[2]) Man sieht also, dass Aegypten zur Zeit
der T r a d i t i o n, wie schon die Namen Jannes und Mambres
zeigen, für so reich an Zauberei galt, wie Afraim an Stroh.

Als Ahron das ihn legitimirende Wunderzeichen gab,
„da sagte Pharao: Das ist die Kraft eures Gottes? von
Aegypten stammt ja das Zauberwesen der ganzen Welt" und
liess vier fünfjährige Kinder holen, die dasselbe Wunder ver-

---

עצרים של : hingegen in der 2. Version c. 48 (p. 132) mehr unserer Baraitha ähnlich : עשרה חלקים של כשפים בעולם ט' במצרים ואחד בכל העולם
(= Esther rabba c. 1 p. 8a Wilna). An den zuletzt genannten zwei
Stellen wird die Unzucht Alexandria vorgeworfen, während Kidduschin
49 b und Ab. d. R. N. 1. Version Arabien, womit vielleicht die Drusen
gemeint sind, von denen der Reisende Benjamin von Tudela berichtet,
dass der Vater die eigene Tochter heirathet. Ueber Alexandria im Allgemeinen vgl. Rappoport Erech Millin p. 98 ff., wo die jüdischen Quellen
angeführt werden und zugleich betont wird, dass die Magie von hier
aus sich verbreitet hat. Die Zauberpapyri bestätigen vollauf diese Ansicht und zeigen zugleich die crasseste Verschmelzung jüdischer, ägyptischer und hellenistischer Anschauungen.

[1]) Lenormant, Magie p. 85: Aegypten und Chaldaea sind die
beiden Urquellen der Magie; Friedländer, Darstellungen aus der Sittengeschichte Roms⁶ I 362 (Exorcismus aus Aeg.) und III 517 (Dämonologie); Schürer, Geschichte des jüdischen Volkes² II 691 (aus Origenes
contra Cels. VIII 58).

[2]) Menachoth 85a: אמרי ליה יוחנא וממרא למשה, תבן אתה מכניס
לעפריים? אמר להו אינשי אישי לאתא ירקא, ירקא שקיל; vgl. Tanchuma Buber
Ex. p. 27. Ueber עפרים s. N e u b a u e r, La Géographie du Talmud p.
155; über die erwähnten zwei Zauberer, welche im Targum Jonathan
Exodus 1. 15; 7. 11; Numeri 22, 22 יניס וימבריס genannt werden, siehe
die christlichen Quellen bei Winer³ I 534 sub Jambres. Da sie zu Numeri
22, 22 Bileams Schüler genannt werden, dürfte von judenchristlichen
Zauberern die Rede sein.

richteten.[1]) Pharao spottete über Moses und Ahron, indem er ihnen sagte: „Wisset ihr nicht, alle Zauberer seien in meiner Macht? Sofort liess er Kinder aus der s c h o l a holen und sie vollführten dasselbe, ja er rief seine Frau und sie machte es ebenso."[2]) Diese Aeusserungen sind für die Anschauung, welche die Juden zur Zeit des Midrasch über die Aegypter hegten, umso bezeichnender, weil sie der Phantasie des Agadisten entsprossen sind und zur Ausschmückung des pentateuchischen Berichtes gedient haben. Dass die Talmud-lehrer die Aegypter genau gekannt haben, beweist die folgende Charakteristik derselben, welche merkwürdigerweise mit einer von einem gegenwärtigen Gelehrten gegebenen fast vollkommen übereinstimmt. Jalkut I 182 gegen Ende heisst es: „Es gibt kein Volk, das so beschmutzt wäre von Sünden, hässlichen und ungebührlichen Dingen und so versunken wäre in Zauberei und Unzucht und verdächtig aller bösen Handlungen, wie die Aegypter." Pietschmann[3]) äussert sich folgendermassen: „Eine Reihe von Erzählungen lassen das Sittlichkeitsgefühl der ägyptischen Frauen wie der Aegypter überhaupt in einer sehr wenig günstigen Beleuchtung er-scheinen. Sind auch wohl manche dieser Geschichten kein Spiegelbild ägyptischer Denkweise, so lehren doch auch Originalurkunden in grosser Menge uns die Aegypter als ein Volk von ungeläuterter, glutatmender und dementsprechend allerdings auch meistens völlig ungeschminkter Sinnlichkeit und derb realistischer, ja häufig ekelerregender Natürlich-keit in der Auffassungsweise sexueller Vorgänge kennen, dem ... selbst Laster der widernatürlichsten Art in ab-scheulichem Masse vertraute Begriffe gewesen sind." „Ein krasser Realismus war der Grundzug des ägyptischen Nationalcharakters so in der Kunst, wie in der Religion

---

[1]) Tanchuma Stettin 1866 p. 186 unten: אמר פרעה כך בחיי של
אלהיכם? סבאין יוצאין בשעים לכל העולם וכו Tanchuma Buber Exodus
Waera Nr. 12 (p. 17 unten): כל מצריים מלאה בשעים „Ganz Aegypten
sei voll von Zauberei".

[2]) Exodus rabba c. 9 Nr. 6 (Folio 40 b Wilna). Das Wort s c h ó l a
zeigt deutlich, dass dem Agadisten die ägyptischen Schulen der hellenistischen Zeit vorschweben.

[3]) PW. I 992, wo auch die Belege aus der classischen Litteratur
gegeben sind.

und die Zauberei ist die praktischeste aller Künste und Religionen."

Nach Mechilta zu 14, 9, (p. 27 b) strauchelte kein einziger von den Israeliten auf dem Wege, damit die Aegypter dieselben nicht vermittelst ihrer Zauberkünste in rückwärtige Bewegung versetzen. Die Aegypter hielten ihre Zauberweisheit im Geheimen und erlaubten nicht, dass Zauberbücher ausgeführt werden, daher schmuggelte Ben-Stada solche auf seinem Leibe eingeritzt über die Grenze.[1]) Als Hauptsitz der Zauberei galt im 3. Jahrhundert Alexandria: Zeiri kaufte daselbst einen Esel, der sich aber beim Tränken in ein Brückenbrett verwandelte, worauf ihm das Geld zurückgegeben wurde, mit der Bemerkung: Wer kauft hier, (d. h. in dieser Stadt voll Zauberei) etwas, ohne es früher beim Wasser geprüft zu haben?[2]) Die Thatsache, dass Aegypten die Urheimath der Zauberei sei, wiederspiegelt auch die in der Mischna Sanhedrin X 1 verbotene Besprechung der Wunde mit dem Schriftworte: „Keine Krankheit, die ich auf Aegypten gelegt, werde ich auf dich legen, denn ich der Ewige, bin dein Heiler" (Exodus 15, 26). Die Krankheit ist durch Zauberei verursacht, welche vermittelst eines Spruches, in welchem Aegypten, die Urquelle jedes Zaubers, und das Tetragramm als Gegensätze erscheinen, gebrochen

---

[1]) Tosifta Sabbath XI 15 p. 126₃: המסריט על בשרו ר' אליעזר
מחייב וחכמים פוטרין אמר להן ר' אליעזר והלא בן סטדא לא למד אלא בכך?
אמרו לו מפני שוטה אחד נאבד את כל הפקחין, Deutlicher ist die Baraitha
j. Sabbath 13 d 26: והלא בן סטדא לא הביא כשפים ממצרים אלא בכך?;
b. Sabb. 104 b: והלא בן סטדא הוציא כשפים ממצרים בשריטא שעל בשרו?.
Wie bekannt, soll Ben-Stada mit dem Stifter des Christenthums identisch sein. Eliezer ist von den Römern des Christenthums angeklagt worden (Tos. Chullin II 24 p. 503 19 = b. Aboda Zara 16 b), es wäre also verständlich, dass er sich in einer halachischen Frage auf Ben Stada beruft, unbegreiflich wäre aber die milde Zurückweisung Seitens der Chachamim. Josef flüchtete mit seinem Kinde Jesus vor Herodes nach Aegypten, von wo er auf Gottes Geheiss nach Herodes Tode in's heilige Land zurückkehrte (Matthäus c. 2). Wenn also in der citirten Mischna Jesus gemeint ist, darf man in ihr eine Anspielung auf diese Legende erblicken. Wir werden noch andere Talmudstellen kennen lernen, welche von Jesus' Aufenthalt in Aegypten erzählen.

[2]) Sanhedrin 67 b: מי איכא מידי דהבן סדי הבא ולא בדיק ליה אמיא?
Wasser bricht Zauber, wie wir noch sehen werden.

wird. Wie wir noch sehen werden, ist in solchen Beschwörungen der vierbuchstabige Gottesname in seiner ursprünglichen Aussprache gebraucht worden; es ist also psychologisch verständlich, dass in der Mischna unmittelbar nach
diesem Verbote Abba Saul's Ausspruch erwähnt wird, nach
welchem auch derjenige seinen Antheil an der zukünftigen
Welt verliert, der den Gottesnamen nach seinen Buchstaben
ausspricht.[1]) Das in der Mischna Pesachim III 1 erwähnte
ägyptische Getränk זיתום המצרי (nach Kohut, Aruch III 326
= ζῦθος = zithum), welches Pesachim 42b als aus drei
Gersten-, drei Salz- und drei Safrankörnern zusammen-
gebraut erklärt wird, ist trotz Berachoth 38 a und Sabb.
156 a, wie schon diese Zusammensetzung zeigt, ursprünglich ein zauberkräftiges Heilmittel.[2]) In dem zauberischen
Heilmittel, welches Kräuter-Becher (כוס עקרין Mischna Sabb.
109 b) genannt wurde, war nach dem babylonischen Talmud die erste Substanz „Harz eines alexandrinischen
Baumes" (ib. 110a unt.) Das echt magische Gebräu, welches
Aboda Zara 38b erwähnt wird, stammt nach Aussage Jocha-
nans und Rabba bar bar Chana's aus Aegypten. Beide geben
sogar das Datum an, wann es aus Aeg. gebracht worden
ist. Wir erinnern nur noch daran, dass auch der Gnostiker
Markos ein Aegypter und Magiker war.[3])

Schon bei Homer gilt Aegypten für die Heimath magischer Gewächse (Pauly IV 1382), wie denn die ägyptische
Heilkunde wüste Zauberei war (Pauly IV 1388). Die Aegypter waren das classische Zaubervolk der Griechen und
Römer; auch die philosophische Magie des Pythagoras war
aegyptisch. In späthellenistischer Zeit ist der aegyptische
Einfluss noch gewachsen. (PW. I 83 53).

„Man scheint auch die griechischen magischen Bücher
βίβλοι Αἰγύπτιαι (weil sie daher kamen) und das Hersagen

---

[1]) אבא שאול אומר אף ההוגה את השם באותיותיו.

[2]) Vgl. Aruch l. c. und sub. קרטם·, wo statt תלתא citirt wird
תילתא und תילתא (so auch Sabb. 110a), was am Wesen der Sache nichts
ändert. Mussafia weist auch darauf hin, dass קרטם· in der römischen
Medicin als Arznei verwendet wurde. Ein ähnliches Mittel gegen Fieber
bei PW I 66,51; 76,27.

[3]) Hilgenfeld l. c. 369 ff.

der unverständlichen Zauberworte αβλαναθαναλβα genannt zu
haben (Dietrich Abraxas 155 n. 1.) Trotz der Sucht aller
Völker, ihr Zauberwesen aufs Ausländische zurückzuführen,
wird man bei genauer Erwägung der Thatsachen annehmen
müssen, dass die Aussagen der jüdischen Tradition nicht
dieser Sucht, sondern der lebendigen Kenntniss des ge-
schichtlichen Verlaufes entsprossen sind.

Wenn man nun fragt, auf welchem Wege die aegyptische Magie nach dem heiligen Lande gekommen ist, wird
man um eine Antwort nicht verlegen sein. Die Beziehungen
zwischen Aegypten und Palästina waren seit uralter Zeit
so mannigfache, dass es ein Wunder wäre, wenn ägyptische
Anschauungen ihren Weg zu den Juden nicht gefunden
hätten, besonders in den Jahrhunderten des Hellenismus,
wo unter den sieben Millionen Einwohnern Aegyptens eine
Million Juden waren und wo eine besondere alexandrinisch-
jüdische Literatur entstand. Wie rege der Verkehr zwischen
den zwei Ländern war, beweist auch die Thatsache, dass
in Jerusalem eine besondere alexandrinische Synagoge
existirte (Tos. Meg. III 6 p. 224 26) und dass von Alexandria
in der traditionellen Litteratur sehr oft gesprochen wird.[1]
Es gab aus Alexandria stammende Talmudautoritäten[2], ja
sogar koptische Proselyten, die es bis zum Talmudgelehrten
gebracht haben.[3] Wir sehen also, dass die ägyptische
Zauberkunst auch andere Mittel als den Leib des Ben
Stada fand, um nach dem heiligen Lande zu gelangen,

---

[1] Ueber die Juden in Aegypten vgl. ausser den Geschichtswerken
von Grätz und Schürer auch Friedländer E. G. Roms 6. Aufl. III 316
Neubauer, Geographie p. 406 ff.; Rappaport Erech Millin p. 98 ff. In
dem Ortsnamen-Verzeichniss von Zuckerm. zu seiner Toseftaausgabe ist
sub Alexandria 650₉ hinzuzufügen. — Das drei Mal wiederholte biblische
Verbot der Rückkehr nach Aeg. beweist, dass die Einwanderung in
dieses Land eine uralte ist und schon Jahrhunderte vor Alexander d.
Gr. begonnen hat: Al. hat dort sicherlich schon eine zahlreiche jüdische
Bevölkerung vorgefunden. Die Juden haben sich in Aeg. lange vor den
Hellenen niedergelassen.

[2] Z. B. ר' זכאי דאלכסנדריא j. Az. 42a.

[3] Tosifta Kidduschin V 4 (342 6, 12): מנימין גר המצרי וכו' מתלמידי
ר' עקיבא (= Sota 9a; Jebamoth 76b).

von wo sie dann ihren Weg zu den Juden der östlichen Länder nahm.

Wir meinen demnach, dass die Zauberei im engeren Sinne, welche im Talmud und Midrasch mit כשפים bezeichnet wird, ihre Heimat in Aegypten hat. Natürlich bezieht sich dies nur auf den Grundstock, denn gewisse Elemente gehen ohne Zweifel auf Chaldäa zurück. Wenn die Tradition nicht so bestimmt auf Aegypten hinwiese, wäre man versucht, Alles den Chaldäern auf's Kerbholz zu schreiben, da schon die Akkader alle Arten des Zauberwesens gekannt haben, wie aus Lenormant's „Die Magie der Chaldäer" zu ersehen ist. Manche Bibelstelle wird durch die einschlägigen Keilschrifttexte in ein helleres Licht gerückt, worauf L. nicht verfehlt aufmerksam zu machen.[1]) Es sei mir auch gestattet, hier Einiges, was mir beim Lesen des genannten Werkes eingefallen, einzuschalten.

Die Heiligkeit der Siebenzahl beruht auf der Entdeckung der sieben Planeten von den Babyloniern[2]), daher diese Zahl, wie bekannt, auch in der heiligen Schrift überaus häufig als runde Zahl gebraucht wird. Ebenso ist auch 70 runde Zahl. Nun scheint mir auch die Addition dieser beiden Zahlen, nämlich 77, heilige Zahl zu sein. In einem uralten magischen Papyrus (bei Lenormant p. 99) heisst es: „Der Speer der siebenundsiebenzig Götter gehört in dein Auge"; in einem andern Spruche desselben Papyrus (ib. p. 104) heisst es: „Du, dessen Namen ich kenne, der Du

---

[1]) Siehe z. B. p. 34 zu Jesaia 34, 13. 14. über den Aufenthalt der Dämonen in der Wüste; p. 432 zu Hosea 4, 12 Zauberstab. ob aber Jech. 8, 7 המזרח hierher zu ziehen ist, scheint mir fraglich; p. 437 zu II Kön. 13, 14—19 Pfeilorakel; p. 451 zu Koheleth 10, 20 Wahrsagerei aus dem Vogelflug und Ezechiel 21, 26 aus den Eingeweiden; p. 464 zu Gen. 44, 5 Lekanomantie; p. 475 zu Gen. 24, 14; I. Sam. 14, 9; II. Könige 20, 33 prophetische Bedeutung zufällig ausgesprochener oder vernommener Worte (jedoch das Bath-Kol des Talmuds und des Midrasch, welches nach Lenorm. ebenfalls in diesen Ideenkreis gehören soll, entbehrt des wichtigsten Kriteriums, der Zufälligkeit); p. 476 zu Iob 37, 7 Chiromantie; p. 500 zu Jesaia 47, 13; Job 3, 6 günstige und ungünstige Zeitpunkte.

[2]) Meyer, Geschichte des Alterthums I 179; zahlreiche Belege bei Lenormant.

77 Augen und 77 Ohren besitzest". In der Bibel kommt
77 vor Genesis 4, 24, Richter 8, 14, von denen besorders
„und Lamech siebenundsiebenzigfach" an die Heiligkeit dieser
Zahl erinnert. Das Epitheton des Anu „der Alte der Götter"
(113), ferner „der Uralte" (115) erinnern an den „Alten der
Tage" des Daniel 7, 9. 13. 22.

Die Babylonier weissagten sogar aus dem Verhalten
der Ratten, desgleichen aus der Beobachtung von Schlangen,
Löwen etc.[1]) „Endlich wurden nach Angabe des mitgetheilten Inhaltsverzeichnisses des auguralwissenschaftlichen
Werkes der Bibliothek zu Ninive, auch die „Fische der
Teiche" zu den Thieren gerechnet, deren sich die chaldäische
Mantik bediente. Offenbar dürften aber heilige Fische dar-
unter zu verstehen sein, die man speciell zum Behufe der
Wahrsagerei züchtete." Die jüdische Tradition verbietet
ebenfalls das Wahrsagen aus Wieseln und Geflügel, was mit
לא תנחשו Leviticus 19, 26 gemeint ist. Als drittes Wahr-
sagemittel sind an einer Stelle „Sterne", an einer anderen
„Fische" genannt.[2]) Nach dem Verzeichniss des uralten auguralwissenschaftlichen Werkes dürfte es kaum zweifelhaft
sein, dass die ursprüngliche Interpretation von Fischen
redete, was die Talmudisten ebenso auffallend fanden als
Lenormant, sie setzten daher an ihre Stelle „Sterne", wie
letzterer die „heiligen" Fische. Wie verbreitet das Weis-
sagen aus den Ratten (Wiesel) noch zur Zeit der babyloni-
scher Amoräer gewesen sein muss, ersieht man aus der
witzigen Frage des Talmuds: „Ist denn die Wiesel eine

---

[1]) Magie p. 473 nach Jamblichus.

[2]) Sifra z. Stelle p. 90b Weiss: לא תנחשו כנון אלו שדם םנחשים
וכברים: ובכוכבים; b. Sanh. 66a ob. steht statt בחולדה בעופות ובכוכבים.
Zu חולדה und עופות passen דגים besser als כוכבים. Die Leseart »Fische«
im Talmud ist nach der keilschriftlichen Parallele auf alle Fälle gegen
eine Emendation geschützt, wenn auch die Leseart des Sifra für berechtigt anerkannt werden sollte. Sifre II 171 heisst es: וסנחש איזהו
םנחש כנון האומר נפלה םתו נפלה םפיו נפלה סקלי םידי נחש סיםיני ושועל םשםאלי
ופסק וכבו את הדרך לפני, והאומר אל תתחיל בו שדרי ראש חודש הוא שדרי
ערב שבת וםוצאי שבת היא, wo der Neumond etc. den כוכבים des Sifra
zu entsprechen scheint.

Prophetin?"[1]) In der Baraitha, wo die Schüler Hillels in überschwenglichem Lobe für der Prophetie gleich Moses würdig erklärt werden, heisst es von Jochanan ben Zakkai, er sei neben allen Disciplinen der schriftlichen und mündlichen Lehre auch vertraut gewesen „mit den Tekufoth, Gematrioth, dem Flüstern der Engel, der Dämonen und der Palmen, mit Wäscher- und Fuchsfabeln, grossen und kleinen Lehren."[2]) Ohne Frage ist hier die ganze Kunst der Chaldäer in jüdisch-monotheistischer Färbung genannt, denn Tekufoth ist gleichbedeutend mit Zeitrechnung, welche, wie bekannt, von den Chaldäern stammt und mit der Astrologie in enger Verbindung steht; Gematrioth wird hier nicht, wie man nach Raschi annimmt, Buchstabenvertauschung bedeuten, was in den Zusammenhang nicht passt und auch keine so hervorragende, an dieser Stelle eine besondere Hervorhebung verdienende Kunst gewesen sein dürfte, sondern Geometrie in dem Sinne, wie sie in der Astrologie zur Anwendung kam.[3]) Die Engel und Dämonen sind die guten und bösen Geister der Chaldäer, die den ganzen Luftraum erfüllen und sich gegenseitig bekämpfen[4]) und deren Sprache verstehen soviel heisst, wie das Zukünftige, das sie verrathen, voraussehen.[5]) Merkwürdig aber ist die

---

[1]) Pesachim 9 b ובי חולדה נביאה היא. Es wird die Frage discutirt, ob die Wiesel das verschleppte Chamez am Rüsttage des Pesach aufbewahren wird. Abaji meint, die Wiesel sehe am 14. Nisan, es sei nicht überall Brod zu finden, wie am 13. und sie werde deshalb davon verstecken. Hierauf fragt Raba: Ist die Wiesel eine Prophetin, dass sie schon im Voraus weiss, man werde heute nicht mehr backen? Man hat in diesem Ausdruck auch eine Anspielung auf die Prophetin Chulda gefunden. Vgl. über die Sprache der Vögel (לישׁנא דצפרי) Gittin 45 a und Aruch מל 8.

[2]) Sukka 28 a und B. Bathra 134 a: אמרו עליו על רי יוחנן בן זכאי שלא הניח מקרא ומשנה וכו תקופות וגימטריאות שיחת מלאכי השרת ושיחת שדים ושיחת דקלים מש.ות כובשין ומשלות דבר גדול ודבר קטן. Vgl. Soferim XVI 9 und Müller p. 219 (rationalistisch). Die Sprache der Dämonen verstehen, heisst nach R. S. B. M. sie beschwören können und ein Amulet verfertigen.

[3]) Vgl. Pauly W. II 1083.

[4]) Lenormant 158 ff.

[5]) Vgl. Berachoth 18 b, wo das Gespräch der Todten belauscht wird; so wird auch Baba Mezia 107 b zu verstehen sein, wo Rab von den Verstorbenen ihre Todesursache erfährt.

Erwähnung der Sprache der Bäume, womit im babylonischen Epos ebenfalls die Allwissenheit charakterisirt wird. „Im Heldengedichte tritt I z d h u b a r beständig in Begleitung eines Sehers Ea-bni auf, der, mit allen Dingen vertraut, sogar die Sprache der Bäume versteht."[1] Was nun die Sprache der Bäume, was Raschi gesteht nicht erklären zu können, betrifft, wird nicht an die griechischen Orakel mit ihren geheimnissvoll rauschenden Bäumen zu denken sein, wie auch die Septuaginta Lev. 19, 26 תעוננו לא mit κληδο-νίζεσθαι „aus Lauten und Geräuschen wahrsagen" übersetzt; denn שיחה bedeutet eher ein leises Flüstern als ein Rauschen. Das Richtige scheint Nathan ben Jechiel in seinem Aruch (פם I) erhalten zu haben, wo aus den Responsen der Geonen, die als Babylonier noch einen Theil der altbabylonischen Magie kennen mochten, folgende Erklärung angeführt wird: An einem windstillen Tage breitet man auf einem bestimmten Orte zwischen zwei Palmbäumen ein Leintuch aus, das sich nicht bewegt. Man stellt sich dann zwischen zwei Bäumen, die einander nahe sind, und beobachtet, wie sich ihre Zweige gegen einander bewegen. Abraham Gaon im ersten Viertel des 9. Jahrhunderts soll diese Sprache noch verstanden haben.[2] — Der Patriarch Juda I. und der babylonische Amora Raba haben ihren Kindern unter Anderem auch verboten, sich auf das Bett einer Heidin zu setzen,[3] was der Talmud in verschiedener Weise auslegt und motivirt. Aus dem Zusammenhange ist jedoch klar, dass hier von Zauberei die Rede ist, woran man nicht zweifeln kann,

---

[1] Lenormant 494 mit Verweisung auf G. Smith, Chaldean account of Genesis S. 246, deutsch von Fr. Delitzsch S. 209.

[2] Die Bäume spielen in der jüdischen Mystik eine nicht unbedeutende Rolle, wird ja die Gnosis „Pardes" genannt. Als Eleazar ben Arach das Mysterium des göttlichen Thronwagens des Ezechiel zu deuten begann, stieg Jochanan ben Zakkai von seinem Esel herunter und setzte sich unter einen Olivenbaum (Chagiga 14 b oben). Joch. b. Z. hat die Bäume auch sonst beobachtet; die Zeugen eines Mordes fragte er nach den Stengeln der Feige (Mischna Sanh. V 1 מעשה: ובדק בן זכאי בעוקצי התאנים).

[3] Berachoth 8 b und Pesachim 112 b. Vielleicht ist auch das »todte Kind« als Zaubermittel zu verstehen.

wenn man die folgende Stelle in einem akkadischen Zauberspruch liest:

"Stelle das Bild des Gottes, der im Glanze der
Tapferkeit strahlt etc. und das Bild des Gottes Narudi,
des Gebieters der mächtigen Götter, auf den Boden, unter
das Bett".[1] — Auch eine pythagoräische Vorschrift lautete:
Setze dich nicht auf den Scheffel (PW I 91 ob.)

Dass hellenistischer Aberglaube in altjüdische Kreise
dringen konnte, bedarf Angesichts der Thatsache, dass es
in Palästina eine bedeutende Anzahl hellenistischer Städte
gab, in denen die Bevölkerung oft eine gemischte war, dass
ferner manche zauberkräftige Heilmittel griechische Namen
führen, dass der Verkehr zwischen nationalen und hellenistischen Juden ein überaus reger war, keines besonderen
Beweises. Die aus allen Ländern und Völkern sich rekruti-
renden Söldner der römischen Legionen, sowie die zahlreichen Sklaven, welch letztere nicht selten freigelassen und
bekehrt wurden, haben ohne Frage ebenfalls beige-
tragen, dass es im heiligen Lande an gar keiner Art von
Magie fehle. Von den Matronen, wie die römischen vorneh-
men Frauen von den palästinischen Juden genannt wurden,
war schon oben die Rede. Ferner gelten im Talmud auch
die Araber als Zauberer, was nicht nur aus Sanhedrin 67 b
folgt, wo ein arabischer Schwarzkünstler sein Kameel in
Stücke zerhaut und dann wieder lebendig macht, sondern
vorzüglich aus Sanhedrin 91 a. Hier wird nämlich gesagt,
Abraham habe den Söhnen seiner Kebsweiber den "unreinen
Namen" übergeber, womit die zauberkräftigen Götternamen
gemeint sind[2]. All diese Umstände lassen es berechtigt er-

---

[1] Lenormant 49.

[2] Die Araber waren vorzüglich bewandert in der Wahrsagerei
aus dem Vogelfluge, wie aus Pesikta 33b (= Tanchuma Stettin 560 a)
וערומים בטיר (arabisch = Vogel) und aus anderen Stellen (Levy II
156 b) hervorgeht. Man sieht auch hieraus, dass die Araber die Erben
der altbabylonischen Magie waren. Unter den Nabatäern, welche beide
Talmude mehrmals erwähnen, lebten auch Juden, von denen manche
nach Palästina kamen (Sabbath 121 b ob.). Ein zaubernder Araber wird
l. c. 110b unt. genannt. Siehe auch Pes. 110b und Joel, Aberglaube
69 über den babyl. Einfluss auf die babyl. Amoräer.

scheinen, wenn die Quelle mancher Erscheinungen der Zauberei in Palästina auch ausserhalb der ägyptischen und babylonischen Magie gesucht wird.

III.
Ziele und Wirkungen der Zauberei.
1. Bösartige Zauberei.

Man kann im Allgemeinen zwei Arten der Zauberei unterscheiden, eine böse und eine gute, je nach dem Zwecke, der dem Zauberer vorschwebt. Die altjüdische Zauberei kennt hauptsächlich die erstere, während die letztere — von wenigen Ausnahmen abgesehen — lediglich als Abwehr bekannt ist. Wir müssen also in erster Reihe die Bosheitszauberei betrachten. Die Ziele, welche diese zu erreichen wünschte, waren die mannigfachsten, wenn auch nicht so zahlreich, wie diejenigen, welche der christliche Volksglaube des Mittelalters den Hexen zuschrieb. Pfleiderer[1]) charakterisirt diesen mit den folgenden Worten:

„Der Soldat wird stich- und kugelfest, das Mädchen bekommt unwiderstehlichen Liebesreiz, der Habsüchtige weiss Schätze zu graben, der neidische Feind, die boshafte Nachbarin weiss des Nachbars Haus anzuzünden, auf des Nachbars Acker den Hagelschlag herabzubeschwören, den Kühen der Nachbarin die Milch zu entziehen, das eheliche Glück des feindlichen Hauses empfindlich zu stören, das gedeihende Kind hinsiechen zu machen, ja selbst plötzlichen Tod durch geheimnissvolle Zauberwirkung aus der Ferne zu veranlassen. Bald gewöhnte man sich jedes ausserordentliche und schädliche Ereigniss, das einen einzelnen oder eine Gemeinschaft traf, auf Hexerei zurückzuführen; ja selbst das Aussergewöhnliche an sich schon, auch wo es Niemanden schadete, wie körperliche und geistige Eigenthümlichkeiten, hervorragende Kunstfertigkeit, auch schon ein ungewöhnliches Betragen genügte, um einen Menschen in den Verdacht der Hexerei zu bringen. Junge Mädchen, die sich durch Schönheit, und alte Frauen, die sich durch Hässlichkeit bemerk-

---

[1]) Theorie des Aberglaubens 20 f.

lich machten, Studenten, die sich durch reiches Wissen, und Spielleute, die sich durch geschicktes Spiel hervorthaten, der fleissige Handwerker, der seine Sache vorwärts brachte, und der arme Schlucker, der als hergelaufener Fremdling verdächtig und unheimlich schien — sie alle konnten dem Verdacht und der Anklage auf Hexerei verfallen. Wie aber Kirche und Staat gegen solche Unglückliche wüthete, wie man das Geständniss durch eine aller Menschlichkeit und allem Rechtsbewustsein Hohn sprechende peinliche Inquisition zu erzwingen und dann den vermeintlich Schuldigen dem Scheiterhaufen zu überliefern pflegte, wenn er nicht schon unter den Folterqualen den Geist aufgegeben hatte — davon will ich lieber schweigen. Drei volle Jahrhunderte dauerte diese schwerste Verirrung des Menschengeschlechtes ; erst die milderen Sitten und klareren Begriffe des 18. Jahrhunderts machten ihr ein Ende."

Die Triebfedern des Zaubers sind Hass und Liebe, seine Wirkungen Tod und Ehebruch. Während der Dauer des zweiten Tempels fungirten deshalb 80 Hohepriester, weil die Nachfolger die Vorgänger durch Zauberkünste getödtet haben[1]). Der Aegypter Exodus 2, 11 hat nach der Ausmalung der Agada den Tod vielfach verdient, was Moses wusste ; nach Einwilligung der Engel erschlug er ihn durch Nennung des Gottesnamens.[2]) Unter den Wunderthaten, welche Simon ben Jochai (um 150) verrichtete, nachdem er nach 13 jährigem Aufenthalte seine Höhle verlassen hatte, befindet sich auch die, dass er „die Augen gegen jemand aufhob und ihn anblickte, worauf derselbe sich in einen Knochenhaufen verwandelte."[3]) Dieselbe Strafe executirte auch Jochanan (gest. 279) gegen einen Ketzer.[4]) Er soll auch

---

[1]) j. Joma 88c 46 ; Pesikta Buber 177a: ויא שהיו הורגין זה את זה בכשפים שמשו שמנים כהנים.

[2]) Exodus rabba c. 1. Nr. 29 (13b) und Tanchuma שמות (p. 167 Stettin) ; schon zuvor: (blühte um 150) ר׳ נחמיה הזכיר עליו את השם והרגו; אומר ראה מי שהזכיר עליו את השם והרגנו. Vgl. Aboth d. R. Nathan 1. Vers c. 20 Schechter p. 72.

[3]) Pesikta 90b: תלה עיניו בית ונעשה גל של עצמות (Parallelstellen bei Buber). S. ob. S. 34.

[4]) Ib. p. 137a dieselben Worte.

seinen Schwestermann Simon ben Lakisch, sowie auch Kahana durch seinen Blick getödtet haben.[1]) Jochanan hatte
lange Augenbrauen, die man mit einer silbernen Schmin-
kezange aufheben musste, damit er sehen könne[2]), den Blick
solcher Menschen hielt man, wie schon oben bemerkt worden, für zauberkräftig. Als Jochanan die Augenbrauen aufhob, um den Knaben des durch ihn getödteten Schwagers
anzublicken, kam die Mutter des Kindes, die Schwester Jo-
chanans, und sagte: „komm hinweg von ihm, damit er dir
nicht thue, was er deinem Vater gethan hat"[3]). Man sieht
also, dass die Quelle dieser Sagen in dem Aberglauben zu
suchen ist, dass zusammengewachsene Augenbrauen bösen
Blick geben, dem man auch bei Griechen und Römern begegnet[4]). „Ein römischer Machthaber urtheilte eines Tages
über Zauberer, Ehebrecher und Mörder und sagte zu seinem
Ráfh, alle diese Verbrechen habe ich in einer Nacht be-
gangen"[5]). Wie Menschen, konnte der Zauberer auch Vieh
tödten, was selbstverständlich scheint, jedoch nur ein Mal
— und zwar nicht sicher -- bezeugt ist[6]). Hier darf auch
an das Gesetz erinnert werden, dass derjenige, der Vater
oder Mutter mit dem Gottesnamen flucht, der Todesstrafe
verfällt[7]). Dass der Bösewicht hierbei den Gottesnamen gebraucht, beweist, dass er den Fluch wirksamer machen will,

---

[1]) Baba Mezia 84 a unten (Simon b. L.); Baba Kamma 11a unt.
(Kahana), den er durch Gebet wieder in's Leben rief.

[2]) B. K. l. c.

[3]) Taanith 9 a.

[4]) Pauly-Wissowa Real Encyclopädie des Alterthums. I. 37 27. Die
Hexen haben zusammengewachsene Augenbrauen; oder sie können einem
nicht in's Gesicht sehen (Wuttke p. 115).

[5]) Schocher Tob zu Psalm 80, ed. Buber p. 364. Man sieht, dass
zwischen Zauberei, Ehebruch und Mordthat ein enger Zusammenhang
existirt, denn der Römer verübte sie in einer Nacht. Die Nacht ist die
Zeit des Zauberns. Ueber das wechselnde Verhalten der römischen Ge-
setzgebung zur Magie siehe Pauly IV 1418 ff.

[6]) Tosifta Makkoth V 6 (444 11): המסית את האדם ואת הבהמה ואת
(Deut. 18, 11). היה ואת העומות וכו' עובר בלא תעשה שנא' וחובר חבר
Andere L. A. החובר; vielleicht ist המסית unter dem Einfluss der voraus-
gehenden Halacha, welche mit המסיר beginnt, entstanden.

[7]) Mischna Sanh. 66 a; Sifra 91 d.

as auf die uns beschäftigenden Vorstellungen hindeutet. Wenn jemand mit einem Zaubernamen fluchte, wurde er von den Eiferern für das Gesetz angefallen[1]), sicherlich auch aus dem Grunde, weil ein solcher Fluch für gefährlich gehalten wurde.

Das Zaubern, um verbotene Liebe zu gewinnen, war sicherlich noch mehr verbreitet, als die soeben beschriebene. Liebe und Zauberei sind Schwestern, die einander nicht verlassen. Die Belege hiefür haben wir schon oben II 3 gegeben. Man bediente sich im Liebeszauber der Mandragora, welche allgemein als erotische Pflanze galt. Es wurden über dieselbe Bibelverse recitirt, was aber vom Talmud verboten wird[2]). Schon der Umstand, dass nach Aussagen der Tradition vorzüglich das weibliche Geschlecht der Zauberei ergeben war, beweist, dass in erster Reihe Liebeszauber, natürlich verbotener, geübt worden. Es wird auch anzunehmen sein, dass dieses Geschäft, wie bei anderen Völkern, auch bei den Juden von unzüchtigen Frauen betrieben wurde.

---

[1]) Mischna Sanh. 81 b: דגונב את הקסוה והמקלל בקוסם (בקסם): יכה קוסם את .1 erklärt: Talmud .b Der .והבועל ארסית קנאין פוגעין ב קוסם, was blos eine Nachbildung von יכה יוסה את יוסה (Mischna ib, 6 a) ist; 2. יכהו לו ולקוטו ולחקנו, was auf die nachstehende pal. Erklärung zurückgehen dürfte. Jeruschalmi Sanh. 27 b: כגון אילין נסתאי דסקללין לקנייך קייגך קנוין, was unverständlich ist. Die Nabatäer waren die Erben der babylonischen Zauberei und die drei dunklen Worte dürften nichts anderes sein als die anagrammatische Variation eines einzigen Wortes. Fest steht jedenfalls die Thatsache des Zauberfluches. Das Geräth קסוה nach Jer. קיסטא = ξέστης (vgl. Levy Nh. Wb. IV 345 a), wird sicherlich deshalb gestohlen worden sein, weil mancher Zauber mit gestohlenen Gefässen wirksamer ist. So ist die Stelle zu verstehen und nicht כלי שרת, wie Babli erklärt. Allenfalls ist auch bei קסוה von Zauber die Rede, da ja ein Geräth des Heiligthums zu diesem Zwecke als vorzüglich geeignet betrachtet werden konnte. Haman sagt (Horowitz, Sammlung kleiner Midr. p. 69) im Tempel wird gezaubert; die Zubereitung der Asche aus der rothen Kuh ist von einem Heiden ebenfalls für Zauberei angesehen worden (oben).

[2]) Sabbath 8 b 19 והדין דקרי על יברוחא אסור, siehe über יברוחא (= דודאים Genesis 30, 14—16; H. L. 7, 14) Löw, Aramäische Pflanzennamen 188. Levy II 218 a meint, die Bibelverse wären als Schutzmittel gelesen worden; wahrscheinlicher jedoch, um die Kräuter beim Liebeszauber wirkungsvoller zu machen. Siehe noch über die Mandragora Friedländer, Sittengeschichte I 576.

Das Nestelknüpfen, um die Geburt zu verhindern, war auch
bekannt[1]). Plinius erwähnt (n. h. XXVIII 6) den Aberglauben, die Geburt könne verhindert werden durch Verschlingen der Finger oder wenn man die Kniee mit der Hand
umfasst oder die Füsse übereinander schlägt.

Zaubermittel wurden ferner angewendet, um die Zukunft
zu erfahren. Es gab „Knochen-Beschwörer“, welche die
Todten zu befragen vermochten, wie die Hexe von En-Dor
I. Samuel c. 28, die den Exegeten schon soviel zu schaffen
gegeben. Die Talmudlehrer glaubten an die Kunst der
Nekromantie, wenngleich sie dieselbe für Teufelswerk erklärten[2]). Wie es scheint, hat man nicht so sehr die Sache
selbst, als vielmehr die angewendeten Mittel der Magier[3])
für unerlaubt gehalten, denn auch Rab befragte die Todten,
und zwar vermittelst irgendwelcher Handlung[4]). Das Gespräch der abgeschiedenen Seelen zu belauschen, war überhaupt nicht verboten, da sich dies ein „Frommer“ erlauben
durfte[5]). Im Friedhofe zu übernachten, um des „unreinen
Geistes“ theilhaftig zu werden, war Sache des Wahnsinnigen
— so ist שוטה an diesen Stellen zu verstehen — aber nicht
verboten[6]). Um den „Geist der Unreinheit“ auf sich herunter
zu beschwören, hungerte man sich aus[7]). Die Teraphim
(תרפים) befragten die Heiden in folgender Weise: Ein
Erstgeborener wurde geschlachtet und mit Salz und Gewürz
bestreut. Hierauf schrieb man auf eine goldene Platte den
„Namen der Unreinheit“[8]) und legte diese Platte mit Zauber

---

[1]) Sota 22a nach Raschi.

[2]) Berachoth 59a 12; Sabb. 152b u. (der Verstorbene kann blos
in den ersten 12 Monaten heraufbeschworen werden); vgl. Kohut Aruch
I, 3 sub אובא טמיא. Titus wird von seinem Neffen heraufbeschworen
(Gittin 56b unt.).

[3]) Baba Bathra 58b: וההיא אמתא דהוה חטיט שכבי וכו׳.

[4]) Baba Mezia 107b.

[5]) Berachoth 18b.

[6]) j. Terumoth I 40b 32: סימני שוטה היוצא בלילה והלן בבית
הקברות והמקרע את כסותי והמאבד מה שנותנין לו: Chagiga 3b manche
Abweichungen. Die Discussion, welche sich an beiden Stellen an diese
Baraitha anschliesst, ist auch interessant.

[7]) Sanhedrin 65b unt.

[8]) Götzenname.

unter die Zunge des Todten. Dann legte man den Todten in die Wand, zündete vor ihm Lampen an und beugte sich vor ihm und sprach mit ihm vermittelst Flüsterung, d. h. Beschwörung[1]). Es wird auch ein Zaubermittel angegeben, um die Geister zu sehen.[2])

Durch Bezauberung konnten manche Krankheiten verursacht werden. Dieser Gefahr war man besonders an unreinen Orten ausgesetzt; da kam die Zauberei über den Menschen von weitester Ferne[3]). Eine Unterleibskrankheit hatte dreierlei Formen, von denen eine als durch Zauber verursachte galt[4]). Andere mit Nothdurft und Zauberei zusammenhängende Krankheiten übergehen wir. Die Wirkungen des bösartigen Zaubers sind in diesen Beispielen nicht erschöpft, wie man aus von uns anderweitig angeführten und noch anzuführenden Belegen sehen kann. Die Haupterscheinungen sind jedoch Menschentödtung, verbrecherische Liebe, Erzeugung von Krankheiten und Heraufbeschwörung der Todten zu Wahrsagezwecken.

2. Gutartige Zauberei.

Dass die Magie, welche schriftliches und mündliches Gesetz mit Todesstrafe belegt, im Judenthum so üppig fortwuchern und aus allen Seiten eindringen konnte, verdankt sie nebst der Macht des allgemeinen Wahnes und anderer Einflüsse dem Hinterpförtchen, welches ihr die Glückszauberei offen hielt. Da man an die Realität der Einwirkung auf die Natur und deren Ordnung durch Zauberwerk geglaubt hatte, ist es sehr natürlich, dass man in der Noth, vor Allem in Krankheitsfällen, zu diesem Mittel seine Zuflucht nahm. Thatsächlich ist der Zauber

---

[1]) Tanchuma Wajeze Ende (ed. Stettin 104).

[2]) Berachoth 6 a 4.

[3]) Berachoth 62 a 3: [בבית הכבא] אפילו עושין כשפין באתכתיא באין עליו Um sich hievor zu schützen, wurden gewisse Mittel angewendet, vgl. weiter unter den Schutzmitteln. Auf die Zauberwirkung aus weiter Ferne bezieht sich vielleicht auch der folgende Satz j. Berachoth Ende: אמרו לבעל הלשון שהוא אמר כאן והורג ברומי אומר ברומי והורג בסוריא, da בעל הלשון auch den Besprecher bedeuten könnte.

[4]) דדוקן של כשפים דק Sabbath 33 a unt.; s. Erubin 41 b: Kohut und Levy s. v. הדרוקן == ὑδρωπικόν Wassersucht (?)

am häufigsten zu Heilungszwecken gebraucht worden, war ja die Medicin der Alten nichts Anderes als Zauberei[1]).

Wie wir schon früher gesehen haben, wurden die meisten Krankheiten den bösen Geistern zugeschrieben, der Kranke galt als besessen oder bezaubert. Das Heilmittel bestand also in einem exorcisirenden oder zauberbrechenden Mittel. Dies kann im Allgemeinen behauptet werden, bei den angegebenen einzelnen Mitteln ist es jedoch nicht immer leicht zu entscheiden, ob ein natürliches oder ein magisches Mittel vorliegt. Diejenigen Heilarten, welche nach unserem Dafürhalten als Zauberwerk auszusprechen sind, sollen in anderem Zusammenhange vorgeführt werden, weshalb wir uns hier auf eine allgemeine Beleuchtung beschränken[2]).

„Dies ist die Gewohnheit des Teufels, er fährt in den Menschen hinein und bezwingt ihn" heisst es schon in einer tannaitischen Quelle[3]). Die Epilepsie hat ihren Namen vom Anfall des Dämons, vom Besessensein (ἐπίληψίς). Im Neuhebräischen wird der Epileptiker נִכְפֶּה genannt, was ebenfalls soviel bedeutet, wie vom Dämon bezwungen, ergriffen.[4]) Nach allgemeiner Anschauung schützt das Licht

---

[1]) Vgl. Lenormant Magie 37: in Babylonien und Assyrien hat es zu keiner Zeit wirkliche Aerzte gegeben.

[2]) Vgl. Brecher, Das Transcendentale und Bergel, Die Medicin der Talmudisten, wo aber nur directe Daten behandelt werden.

[3]) Sifre II 318 136b 13: מה דרכו של שד נכנס לאדם וכופה אותו, womit die Teufel לשדים Deut. 32, 17 gemeint sind, welche den Menschen schaden. Pseudo-Jonathan übersetzt: sie opfern Götzen, welche den Schedim verglichen werden. Deut. 32, 24 וקטב מרירי wird von allen drei aramäischen Uebersetzungen auf רוחין בישין bezogen, (vgl. Scheftel, Biure Onkelos z. St.) Sifre II 321 וקטב מרירי לפי דרכנו אתה למד שכל מי שהשד בו מרד, deutet קטב auf böse Geister und leitet מרירי von מרי Widerspenstigkeit ab, es muss also mit Jalkut und Zera Ahron gelesen werden מורד d. h. wer vom Sched besessen ist, ist gegen Gott (nicht Menschen, wie דד und דא meinen) widerspenstig, ein Gedanke, wie אין אדם עובר עבירה אלא אם כן נכנס בו רוח שטות (Sota 3a oben). Friedmann hat die Stelle falsch emendirt und gedeutet. Rosch Haschana 28a u. שד שד: בבא; nach einer Leseart heisst es daselbst התוקע לשד (nicht לשיד), womit gemeint ist, der böse Geist werde durch Blasen in die Posaune vertrieben.

[4]) Mischna Bechoroth 44a. Daselbst wird auch erwähnt רוח קצרה באה עליו Kurzathmigkeit, was im Talmud nach einer Baraitha mit רוח

gegen Dämonen; die Mischna lehrt hingegen: es sei erlaubt, am Sabbath aus Furcht vor Heiden, Räubern und bösen Geistern das Licht a u s z u l ö s c h e n.[1]) Das Licht zieht demnach die bösen Geister an. Daher heisst es Pesachim 112b: Wer Nachts vor der brennenden Lampe steht, wird ein Epileptiker, und wer den Beischlaf vor der brennenden Lampe ausführt, bekommt epileptische Kinder. Ebenso ergeht es dem, der dasselbe in der Mühle thut (Kethuboth 60 b. u.). Raba (gest. 357) lehrte, man heirathe nicht aus einer epileptischen Familie (Jebamoth 64b).

Oft ist ein böser Geist einfach nach der Krankheit benannt worden, das heisst, Krankheit und böser Geist wurden indentifizirt[2]). Die Heilung musste also durch Austreiben des Dämons erfolgen, was nach Josephus im heiligen Lande allgemein geherrscht haben soll[3]). Der Exorcismus ist jedoch in echtjüdischen Kreisen nicht planmässig betrieben worden. Es gibt auch keinen hebräischen Kunstausdruck für diesen Begriff, der so significant wäre, wie der Terminus Exorcismus, denn „B e s c h w ö r e n" הַשְׁבָּעָה hat allgemeine Bedeutung und bezieht sich nicht blos auf Austreibung, sondern auch auf Citirung von Dämonen. Wohl hat Simon ben Jochai die Kaiserstochter durch Excorcismus geheilt, allein dies geschah zum allgemeinen Wohl, um die Zurücknahme harter Verordnungen zu erwirken. Diese Wundererzählung beweist eben, dass solche Curen zu Privatzwecken nicht üblich waren[4]). Josephus' Behauptung, die von ihm mit einem wirklich vorgekommenen Fall belegt wird, passt blos auf jüdisch-christliche Kreise. In der oben (Seite 31) mitgetheilten Disputation zwischen einem Heiden und Jochanan ben Zakkai ist es der Heide, der die Ceremonie der Dä-

---

בֶּן הַנְּפִילִם d. h. vom Dämon Ben-Nefalim (Aruch sub v. Kohut II 117b = Dämonin; Levy III 421 = Ueberfallender) Ergriffener erklärt wird.

[1]) Sabbath 30 b; יוֹם לְשָׁטִים רוּחַ רָעָה wird neben einander genannt Tosifta Erubin III 8 (142₁₇); Taanith II 12 (218₁₄); A. Z. I 16 (461₁₉).

[2]) Vgl. ob. p. 12 und p. 14 n. 1.

[3]) Archaeologie VIII 2, 5.

[4]) Meila 17 b, Löw, Gesammelte Schriften IV 188 n. 3, geht zu weit, wenn er behauptet; „Da der Talmud das Besessensein nicht kennt, so kennt er auch das Austreiben der Dämonen nicht."

monenaustreibung angibt. Ob J. b. Z. an die Besessenheit und an die Wirksamkeit ihrer üblichen Bekämpfung geglaubt hat, ist aus der Erzählung nicht zu entnehmen. Wahrscheinlich hat er daran nicht geglaubt, denn er erklärt zum Schluss seinen Schülern gegenüber, Alles verursache Gott allein. Sehr interessant und lerreich ist Aboda Zara 55 a, welche Stelle wir wörtlich mittheilen wollen: „Zunin (Zenon) sagte zu R. Akiba, wir wissen beide, dass an den Götzen nichts Reales ist und' dennoch sehen wir Lahme hineingehen, und Gesunde herauskommen. Was ist die Ursache?" Akiba antwortete mit einem Gleichniss, von dem er die folgende Antwort deducirt: „Wenn Leiden über den Menschen geschickt werden, werden sie b e s c h w o r e n, dass sie nur an einem bestimmten Tage, in einer bestimmten Stunde in den Menschen hinein- und aus ihm hinausfahren, und zwar letzteres nur durch einen bestimmten Menschen und ein bestimmtes Mittel. Wenn die Zeit kommt, geht der Heimgesuchte in das Götzenhaus. Da sagen die Schmerzen: von Rechtswegen sollten wir nicht hinausgehen; dann sagen sie aber: wegen dieses Narren, der unpassend gehandelt hat, sollen wir unseren Eid brechen?"

Wie bekannt, berichtet das Neue Testament, besonders das Evangelium Matthäi, eine Menge exorcistischer Heilungen. Auch im zweiten Jahrhundert wurden im Namen Jesu solche Wundercuren ausgeführt[1]). Origenes sagt[2]), er selbst habe durch die blosse Anrufung des Namens Gottes und Jesu Menschen von schweren Krankheiten, von Besessenheit und Wahnsinn und vielen anderen Leiden befreien sehen, „die weder Menschen noch Dämonen heilen konnten[3])." Wie von Heiden, ist Jesus auch von den Talmudisten für einen Zauberer angesehen worden, wie man aus den Stellen, welche wir anderweitig anführten, ersehen kann[4]). Man würde sich jedenfalls

---

[1]) Irenäus, Bischof von Lyon 177—202, Adv. haereses II 32, 4 p. 166.

[2]) Contra Cels. III 24.

[3]) Siehe andere Daten bei Friedländer III 634 und 572.

[4]) Zeller, Vorträge und Abhandlungen, zweite Sammlung, Seite 203: „über den Stifter des Christenthums und seine Schüler" spricht der Platoniker Celsus, in seinem zwischen 178—180 verfassten „Wort

täuschen, wenn man glauben wollte, diese Art von Krank-
heitsbehandlung sei bei den Juden die gewöhnliche und all-
tägliche gewesen. Man griff zu diesen Mitteln nur in ver-
zweifelten Fällen, wie z. B. bei dem Biss eines wüthenden
Hundes oder einer Schlange, bei unheilbaren Krankheiten,
wie Aussatz, Blindheit, Wahnsinn, kurz in allen Fällen, wo
die Wissenschaft schon das letzte Wort gesprochen hatte.

Bei normalen Krankheiten verordnete der Arzt, wenigstens in altjüdischen Kreisen, eine Diät. In einem Gleich-
nisse heisst es: „Der Arzt kommt zum Kranken und sagt
ihm: diese Speise darfst du essen, jene darfst du nicht essen. Da der Patient die Anordnung nicht einhielt, verursachte er sich den Tod"[1]. Gott heilt alle Menschen, wie es
Exodus 15, 26; Jeremia 17, 14 und 3, 22 heisst, sagt die
Mechilta zu Exodus 14, 24 (52 a), und fährt dann fort:
Komme und siehe, Gottes Heilung gleicht nicht der menschlichen. Der Mensch heilt nicht damit, womit er die Wunde
geschlagen; er schlägt die Wunde mit dem Messer und heilt
sie mit dem Pflaster. Nicht so handelt Gott, er heilt die
Wunde mit demselben Mittel, mit welchem er sie geschlagen hatte[2]. In demselben tannaitischen Werke (45 b) heisst
es zu 15, 25, wo berichtet wird, das bittere Wasser sei
durch das Hineinwerfen eines Stück Holzes süss geworden:
„Komme und siehe, wie verschieden Gottes Wege von den
Wegen des Menschen sind. Der Mensch heilt dass Bittere
mit dem Süssen, Gott aber heilt das Bittere mit dem Bit-
teren; er giebt das Schädigende in das Beschädigte, um ein
Wunder zu thun. So wurde die Beule des Königs Chiskia
mittelst eines Feigenkuchens (Jesaia 38, 21) und das

---

der Wahrheit" ganz so, wie der Talmud in später Zeit. „Jesus war, nach
der bekannten jüdischen Fabel, nicht allein von niedriger, sondern
auch von unehrlicher Abkunft; in Aegypten erlernte er die Künste der
Zauberer und Gaukler; nach seiner Zurückkunft in sein Vaterland gab
er sich für einen Wunderthäter .... ohne doch irgend etwas zu leisten,
was nicht andere Goëten auch gethan hätten."

[1] Pesikta Buber 118 a.

[2] בא וראה, רפואתו של הקב״ה אינו כרפואת בשר ודם רפואת בשר ודם
בסה שהוא מכה אינו מרפא אלא מכה באזמל ומרפא ברטייה, אבל הקב״ה אינו
כן בסה שהוא מכה היא מרפא.

schlechte Trinkwasser durch Salz geheilt (II Könige 2, 21)[41]). Zur vollen Würdigung dieser Stelle muss man sich die im Alterthum weitverbreiteten Anschauungen von Sympathie und Antipathie, nach welcher gewisse, auch leblose Dinge gegen einander Zuneigung oder Abneigung fühlen, vor Augen halten. Einen Zweig der Sympathie bildet auch jene Vorstellung, dass das Schadende den Schaden heilt, so z. B. sei die Spitzmaus ein Heilmittel gegen ihren Biss. „Hat jemand Reue über die einem andern beigebrachte Wunde, so spucke er in die Hand, mit welcher er es gethan: levatur ilico in percusso culpa.“[2]) Nach Ansicht des Patriarchen Simon ben Gamliel ist dies ein Wunder, das nur Gott wirken kann, womit er sicherlich auch gegen die landläufige Anschauung polemisiren will.

Andere Arten der Glückszauberei, wie z. B. Schaden von Feld und Vieh fern zu halten oder abzuwenden und Aehnliches, werden wir in dem Abschnitt über die Schutzmittel der Zauberei kennen lernen. Hier haben wir nur noch Einiges zu besprechen. Die Kunst, verborgene Schätze ausfindig zu machen und zu heben, war den Zauberern eigen[3]). Dieser Anschauung entspringt manche Schullegende der Talmudisten, aus denen wir das Folgende nebst manchem anderen anführen. Ein Schüler des Simon ben Jochai ging in's Ausland und kehrte reich zurück. Der Lehrer sah es seinen Schülern an, dass sie in ihrem Herzen sich grämten

---

[1]) בשר ודם במתוק מרפא את המר אבל הקב״ה מרפא את המר במר הא. ביצד נתן דבר המחבל לתוך דבר המתחבל כדי לעשות בו נס וכו׳. Das in das Wasser geworfene Holz soll die Bachweide oder die Olive oder der Oleanderbaum (הרדופני == ῥοδοδάφνη oder קתרום. (== קדרום == κέδρος) die Ceder gewesen sein. Alle drei Bäume waren bei den classischen Völkern magisch (PW I 47₅₂; 63₁₄; 53₅₂; 63₅₉). Bei den Chaldäern war die Ceder der Baum, der die schädliche Macht der bösen „Maskim“ bricht (Lenormant 31).

[2]) Plinius n. h. XXVIII 36 bei PW. I 36, wo diese Art von Sympathie mit dem alten Spruch ὁ τρώσας καὶ ἰάσεται bezeichnet wird, was mit במה שהוא מכה הוא מרפא wörtlich übereinstimmt.

[3]) Gittin 68b, wo Aschmedai, der Fürst der Dämonen, einen Goëten verlacht, der auf einem Königsschatz sitzt und dies nicht merkt. Man sieht aus dieser Sage, der Zweifel an die Kunst der unheiligen Gaukler sei schon rege gewesen.

und ähnlich zu handeln gedachten. Er führte sie also in ein
Thal und sagte: Thal, Thal fülle dich mit Golddenaren!
Und also geschah es. Hierauf sagte S. b. J., wer Gold will,
mag es sich nehmen, aber wisset, ihr nehmet von euerem
Lohne im Jenseits[1]). „Das Meer sah und flüchtete" (Psalm
114, 3). Was sah es? Es sah Moses' Stab, auf welchem der
ausgezeichnete Gottesname eingegraben war[2]). „Das Wunder
ist des Glaubens liebstes Kind". Es liegt uns also fern, in
diesen Wundern Zauberwerk zu sehen, doch glauben wir,
dass sie, zumal letzteres als durch einen mit dem heiligen
Gottesnamen, wie mit einem Zauberstab, bewirktes Wunder
angesehen wird, für die Anschauung von der übernatürlichen
Wirkung, welche durch Menschen, gleichviel ob heilige oder
unheilige, hervorgebracht werden können, charakteristisch
sind. In diesen Zusammenhang gehört noch so manches,
wovon nur noch das Folgende angeführt werden mag, bei
welchem der classische Commentator des Talmuds, Raschi,
ausdrücklich bemerkt, dass es deshalb nicht zur Zauberei
gehöre, weil es mittelst des heiligen Namens vollführt worden,
worin ja das Zugeständniss enthalten ist, dass ein solcher
Eingriff in die Natur auch durch unheilige Mittel möglich
sei. Mehr soll ja nicht bewiesen werden. Wir meinen die
Stelle Sanhedrin 67b, wo erzählt wird: Chanina und Oschaja
beschäftigten sich jeden Freitag mit den Lehren über
die Schöpfung, wodurch ein Kalb erschaffen worden, das sie
verzehrten. Man wird durch die angeführten Beispiele an
Asclepiades erinnert, der „behauptete, Kräuter zu kennen,
durch die man Seen und Flüsse trocknen, alles Verschlossene
öffnen, feindliche Heere in die Flucht schlagen, sich alle
Dinge in Ueberfluss verschaffen könne u. s. w."[3]) Bemerkenswerth ist, dass Origenes, der ebenfalls in Palästina und

---

[1]) Exodus r. c. 52 Nr. 3; Gen. r. c. 35 Anf.; Pesikta 87 b:
בקעה בקעה הימלאי דיני זהב.

[2]) Pesikta 140 a: ר יהודה אני סקלו של משה ראה וברח ור נחמי אי
שם הספירש היה חקוק עליו ה' צבאות שמו. Man wird an den Zauberstab
des Hermes (Odys. V 47. XXIV 3; Ilias XXIV 343) erinnert.

[3]) Plinius XXIX 1—11 bei Friedländer I 360. Viele Märchen
haben in die Zauberbücher Eingang gefunden, zu denen auch die citirten Wundergaben gehören (Friedländer ib. 528).

zwar nicht lange vor Chanin und Oschaja gelebt hat, schon glaubt, durch Zauberei können Gastmäler bereitet werden (contra Celsum I 68 p. 382). Manche Fälle der „natürlichen Magie" wurden als Gaukelwerk erkannt, so z. B. das zerstückelte und wieder zusammengeleimte Kameel des Arabers, Bänder aus der Nase ziehen[1]), das Schlachten eines Menschen[2]) u. a. m. Die gutartige Zauberei war also, wie man sieht, ebenfals im Schwange.

IV.

Zaubermittel

1. Das menschliche Wort.

Worte, Sprüche, Besprechungen und Beschwörungen.

Dem menschlichen Worte wird ganz allgemein eine überaus grosse Kraft zugeschrieben, weshalb man besonders vorsichtig sein muss in der Wahl der Worte. Denn mit dem gesprochenen Worte regt der Mensch die um ihn weilenden Daemonen entweder zum Mitthun oder zur Zeugenschaft auf.[3]) In diesem Sinne ist der Ausspruch zu verstehen: „Der Mensch öffne seinen Mund nicht dem Satan"[4]) d. h. man spreche nichts Böses aus, wodurch der Satan geweckt wird. Der Satan ist der ständige Ankläger und Verführer des Talmuds, durch welche Auffassung die heidnische Anschauung monotheistisch gefärbt wird, was aber am Wesen der Sache nicht viel ändert, wie einige Aussprüche, die wir aus den vielen anführen, beweisen. Die Mischna[5]) redet statt der Noth, welche über die Gemeinde hereinbrechen kann, von der

---

[1]) Sanh. l. c.

[2]) Chullin 57a ob.

[3]) PW. I 88.

[4]) Berachoth 19a u.; 60a u; Kethuboth 8b: לעולם אל יפתח אדם פיו לשטן. Joel, Der Aberglaube p. 71, rationalistisch: »Das kann ursprünglich die Bedeutung gehabt haben, dass es in der Natur der meisten Menschen liegt, durch Erwähnung unangenehmer Dinge missgestimmt, wo nicht ganz ernstlich betrübt zu werden, was schon an und für sich schadet.« Tylor, Anfänge der Cultur I: der Satan konnte hineinfahren.

[5]) Taanith III 9; auch Pesachim 117a 18: על כל צרה שלא תבא על הצבור.

Noth, die nicht hereinbrechen soll. Hieher gehören alle
euphemistischen Ausdrücke, wo bei über I s r a e l zu ver-
hängenden Strafen d i e F e i n d e I s r a e l s genannt werden.[1]
Wenn man sich selbst fluchen wollte, nannte man einen
Anderen,[2] oder man sprach von sich in der dritten Person.[3]
Wenn der lebensgefährlich Erkrankte seiner Frau bedingungsweise einen Scheidebrief ausstellt, sagt er: wenn
ich nicht sterben werde, sei er ungiltig, wenn ich sterben
werde, sei er giltig, und nicht umgekehrt, „da man die
Strafe nicht voranstellt."[4] Eine ganz besondere Scheu
empfand man, wie noch heute, vor einem Fluch. Da galt
die Regel: der Fluch eines Gelehrten gehe auch dann in
Erfüllung, wenn er ohne Grund oder blos bedingungsweise
ausgesprochen worden;[5] man soll aber auch den Fluch eines
Ungelehrten nicht gering anschlagen, denn auch ein solcher
hat sich schon erfüllt.[6] Dieser Scheu wird sicherlich der
Wunsch entsprungen sein, die Fluchsprüche des Pentateuchs
nicht vorzulesen, oder wenigstens nicht zu verdolmetschen, weshalb es ausdrücklich verordnet werden musste.[7] Die vorge-
lesenen Strafen schweben gleichsam in der Luft und könnten an
einzelnen haften bleiben. Wie die Römer mit ihrem a r s e
v e r s e den Feuerdämon verbannten, Cato sein b o n a
s a l u t e sprach, so wehrten auch die Juden mit einem
Spruch das drohende Unglück ab. Wenn einer in Angst ist,
so spreche er: Die Ziege des Schlachthauses ist fetter als

---

[1] Sukka: סלסד שנתחייבו שונאיהן של ישראל שחיטה :11 Joma 75 b
29a: ר' מאיר אומר כל זמן שמארות ליקין סימן רע לשונאיהן של ישראל;
Sanh. 63a, wo statt רשעיהן zu lesen ist שונאיהן u. oft.

[2] Sanh. 106a 27; Sota 11a.

[3] An vielen Stellen. So auch Joma 39 b 5, wo Simon der Fromme
statt הוא את : אני את sagt.

[4] Gittin 75 b 7: לא מקדים אינש פורענותא לנפשיה.

[5] Berachoth 56a; Sanh. 90 b 2; Makkoth 11a unt. קללת חכם
אפילו : על חנם היא באה oder על תנאי (Rab und Abahu).

[6] Baba Kamma 93a 12 und sonst: אמר ר יצחק לעולם אל תהא
קללת הדיוט קלה בעיניך שהרי אבימלך קלל את שרה ונתקיים בזרעה.

[7] Megilla 25 b 8: ברכות וקללות נקרין ומתרגמין. Gegen die Segen-
sprüche wird sich keine Opposition gezeigt haben, beide gehören aber
zusammen. Vgl. auch die Motivirung des Talmuds.

ich.[1]) Als Eliezer ben Hyrkanos gefragt wurde, was zu geschehen habe, wenn der Führer des am Versöhnungstage
wegzuschickenden Bockes erkrankt sei, gab er die aus-
weichende Antwort mit den Worten: Ich und Ihr mögen in
Frieden sein.[2]) Beim Niesen, das für Gefahr verkündend
angesehen wurde, sagte man: Heilung, was im Lehrhause
des Patriarchen Gamliel II. wegen Unterbrechung des
Studiums unterlassen wurde.[3]) Diese Anschauung reflectirt
im Grunde auch die schon erwähnte euphemistische Redeweise „das Unglück, das nicht kommen möge", wo Gift und
Gegengift auf einmal genommen werden. Der Fluch kann
auch durch eine seine Erfüllung symbolisirende Handlung
abgewendet werden. Als eine Frau einem Schulhaupt fluchte,
sein Stuhl möge gestürzt werden, stürzten seine Schüler
den Stuhl um, auf dem er zu sitzen pflegte und stellten
ihn dann wieder auf.[4]) Einem Fluch „sein Schiff möge unter-
gehen" benahm man die Wirkung durch das Weichen der
Kleider des Verfluchten im Wasser,[5]) da die Kleider den
Menschen vertreten (Siehe w. u. Seite 81 f.). Trotz dieser Gegenmittel konnten die zwei Lehrer der Wirkung des ausgesprochenen Fluches nicht ganz entgehen.[6]) Dass Glück ver-
heissende Rede eintrifft, ist nach der gezeichneten Anschauung selbstverständlich, da nach der Auffassung der
Tradition das Mass des Guten grösser ist als das Mass des
Bösen.[7])

---

[1]) Megilla 3a עיזא דבי טבחי שמינה מנאי. Ueber die Verwendung
des שמע zu derartigen Zwecken werden wir noch sprechen. Man wird
an das Ἀθηνᾷ κρείττων erinnert (Theophrastos char. 16, PW. I 90),
womit die böse Bedeutung des Eulenanganges abgewehrt wurde.

[2]) Joma 66b: אהא בשלום אני ואתם.

[3]) Berachoth 53a 36: תמיה של בית רבן גמליאל לא היו אומרים מרפא
בבית המדרש מפני ביטול בית המדרש. Vgl. weiter Seite 67 Anm. 1 und
mehrere Stellen über Niesen bei Levy Nh Wb III 638.

[4]) Gittin 35a unt. אמרה ליה הפכוה לכורסיה וכו' הפכוה
לכורסיה ותרצה, ואפי' הכי לא איפרק מחילשא.

[5]) Baba Bathra 153a unt. אמרה לטבע ארביה וכו' אטשינהו למאני
דרבא במיא ואפיהכי לא איפרק מטבעא.

[6]) Ich behalte mir vor die Existenz dieser Anschauung auch in
der Bibel nachzuweisen. — Euphemistische Redeweise, Nedarim 41b; Ver-
meidung Unglück bedeutender Gebärde, Gittin 87b.

[7]) Moed Katan 8a.

Wenn schon das gemeine Wort eine so bestimmte
Kraft besitzt, wie gross muss die Kraft des Zauberwortes
sein, welches in der Sprache der angerufenen Dämonen und
Geister gehalten ist. Es muss eine ganze Menge solcher
Worte und Formeln gegeben haben, von denen die Autoritäten
der Tradition nur einen verschwindenden Bruchtheil überliefert
haben. Dies geschah aus zwei Gründen. Erstens waren die
Talmudlehrer keine Zauberer und es ist mithin wahrscheinlich,
dass ihnen das Zauberwesen ihrer Zeit nur unvollständig
bekannt war, da Geheimhaltung den hervorstechendsten Charakterzug jeder Magie bildet. Zweitens hatten sie nie die Absicht,
ihre Schüler in diese unheimliche Wissenschaft einzuweihen,
viel weniger konnten sie dieselbe im Lehrhause, dessen
Vorträge und Discussionen im Talmud und Midrasch vorliegen, eingehend behandeln, so dass wir — von einigen
Stellen des babylonischen Talmuds abgesehen — eigentlich
blos indirecte Daten überliefert erhalten haben, welche eher
verrathen als mitgetheilt werden. Mehr als mit der Zauberei
waren sie mit den allgemein herrschenden abergläubischen
Sitten und Gebräuchen vertraut, da diese, wie bekannt, nicht
geheim gehalten, vielmehr alltäglich und offen geübt werden.

Diesen Aberglauben nannten die Talmudlehrer „die
Sitten des Emori", mit welchem Namen die sieben kananäischen
Völker, welche die Bibel oft erwähnt, benannt werden[1]).
Man hat es also mit den abergläubischen Sitten der Ur-
bewohner Palästinas zu thun, welche als solche besonderes
Interesse erwecken, weshalb wir sie hier, insofern sie mit
der abergläubischen Anschauung vom menschlichen Worte
zusammenhängen, separat anführen.[2])

---

[1]) Genesis 15, 16; Deut. 1, 20; Amos, 2, 9. 10; Stade's Zeitschrift
für die alttestamentliche Wissenschaft I 122. Schon die Tosifta
Sabbath VII 25 p. 119 15 constatirt die Thatsache, dass das
heilige Land nach den Amoritern benannt wird; die Amoriter glaubten
an Gott und wanderten nach Afrika (אפריקי) aus, allwo ihnen Gott ein
so schönes Land, wie das ihrige, gab, und das Land Israel wurde nach
ihrem Namen genannt. Nach einer Ansicht waren die Amoriter hart
(קשה), nach einer anderen מתון, was Levy Nh. Wb. III 298a mit gelassen übersetzt; vielleicht richtiger: bedächtig. Andere Stellen über
אמר bei Levy und Kohut s. v. Siehe auch Tos. B. Mezia II 2 (374 4).

[2]) Wir citiren die im Text gegebenen Stellen aus der Tosifta

1. Wenn ein Rabe schreit und man ruft ihm zu: schreie, oder wenn er schreit und man ruft ihm zu: kehre dich rückwärts, so ist dies verboten wegen amoritischer Sitte. Nach b. Sabbath ruft man dem männlichen Raben zu: schreie, dem weiblichen: zische und kehre mir deinen Schwanz zu zum Guten. Der Rabe war der mantische Vogel der Araber. Man wäre versucht diese Eigenschaft des Raben auf die Aehnlichkeit des Landesnamens „Arab" und des Raben (ערב) zurückzuführen, wenn dem nicht die Thatsache entgegen stände, dass bei den heidnischen Arabern der Landesname Arabien nicht vorkommt[1]). Auch Salomo wusste, was der Vogel zwitschert[2]).

2. Wenn man ein Schürholz an der Wand auslöscht, und sagt dazu „hada", so ist dies amoritischer Gebrauch; geschieht es aber, um die Feuerfunken zu verlöschen, dann ist es erlaubt.[3]) Es ist klar, dass durch diese Handlung entweder das Haus vor Feuer bewahrt oder vor Zauber geschützt werden soll. Im ersteren Falle liegt die auch sonst vorkommende Anschauung zu Grunde, dass das Schädigende

---

Sabbath c. VI—VII und notiren hierzu die Varianten, welche der babylonische Talmud Sabbath 67 b bietet.

[1]) Müller in PW. I 844.

[2]) Jalkut II 28 a; siehe Levy IV 212a; über die mantische Bedeutung der Vögel siehe noch Chullin 63 a. Das oft erwähnte בת קול die himmlische Stimme, ist nichts Anderes, als der monotheistische Ersatz für die Verkündigungen der Vögel. Wie vom Vogel, wird auch von der himmlischen Stimme der Ausdruck מצצף gebraucht (Koheleth r. c. 7 fol. 38a Wilna); ebenso ibidem c. 12 fol. 60a, wo בת קול mit dem Textworte לקול הצפור (Koheleth 12, 4) „die Stimme des Vogels" identificirt wird. Berachoth 3a heisst es: בת קול מנהמת כיונה die Himmelsstimme summt wie die Taube; Leviticus rabba c. 6 g. E. המצצפים אילין הסציינין [הסציצין] והמהגים אילין דמנהמין, wo man den Zusammenhang dieser beiden Ausdrücke mit der Magie sieht.

[3]) Diese Uebersetzung nach unserer Interpretation. Die Stelle lautet: (Var. נהרא הדא ואמר בכיתל (Variante (התימם אור) והאומר חתום אוד. היא הרי זה מדרכי האמרי ואם בשביל ניצוצות הרי זה מותר. Vielleicht ist האומר zu tilgen und zu lesen החותם statt חתום. Der Sinn bleibt jedoch auch nach der vorliegenden LA. derselbe: wenn jemand sagt, verlösche das Schürholz an der Wand und sagt hierzu הדא היא. Dieses magische Wort, das wir noch einige Mal antreffen, ist der etymologischen Bedeutung nach schwer zu bestimmen, dem Sinne nach ist es zauberwehrend.

das Beschädigte heilt, wie in der Homoeopathie, woraus dann die Meinung entsteht, dass in dieser Weise der Gefahr vorgebeugt werden kann, im letzteren Falle die, dass Feuer Zauber bricht und fern hält.[1])

3. Wenn man Wasser auf die Strasse ausgiesst und dabei sagt „hada", so ist dies amor. Brauch; sagt man es aber wegen der Passanten, so ist es erlaubt. Schmutziges Wasser bewirkt Zauber. Das magische Wort kann es verstärken oder brechen, was sicherlich von der Absicht der zaubernden Person abhängt. Dasselbe Mittel kann nämlich oft Zauber wirkend und wehrend zugleich sein.[2]) Wenn man Eisen wirft wegen der (Variante: zwischen die) Gräber und dabei sagt „hada", so ist dies am. B., geschieht es aber wegen der Zauberer, so ist es erlaubt. Der Friedhof ist, wie bekannt, bis auf den heutigen Tag der geeignete Ort zum Zaubern, da die Geister der Abgeschiedenen hier hausen. Das Eisen hat die Kraft, böse Geister abzuwehren und Zauber zu brechen, wie aus der schon citirten Tosiftastelle erhellt. Warum das eine verboten und das andere erlaubt ist, ist dunkel. Man wollte vielleicht die Todten in ihrer Ruhe nicht stören lassen.

5. Amor. B. ist: wenn ein Weib den Ofen anschreien lässt, damit das Brot nicht herunter falle, die Graupen, damit sie rascher kochen; oder schweigen gebietet, damit die Linsen besser kochen, tanzt, damit der Brei (Kutach) gelinge.[3])

6. Amoritisch sind die folgenden Anrufungen und Sprüche: Iammia und Bizia oder nach R. Jehuda Jammia und Buzizia; Dagan und Kedrou, nach R. Jehuda ist Dagan Götze, denn es heisst Richter 16, 23: Dagon ist ihr Gott; Dani Dani, nach R. Jehuda Götze, denn es heisst Amos 8, 14: beim Leben deines Gottes Dan; Heilung (beim

---

[1]) Tosifta VI 13 heisst es: Feuerschürholz oder Eisen unter sein Haupt legen ist amor. B.; thut man es jedoch, um die Gegenstände zu bewahren, dann ist es erlaubt. Man sieht also, dass Schürholz und Eisen vor Feuer und Zauber schützen.

[2]) Das Eisen hat beide Eigenschaften, was Kroll, Antiker Aberglaube 7, einleuchtend erklärt.

[3]) Nach Tosifta und Talmud.

Niesen)[1]); Ueberfluss und Rest[2]); trinket und lasset übrig; erlaubt hingegen: trinket und lasset übrig und Wein zu eurem Leben, wie auch Akiba bei der Oeffnung eines jeden Fasses sagte: Wein zum Leben der Rabbinen und ihrer Schüler. Ferner ist amoritisch Lo Lo[3]). Die Wörter Jammia, Bizzia, Dagan (nicht das biblische Dagon), Kedron, · Dani, Lo sind unverständlich, die Wörterbücher führen sie als Stichwörter gar nicht auf.[4]) Ob es nun Götternamen sind, oder nicht, soviel steht fest, dass diese Ausrufungen zum Zwecke der sofortigen Erfüllung eines Wunsches gethan werden, wie das verständliche „trinket und lasset übrig" und der ganze Zusammenhang zeigt; mithin gehören sie zu den magischen Mitteln. Die Frage, ob die Talmudlehrer selbst den ursprünglichen Sinn dieser Worte gekannt haben, ist nicht entschieden zu bejahen. Es finden sich manche Abweichungen, welche schon auf die talmudische Zeit zurückgehen dürften. Das oben aus der Tosifta citirte Dani Dani bedeutet nach dem Talmud „stärket euch, meine Fässer", wenn Raschi's Erklärung richtig ist.[5])

7. Amoritischer Brauch ist endlich, wenn man sagt: „Sei glücklich mein Schicksal, ermatte nicht, mit ganzer Kraft erstarke"[6]). R. Jehuda meint, Gad sei ein Götze nach

---

[1]) האומר טרפא הרי זה מד׳ האם׳ ר׳ אלעזר בר׳ צדיק לא אמר טרפא. In der Baraitha Berachoth 53a, wo es heisst: מפני בטול תורה של בית רבן נמליאל לא היו אומרים טרפא של בית רבן נמליאל לא היו אומרים טרפא, בבית המדרש מפני בטול בית המדרש, ist der Name des Eleazar b. Z. ausgefallen und die Begründung seiner Ansicht als die des Gamliel gegeben

[2]) Talmud: ich werde trinken und übrig lassen (ib).

[3]) לא לא (Var. לאו לאי) Götzenname, denn das Verbot wird witzig im Schriftvers Job 23, 14 gefunden. Sie sprechen zu Gott: Entferne dich und deine Wege Lo, wünschen wir. — Die angeführten Ausdrücke lauten im Original der Reihe nach: יסמא ובוצציא oder יסטיא ובוציא; יתיר ונותר; טרפא; דני דני; דגן וירדון, zu welchem R. Jehuda witzig bemerkt: שתו והותירו; לא לא. יתיר ונותר אל יהא בביתי (Götzenname?).

[4]) cf. jedoch Kohut s. v. גד. Levy s. v. אושבי (I 177a) meint, יסיא bedeute Tag (?!); Kohut etymologisirt aus dem Persischen.

[5]) Tosifta דני דני, Talmud דונו דני. Wahrscheinlich interpretirt Raschi falsch, denn דנא bedeutet wohl im Tlamud und im Syrischen Fass, wie kommt aber דונו zu der Bedeutung „werdet stark"?

[6]) Sabbath 67b oben: גד נדי וסנוק לא אושכי ובושכי; die Ueber-

Jesaia 65, 10. Die übrigen interessanten heidnischen Sitten, wie z. B. dass Mann und Weib den Namen wechseln, gehören in einen anderen Zusammenhang.

Diese Worte und Sprüche aus palästinischer Quelle gehören in den Bereich des Aberglaubens und werden behufs Hervorbringung magischer Wirkungen gebraucht, aber echte Zauberformeln, wie sie der bewanderte Zauberer — von dem gelehrten und gewerbsmässigen Magier schon zu geschweigen — in Anwendung bringt, sind sie nicht. Wirkliche Incantamenta werden in den palästinischen Quellen nicht mitgetheilt. Dass aber solche in Anwendung kamen, folgt nicht blos aus der allgemeinen Anschauung, da ausdrücklich erwähnt wird, manche haben durch Sprüche gewisse Wirkungen bervorgebracht[1]); ferner folgt dies auch aus dem Bestreben, die Incantamenta zu judaisiren, indem man an ihre Stelle Bibelsprüche setzte, was in der magischen Verwendung homerischer Verse vielleicht nicht blos ein Analogon, sondern auch ein Vorbild hat.

8. Wenn jemand eine Wunde mit dem Verse Exodus 15, 26 bespricht und dabei ausspuckt, hat er keinen Antheil am zukünftigen Leben.[2]) Das Spucken ist zauberbrechend; wenn also dies bei der Besprechung geschieht, wird trotz des Bibelspruches Zauberei getrieben. Dies ist der Grund des Verbotes und nicht „die verächtliche Behandlung des Gottesnamens"[3]). Das Hauptgewicht lag natürlich auf den Worten „denn ich der Ewige bin dein Heiler." Die

---

setzung im Text nach Aruch, Raschi erklärt die letzten zwei Worte: Tag und Nacht. Kohut I 310b rechtfertigt beide Uebersetzungen aus dem Persischen und meint אושכי יבושכי sei = יסמיא ימציא, denn יסיא = Tag und מצײא = נוציא = nox, νύξ = Nacht! Das erste Wort wäre aramäisch, das zweite griechisch, aber beide Unformen.

[1]) Z. B. Sabb. 81b unt. אמרת' לארכה וכ' סלתא (אסרה סטרוניתא); A. Z. 38b 24: אמר לי ר' חנינא סילין ואסרי לה בסלין.

[2]) Mischna Sanhedrin XI 1; ר' עקיבא אומר אף הלוחש על המכה. Tos. XII 10, wo אבא שאול משום רע durch Ausfall des in der Mischna erwähnten Ausspruches des Abba Saul entstanden sein dürfte, wird hinzugefügt חדוקק; so erklärt auch Jochanan die Mischna Sanh. 101a und Schebuoth 15b.

[3]) Joel, Aberglaube p. 102.

Judenchristen heilten dieser Anschauung entsprechend mit
dem Namen Jesus, dem aber die Talmudlehrer den Tod
vorzogen[1]).

9. Der soeben genannte Rabbi Jochanan (gest. 279),
von dem wir schon wissen, dass sein Blick Menschen tödtete
und dass er von einer Matrone ein geheimes Mittel gegen
Zahnweh in Erfahrung brachte und sofort öffentlich verkündete, gibt gegen hitziges Fieber die folgende Cur an:
„Man nehme ein Messer, das ganz aus Eisen besteht und
gehe an einen Ort, wo ein Dornbusch sich findet und binde
daran eine Haarflechte.[2]) Am ersten Tage mache man einen
kleinen Einschnitt und spreche: „Gottes Engel erschien
ihm in der Feuerflamme aus dem Dornbusche u. s. w."
(Exodus 3, 2); den nächsten Tag mache man wieder einen
kleinen Einschnitt und spreche: „Moses sprach, ich will zu-
rückweichen und sehen"; am dritten Tag mache man wieder
einen kleinen Einschnitt und spreche: „Gott sah, dass er
zurückwich um zu sehen." Wenn man dann den Dornbusch
abschneidet, neige man ihn erst zur Erde und nachdem man
ihn abgeschnitten, spreche man: O Dornbusch, o Dornbusch, nicht weil du der grösste Baum bist, hat Gott seine
Schechina auf dir ruhen lassen, sondern weil du der
niedrigste bist, hat Gott seine Schechina auf dir ruhen
lassen; und ebenso wie du, Feuer, Chanania, Mischael und
Azaria gesehen hast und vor ihnen geflohen bist, so siehe
auch, Feuer, N. N. und fliehe vor ihm."[3]) Dieser Uebertragungszauber ist ganz monotheistisch construirt. Das
Messer sei ganz aus Eisen, sonst verliert es die magische
Kraft. Diese Vorschrift findet sich auch bei den classischen
Völkern.[4]) Haare und Nägel sind im Talmud oft erwähnte
Zauberdinge, die übrigens alle Völker als solche verwenden. Da

---

[1]) j. Sabbath 14 d 42: לחש ליה בן שבה דישו דישי בגדירא, hierauf folgt:
בכל מתרפין חוץ מעיז ניע ושפי דטים, dann die Geschichte des Eliezer ben
Dama, der von einem Schlangenbiss in ähnlicher Weise geheilt werden
sollte, was aber Ismael nicht gestattete (vgl. Tosifta Chullin II 22.
23 und Ab. Z. 27 b).

[2]) נירא ברקא S. Kohut I 200 b; Levy II 270 b.

[3]) Sabbath 67 a Was Achai dem Aschi sagt, ist eingeschoben.

[4]) Kroll, Der antike Aberglaube 7; PW I 50.

Fieber und Feuer nicht blos gleiche Empfindungen hervor-
rufen, sondern im Aramäischen auch denselben Namen (אשתא)
haben, ist der brennende, aber nicht verzehrte Dornbusch
ein geeignetes Mittel gegen das Feuer des Fiebers. Die
Verse eignen sich vorzüglich, denn sie enthalten zwei Mal
das Wort w e i c h e n, womit auf das Weichen der Krankheit angespielt und eingewirkt wird. Orphiker und Gnostiker
pflegen zu magischen Zwecken vorerst einen Hymnus zu
recitiren, oder eine göttliche Heldenthat zu erzählen, was
ebenfalls den Sinn hatte, die Götter im gegebenen Falle zu
einer ähnlichen That anzuregen. Wir glauben, dass Jochanan
hier nicht ein volksthümliches, sondern ein gelehrtes magisches Mittel angibt, welches man der theurgischen Magie
vergleichen kann.

10. Babylonische Amoräer haben die folgende Anwendung von Bibelversen gemacht. Baraitha: Drei Dinge
sollen zwei Menschen, die neben einander stehen, zwischen
sich nicht durchlassen und auch nicht zwischen diesen hindurch gehen, diese sind: der Hund, der Dattelbaum und
das Weib. Manche sagen, auch das Schwein und die
Schlange. Wenn es aber geschehen ist, wie kann man sich
da helfen? R. Papa sagt, man spreche die zwei Verse Numeri
23, 22. 23, die mit אל (Gott) beginnen und enden, oder 23, 19, der
mit לא beginnt und höre auf bei ולא. Den Vers, der mit לא
beginnt und schliesst, spreche man auch, wenn eine menstruirende Frau zwischen zwei Männern durchgegangen
ist. Begegnet jemand einem Weibe, das von dem religiösen
Bade kommt, wird er von der Satyriasis befallen, wenn er
früher den Coitus ausübt, wenn umgekehrt, wird sie von der
Nymphomanie ergriffen. Um die Gefahr abzuwenden, spreche
man Job 12, 21 (nicht Psalm 107, 40).[1]

---

[1] Pesachim 111a, cf. Brecher, Das Transcendentale 202 f. Tosafoth z. St. citirt im Namen des R. Chananel ein ganzes Gebet, das mit
אל beginnt und mit לי schliesst. Ich vermuthe, dass נפתח באל ונפסיק
באל mit לא ונפסיק בלא נפתח ein und dieselbe Schriftstelle bezeichnet,
nämlich Num. 23, 22. 23., welche von vorne gelesen mit אל und von
rückwärts gelesen mit לא beginnen und enden. Die allgemein gebilligte
Interpretation gibt keinen annehmbaren Sinn, denn 23, 19 beginnt wohl
mit לא, schliesst aber mit ויקימנה; ferner findet sich in diesem

11. Erwähnt wird ferner die magische Verwendung von Leviticus 13, 9 נגע צרעת, sicherlich gegen Aussatz, ferner von Lev. 1, 1. Beides wird verboten (Sanhedrin 101 a) von Rab und R. Chanina. — Um einen bösen Traum zum Guten zu wenden, wird nebst Anderem die Recitation von neun Bibelversen (3 Mal 3) empfohlen (Berachoth 55 b). — Wenn man einen Strom im Traume, gesehen hat, recitire man Jesaia 66, 12, wo der Strom mit dem Frieden in Verbindung erscheint, bevor man an Jesaia 56, 19 denkt, wo es heisst: „der Feind komme wie ein Strom" (ib 56 b). — Mittwoch und Sabbath Nacht ist es gefährlich Wasser zu trinken; hat man aber Durst, hilft man sich, indem man Psalm 29, 3—10 recitirt, wo sieben Mal die „Stimme Gottes" erwähnt wird und zugleich von Wasser die Rede ist.[1])

Die häufigste Verwendung fanden die Sprüche in dem Heilungsaberglauben; thatsächlich stammen die meisten Besprechungen von Talmudlehrern, die zugleich Aerzte waren. Wie das Medicament dem Kranken eingegeben wird, wurde auch die Besprechung in sein Ohr „geflüstert". Man glaubte, der Spruch verliere von seiner magischen Kraft, wenn unberufene und uneingeweihte Ohren ihn hören. Der Besprecher salbte sein Haupt mit Oel. An Wochentagen wurde das Oel in die Hand genommen oder in ein Gefäss gegeben; am Sabbath, wo Heilungen von gefahrlosen Krankheiten verboten waren, durfte dies nicht geschehen, da in diesem Falle der Zweck der nachherigen Salbung des Hauptes offenkundig war.[2])

Verse keine Leugnung der Zauberei, ich wüsste also nicht, wie diese Schriftstelle den Zauber brechen soll. Rückwärtslesen bricht den Zauber wie Rücklauf, wovon noch die Rede sein wird.

[1]) Pesachim 112a, vgl. weiter Nr. 25.

[2]) j. Sabbath 14c 36 = j. Maaser Scheni 53 b: שמעון בר בא בשם רבי חנינא זה שהוא ליחש נותן שמן על גבי ראש: ולוחש ובלבד שלא יתן לא ביד ולא בכלי ר׳ יעקב בר אידי רבי יוחנן בשם רבי ינאי נותן בין ביד בין בכלי b. Sanh. 101 a: לוחשין על שמן שבכלי ואין לוחשין על שמן שביד, wo es sich nach Raschi um Teufelswerk handelt. Die verschiedenen Interpretationen ändern jedoch am Wesen der Sache nicht viel, weshalb wir sie auf sich beruhen lassen können, so hier, wie in vielen anderen Fällen.

Das Vaterland des Oelbaumes ist Palästina und das Oel war auch andern Völkern heilig.

Augen, Eingeweide, Schlangen und Scorpionen durften sogar am Sabbath besprochen, sowie das Auge mittelst Auflegung eines ehernen Gefässes geheilt werden.[1]) Schlangen- und Scorpionen-Beschwörung war nichts Seltenes.[2]) Wir verzeichnen nun nach der Reihe der talmudischen Traktate die noch nicht erwähnten Sprüche im Original.

12. Man soll seinen Anus stehend öffnen und sich dann setzen, denn im umgekehrten Falle entgeht man dem Zauber nicht, auch wenn er in Spanien ausgeführt worden. Hat man sich aber vergessen und so gehandelt, so spreche man: לא לי לא לי לא תחים ולא תחתים לא הני ולא מהני לא הרשי דהרשא ולא חרשי דחרשתא. „Nicht mir, nicht mir (kommet bei), weder Tachim, noch Tachtim, nicht diese noch von diesen, nicht der Zauber des Zauberers und nicht der Zauber der Zauberin."[3])

13. Als R. Huna aus dem Hause Rabs, Rab aus dem Hause R. Chijja's, Chijja aus dem Hause des Patriarchen Juda in angeheitertem Zustande nach Hause gehen wollten, rieb man ihnen die Handfläche und Kniebeuge mit Oel und Salz ein und sprach: כי היכי דציל הא משחא ליציל חמרא דפלניא בר פלניתא. „Wie dieses Oel verduftet, so verdufte der Wein des N. Sohn der N."

Nützt dies nicht, so bringe man einen Fassspund, weiche ihn im Wasser und spreche: „Wie dieser Spund verduftet, so verdufte der Wein des N. N."[4])

---

[1]) לוחשין לעין לסמים לנחשים ולעקרבים וסעיברין j, Sabbath 14 c 48 תיר סכין וסמסמין בבני סעיס בשבת לוחשין ;b. Sanh. 101 a; על העין בשבת בשבת על העין וסעבירין נחשים ועקרבים בשבת להישת . Letzteres bedeutet: heilen durch Bestreichung mit einem ehernen Gefässe, denn Erz ist im Allgemeinen zauberbrechend. Die Commentatoren rationalisiren: das Auge werde durch Erz abgekühlt, oder ein Ring halte das Auge fest, dass es nicht herausspringe. Akiba wurde in dieser Weise geheilt. (Jer. l. c.)

[2]) Tosifta Jebamoth XIV 4 p. 258 29: נחשים סליאה לבור נמל חבר .עקרבים סעידין עליו רי יהודה בן בתירה אוסר שםא חבר הוא bed. Schlangenbeschwörer.

[3]) Berachoth 62 a unten.

[4]) Sabbath 66 b. Die folgenden Nummern bis 19 finden sich ibidem 67 a.

14. Abaji hörte von seiner Pflegemutter: Gegen tägliches Fieber nehme man einen neuen Silberdenar und gehe zur Salzfabrik und nehme Salz im Gewichte des Denars und binde dies mit einer Haarflechte um die Halsöffnung des Hemdes. Nützt dies nicht, so setze man sich auf den Kreuzweg und wenn man eine grosse Ameise erblickt, die etwas trägt, so nehme man sie und werfe sie in ein ehernes Rohr, verschliesse es mit Blei, versiegele es mit 60 Siegeln, schüttele es und trage es, und spreche zur Ameise: מַעֲיָנָךְ עַל וּמַעֲיָנִי עָלָךְ. „Deine Last auf mich und meine Last auf dich".

Ein Amora macht gegen dieses Verfahren die Einwendung: Vielleicht hat schon ein Anderer in derselben Weise seine Krankheit auf die Ameise übertragen und man zieht sich jetzt die Krankheit eines Anderen zu? Man spreche also lieber:

„Meine und deine Last auf dich."

Nützt das nicht, so nehme man einen neuen irdenen Krug und gehe zum Fluss und spreche zu ihm: נַהֲרָא נַהֲרָא אוֹזְפַן כּוּזָא דְמַיָא לְאוֹרְחָא דְאִיקְלַע לִי. „Fluss! Fluss! leihe mir einen Krug Wasser für den Gast, der bei mir eingetroffen."

Man wende dann den Krug sieben Mal um's Haupt herum und giesse ihn rückwärts aus und spreche:

„Fluss! Fluss! nimm das Wasser, das du mir gegeben, denn der Gast, den ich bekommen, ist am selben Tage, wo er gekommen, auch von dannen gegangen."

In diesem Uebertragungszauber (Sabbath 66 b) erscheinen viele Elemente der Magie: der zauberkräftige Kreuzweg, Erz, Salz, Blei, das Schütteln und Tragen, der Wasserkrug, der Fluss, die Zahl 7 und 60 — beide babylonisch — das hinter den Rücken giessen, das Sprechen mit der Ameise und dem Flusse — lauter zauberische Dinge. Noch viel zauberhafter ist das Mittel gegen dreitägiges Fieber, das an derselben Stelle vorgeschrieben wird, das wir hier anschliessen.

Man nehme sieben Zweige von sieben Bäumen, sieben Späne von sieben Balken, sieben Nägel aus sieben Brücken, siebenerlei Asche aus sieben Oefen, siebenerlei Staub aus sieben

Thürangeln,[1]) siebenerlei Pech aus sieben Schiffen, sieben
Kümmelkerne, sieben Haare aus dem Barte eines alten
Hundes. Dies alles binde man in die Halsöffnung des
Hemdes mit einer Haarflechte.[2])

15. Zur Vertreibung eines Ausschlages spreche
man also: כז בזייה בס מסייה כס כסייה שולאי ואמרלאי אילין מלאכי
דאישתלחו מארעא דסדום לאסאה שיחנין וכיבין[3]) בוך בוך בזבוזיך מססיך
כמין כמיך עיניך ביך עינך ביך אתריך ביך זרעיך כקלוט וכפרדה דלא פרה
.ולא רביא כך לא תפרה ולא תרבה בנופיה דפלוני בר פלונית

„Baz, Bazia, Mas Masia, Kas Kasia, Scharlai und
Amarlai, diese sind die Engel, welche aus dem Lande Sodom
geschickt wurden zu heilen Ausschlag und Hitzblattern;
Bazach Bazich Bazbazich, Kamun, [Kümmel?] Kamich.
Deine Farbe bleibe, [werde nicht röther], deine Farbe
bleibe, bleibe an deiner Stelle [verbreite dich nicht weiter],
dein Same sei, wie der eines Menschen, dessen Nabel ein-
gezogen ist und wie der eines Maulthieres, welches nicht
fruchtbar ist und sich nicht vermehrt, so vermehre dich
nicht und verbreite dich nicht im Körper des N. Sohn
der N.“

Brecher (Das Transcendentale p. 199), dem Kohut
(Angeologie p. 89) folgt, hat כקלוט übersetzt: „der Same
werde im Bauche aufgesogen“; dies beruht auf falscher Auffassung der interpretirenden Glosse Raschi's. Kohut will
die genannten Engel mit parsischen Daevas identificiren.
Allein es ist fraglich, ob dieser Spruch nicht von demselben
palästinischen Amora stammt, von dem der voraufgehende
herrührt. Die Erwähnung Sodoms deutet ebenfalls auf Palästina.

---

[1]) So nach Raschi, der עפרי מז סימרי liest: Aruch sub סבר I
liest סובר und erklärt: Staub aus sieben Gräbern. Beide Interpretationen
passen in den Zusammenhang, denn nicht nur das menschliche Grab
ist magisch, sondern auch der Schmutz der Thürangeln, wie überhaupt
die Thürschwelle.

[2]) Man sieht, dass die Zubereitung der Zaubermittel nicht leicht
gemacht wird. Wenn also Raschi bei dem früher beschriebenen Mittel
die 60 Siegelungen nicht stricte nehmen will, so ist dies abzuweisender
Rationalismus, gegen welchen schon die Bedeutung von 60 im babylonischen Zahlsystem spricht.

[3]) So nach Ms. München, Agg. ולאסאה שבינא כאיבין; vgl. Levy
II 283 b unt.

Die Worte בו, מס‎, כם‎ will Raschi aus dem Aramäischen
herleiten. Es läst sich schwer darüber etwas Sicheres sagen;
vielleicht is אמרלא‎ = אמר אל‎ und שולאי‎ = שר אל‎ mit
Umkehrung der letzten Silbe, was in Zaubersprüchen oft
vorkommt. In בזיך בוך‎ scheint das erste ך‎ Schreibfehler zu
sein, denn das nachfolgende בזבזיך‎ dürfte nichts Anderes
sein, als die Zusammenziehung der ersten zwei Worte, was
in den Zauberformeln ebenfalls oft zu geschehen pflegt. Ob
dieses כ‎ mit dem in den Zauberpapyri fortwährend er-
scheinenden Zauberbuchstaben X in Verbindung gebracht
werden darf?

16. Gegen die Hitzblatter[1]) spreche man also: הרב שלומה‎
וקלע נטושה לא שמיה יוכב חולין מכאובין‎ „Gezücktes Schwert,
losgelassene Schleuder, sein Name ist nicht Jochab, Kranke,
Schmerzen." Die letzen zwei Wörter חולין מכאובין‎ übersetzt
Brecher: „Die Schmerzen haften;" allein da müsste es
heissen מכאובין חולין‎. Raschi bemerkt: es ist blosse Flüsterung,
d. h. die Worte ergeben keinen Sinn. Trotz dieser im
Grunde richtigen Auffassung[2]) wage ich die Vermuthung,
dass das gezückte Schwert und die losgelassene Schleuder als
gegen Dämonen gerichtet gemeint ist. Die Kaunier stachen
gegen die Dämonen in die Luft. (Herodot I 172; PW I. 44 Z. 1).

17. Gegen Besessenheit spreche man also: הרית דסקיק דסקיק‎
הרית ליטא תבור ומשומת בר טיט בר טמא בר טינא כשמנז מרינז ואיסטמאה‎.

„Der du verstopfest, sei verflucht, zerschmettert, gebannt, Bar-Tit, Bar-Tama, Bar-Tina, Kaschamgaz, Merigaz
und Istamaah." Die zwei Worte הרית דסקיק‎ sind in umgekehrter Reihenfolge wiederholt, was oft geschieht, wie z.
B. in αϑλαναϑαναλϑα. Kohut (Angelologie 90) hat dies nicht
erkannt und das eine דסקיק‎, das er übrigens willkürlich mit
„geborsten" (סקע‎?) übersetzt, getilgt. Dies Wort will jedoch

---

[1]) Ausgaben: לביסה‎, Raschi: לביסה‎, Aruch לביסא‎, siehe Kohut IV
179b—180a s. v. בב‎ III und IV; Levy II 283. Raschi citirt im Namen
seiner Lehrer eine Erklärung, nach welcher hier von Besessenheit
(= שר‎ :כסא‎) die Rede wäre. Brecher p. 198 übersetzt: Blatterrose.

[2]) Sota 22a heisst es: Die Leute sagen, der Magus murmelt, weiss
aber nicht, was er sagt; ebenso recitirt der Mischnagelehrte (תנא‎) seine
Mischna und versteht sie nicht.

agen, der Besessen sei von Dämonen, erfüllt, voll gestopft. Die erwähnten Dämonen, so auch den bald zu nennenden שירקא פנדו, weist Kohut als Daevas nach.

18. Gegen den Dämon des Abortes: אקרקפי דארי ואאוסי דעורייתא אשכחתו לשידאי בר שירקא פנדא במישרא דכיתי חבטיה בלועו דחמרא חטרתי.

„Auf dem Haupte des Löwen und auf der Nase der Löwin fand ich Schidai bar Scherika Panda. Ich stürzte ihn in ein Kressenbeet und schlug ihn mit eines Esels Kinnlade."

19. Wenn jemandem ein Knochen im Schlunde stecken bleibt, so bringe man einen Knochen derselben Gattung und lege es ihm auf den Scheitel und spreche also: חד הד גחית בלע בלע נחית חד ח.

„Eines, eines geht herunter, schlucke; schlucke, es geht herunter eines, eines."

Ist es eine Fischgräte[1]), so spreche man: נעצתא כמחט נגעלתה כתרים שייא שייו.

„Du bliebst stecken wie eine Nadel, eingeschlossen wie ein Panzer, senke dich, senke dich."

Das erste dieser Heilmittel findet sich auch bei Plinius h. h. XXVIII 49. Merkwürdigerweise heisst es im Talmud (Sabbath 67a unten), der pal. Amora R. Chijja bar Abin sagte, alle ihm vorgetragenen Gebräuche sind amoritisch mit Ausnahme dieser zwei, woraus zu schliessen ist, dass er die griechische Herkunft dieses Heilmittels gekannt hat. Die erste Formel besteht aus vier Wörtern, welche im zweiten Theile in umgekehrter Reihenfolge wiederholt werden.

20. Wenn ein Weib eine Schlange sieht und nicht weiss, ob diese ihre Begierde auf es richtet, so werfe es ihr seine Kleider zu; wickelt sie sich in diese ein, dann hat sie ihre Begierde auf das Weib gerichtet, wickelt sie sich nicht ein, dann nicht. Wie hilft man sich da? Das Weib übe den Coitus vor der Schlange aus oder es nehme von seinen Haaren und Nägeln und werfe sie der Schlange zu, in dem es spricht: דישתנא אנא Ich bin eine Menstruirende"[2]). Die Schlange ist das ma-

---

[1]) Agg. לָאדרא, Aruch לָאדרא; statt שייא liest Aruch שׁח.

[2]) Sabbath 110 a.

gische Thier κατ' ἐξοχήν. Menstrualblut findet in der Magie vielfache Anwendung, so auch das menstruirende Weib. Daschtana ist demnach ganz sicher persisch[1], wo es die vom Zusammenhang geforderte Bedeutung hat und man hat es mit persischem Aberglauben zu thun.

21. Zur Heilung des Blutflusses der Frauen werden mehrere Mittel empfohlen, die in einen anderen Zusammen-, hang gehören. Allen gemeinsam ist jedoch die Vorschrift, das man der Kranken zurufe: קום מזביך.

„Dein Blutfluss höre auf"[2]).

22. Gerade Zahlen (זוגות = Paare) bedeuten Unglück, daher trinke man nicht zwei Glas Wein u. s. w. Höhere Zahlen jedoch, wie z. B. zehn, schaden nicht mehr. Hat nun jemand aus Unachtsamkeit sich gegen diese Vorschrift vergangen und sich in dieser Weise dem Muthwillen der Dämonen ausgesetzt, nehme er den rechten Daumen in die linke Hand, den linken Daumen in die rechte Hand und spreche also: Ihr und ich sind drei. Hört er sprechen: Ihr und ich sind vier, sage er: Ihr, und ich sind fünf u. s. w. Es geschah einmal, dass der Dämon bei 101 vor Zorn barst.[3] Die Palaestinenser achteten auf die geraden Zahlen nicht. „Die Regel ist: wer darauf achtet, mit dem nehmen es auch die Dämonen genau, mit Anderen nicht."[4]

23. Amemar sagte: Das Haupt der Zauberweiber sagte mir, wenn man Zauberinnen begegnet, spreche man also:

הרי חמטי בדיקולא בזייא לפומייכו נשי דחרשייא קרח. קרחייכי פרח פרחייכי איכדור תבלונייכי פרחא זיקא למורייקא חרתא דנקטיתו נשים כשפניות ארחגני וחנגכי לא אתיתי לבו השתא דאתיתי לבו קרחנני וחנגכי.

„Heisser Menschenkoth in gelöcherten Körben in euer Maul, ihr zauberischen Weiber! Euer Haupt werde kahl, der Wind verwehe euere Brodkrumen. Er zerstreue euere

---

[1]) Kohut s. v. דשתנא (III 168b unt.).

[2]) Sabbath 110b.

[3]) Pesachim 110a.

[4]) ib. 110b oben: כללא דמלתא כל דקפיד קפדי בהדי בהדיה ודלא קפיד לא קפדי בהדיה. Die erste und oberste Bedingung für die Wirksamkeit des Zaubers ist überall der Glaube an seine Kraft. Vgl. Nedarim 32a: כל המנחש סופו לבא עליו; j. Sabbath VI g. E. (8b): כל המנחש לו נחש d. h. wer an Zauberei (Omina) glaubt, dem schadet sie.

Gewürze. Es verflüchtige sich euer Safran, den ihr in eueren Händen haltet. Hexen! So lange man mir gnädig und ich vorsichtig war, kam ich nicht in eure Mitte, nun that ich es und ihr seid mir nicht hold."[1])

Die Elemente dieses vor Bezauberung bewahrenden Spruches zeigen, was zauberkräftig und was zauberbrechend ist. Durch das Wort kann gezaubert werden, Menschenkoth bricht den Zauber; daher der erste drastische Spruch. Haare und Brodkrumen sind zum Zaubern geeignete Mittel, ebenso der in der Hand gehaltene frische Safran; daher die Wünsche bezüglich der Zerstörung dieser Mittel.

24. Wenn zwei Weiber auf dem Kreuzweg sitzen, die eine auf der einen, die andere auf der anderen Seite des Weges und das Gesicht einander zuwenden, beschäftigen sie sich sicherlich mit Zauberei. Wie kann man sich da helfen? Ist ein anderer Weg da, so gehe man auf demselben, ist kein anderer Weg da, aber noch ein Mensch, so mögen die zwei sich gegenseitig die Hand ergreifen und den Weg in dieser Weise passiren. Ist aber kein zweiter Passant da, so spreche man: אגרת אזלת אוסיא בלוסיא מתקטלין בחיק קבל.

„Agrath, Azlat, Usia, Belusia [Dämonen] sind durch Pfeile getödtet"[2]). Man sieht hier, dass die Zauberei Dämonen in Wirksamkeit treten lässt.

25. Wenn man Mittwoch oder Sabbath Nachts Wasser trinkt, ist man der Gefahr des bösen Geistes ausgesetzt. Wie fängt man es da an? Ausser der Recitation von Psalm 29, 3—10 (oben Nr. 11) kann man der Gefahr vorbeugen, wenn man den nachstehenden Spruch sagt: לול שפן אניגרון אנירדפין בין כוכבי יתיבנא בין בליעי שמיני אזילנא.

„Lul, Schafan, Anigron, Anirdafin, ich sitze zwischen Sternen, ich wandle zwischen Mageren und Fetten," d. h. die vier genannten Dämonen können sich Andere auswählen. Oder man wecke jemand auf und spreche zu ihm: Ich N. Sohn der N. durste nach Wasser! dann trinke man. Oder man klopfe mit dem Deckel auf dem Kruge oder man werfe

---

[1]) Ibid.

[2]) Pesachim 111 a. Die Uebersetzung nach Raschi, der sich auf Ezechiel 26, 9 beruft. חיק קבל fehlt bei Levy.

etwas in den Krug, dann trinke man.[1]) Durch Klopfen vertreibt man die Dämonen, so auch durch irgend einen — besonders ehernen — Gegenstand. Erzklang verscheucht nach
allgemeinem Glauben die Gespenster, daher die Beliebtheit
eherner Amulete.

26. Aus Flüssen und Teichen darf man in der Nacht
kein Wasser trinken, wegen der Gefahr des Dämons Schabriri. (Samuel ben Meir: Blindheit[?]). Wie hilft man sich
da? Wenn jemand da ist, wecke man ihn auf und spreche
zu ihm: Ich N. Sohn des N. durste nach Wasser. Wo nicht,
spreche man zu sich selbst, N. N. meine Mutter (oder Immi?)
sagte mir, hüte dich vor Schabriri:

שברירי

בּרירי

רירי

ירי

רי

d. h. Schabriri, briri, riri, iri, ri[2]); ich trinke Wasser aus
einem weissen Becher. Ein solches Dreieck wird von magischen Wörtern in den Zauberpapyri oft gebildet. So z.
B. von den sieben magischen Vocalen αεηιουω, worüber in
dem Capitel über die mystischen Gottesnamen ausführlich gehandelt werden soll. Der weisse, d. h. neue, vielleicht silberne
Becher ist vermöge des Metalls, aus dem er gefertigt ist,
Zauber wehrend, wie der weisse Silberdenar, von dem
schon oben die Rede war. Sümpfe sind Aufenthaltsorte für
Dämonen[3]).

27. Das Anschreien des Ochsen lautet[4]) הן הן hen
hen, des Löwen זה זה ze ze, des Kameels דא דא da dá,
des Schiffes הילני היא הילא והילוק והיליא hilni, hajja, hila
hiluk, hulja.

[1]) Pesachim 112a.

[2]) Ibid. und A. Z. 12b; Tosafoth daselbst über die Leseart
Brecher 203; Kohut 93; Joel 102.

[3]) Pesachim 112b: Stelle dich nicht vor das Rind, wenn es von
der Wiese (אגם, Wiese und Sumpf) kommt, denn der Satan tanzt zwischen seinen Hörnern. Verschiedenes über den stössigen Ochs daselbst
Dämonen halten sich auf, in Ruinen (Berachoth 3a u.); unter der
Wasserrinne (Chullin 105b); im Bade (Kidduschin 39b unt.); in Aborten.

[4]) Daselbst 112b.

Raschi erklärt ניזהא für לחיש d. h. Besprechung. Man kann also den stössigen Ochsen verscheuchen, wenn man han-han ruft, oder aber — und dies ist die richtigere Auffassung — der Ochs wird mit han-han zur Arbeit angetrieben. Alle diese Anrufungen sind magisch, denn auch das Schiff wird angeeifert.

28. R. Assi sagt: Gegen das Gift des Lattichgenusses ist Rettich heilsam; gegen das des Rettichs ist Porree heilsam; gegen das des Porrees ist warmes Wasser heilsam. Inzwischen spreche man: קפא קפא דביזנא לך ולשב בנתיך ולשב כלתיך.

„Kappa, Kappa, ich gedenke dein, sowie deiner sieben Töchter und sieben Schnüre."[1]

Das Gift (= Kappa קפא) wird personificirt und als schädlicher Geist angesprochen. Wie wir schon gesehen haben, sind die Krankheiten zu bösen Geistern sublimirt worden.

29. Die Erkennungszeichen eines tollen Hundes sind: Sein Maul ist offen, sein Speichel fliesst, seine Ohren hängen herunter, sein Schwanz liegt zwischen seinen Hüften, er geht auf dem Saume des Weges und die Hunde bellen ihn an. Manche meinen, auch er belle, aber seine Stimme wird nicht gehört.[2] Gegen seinen Biss darf man dem Kranken nicht von dem Lebernetz des Hundes zu essen geben, denn dies ist kein probates Heilmittel.[3] Blos ein Tanna des zweiten Jahrhunderts, d e r i n R o m l e b e n d e R. Mathia ben Charasch, erkennt die Heilkraft dieses auch von Galenos gebilligten Medicamentes an.[4] Der Patriarch Juda II.

---

1) Ib. 116a 7. Vgl. Levy IV 349a.

2) Baraitha j. Joma 45b 12; b. Joma 83b unt. unbedeutende Abweichung.

3) Mischna Joma VIII 5 (83a): מי שנשכו כלב שוטה אן סאכילין אותו; b. 84a: מי שנשכו כלב שוטה סאכילין ; סחצר הכבד שלו ור' סתיא בן חרש סתיר חצר הכבד. סהוצר כבד שלו וכו' דברי רסב״ח וחכ״א באלו אין בהם משום רפואל ist dasselbe was biblisch יותרת על הכבד, siehe hierüber Dillmann zu Leviticus 3, 4.

4) Vgl. Fuchs, in Fleckeisens Jahrbücher für classische Philologie 40 (1894) p. 139. Galen schreibt aber diese Heilwirkung mehr den mit der Leber verabreichten Medicamenten zu. Während ich dies schreibe, lese ich in einer Zeitung, ein Arzt habe im Schmalze der Galle gewisser

(um 250) gab seinem Sklaven Germani von dem Lebernetz
des tollen Hundes, er wurde aber nicht geheilt. Nach dem
Biss des tollen Hundes, dem Stich der Schlange, dem Tritt
des Maulesels — mit Ausnahme eines weissen — ist noch
niemand am Leben geblieben.[1]) Man darf annehmen, dass
alle drei Heilmittel nämlich gegen Gelbsucht Eselfleisch,
gegen Tollwuth Lebernetz, gegen Ausschlag der Mundhöhle
ein Pulver, welche Mathia ben Charasch empfiehlt und welche
die palästinischen Gelehrten für nicht heilkräftig erklären,
sowie auch das Aderlassen gegen Erstickungsanfall (סרונכי)
römischen Ursprungs sind.[2]) Ein 338 gestorbener babylo-
nischer Amora empfiehlt gegen den Biss toller Hunde ein
ganz anderes Mittel. Ab.ji nämlich sagt: Man nehme die
Haut einer männlichen Hyäne[3]) und schreibe darauf: אנא

סלניא בר סלניתא אמשכא דאפא דיכרא כתיבנא עלך כנתי כנתי קלורוס
ואמרי לה קנדי קנדי קלורום) יה יה יהוה צבאות אמן אמן סלה.

„Ich N. Sohn der N. schreibe gegen dich auf die Haut
einer männlichen Hyäne: Chanti Chanti Kaloros (manche
sagen: Kondi Kondi Kaloros) Jah Jah JHWH Sabaoth Amen
Amen Selah.“

Man ziehe dann dem Verwundeten die Kleider aus, ver-
grabe sie in ein Grab auf zwölf Monate, ne me sie dann
heraus, verbrenne sie in einem Ofen und zerstreue die Asche
auf dem Kreuzwege. Diese zwölf Monate darf der Verwundete
nur aus einem ehernen Rohr Wasser trinken, denn er sieht
vielleicht das Bild des Dämons (im Wasser) und wird da-

Thiere ein Heilmittel gegen den Biss von Schlangen und toller Hunde
gefunden.

[1]) j. Joma 45 b oben; Genesis r. c. 82 g. E. (311 a), wo חברבר
und סררה als Mischgattung gekennzeichnet wird, heisst es, das weisse
Maulthier sei das gefährlichere.

[2]) Joma 84 a unt. Galenos lebte in Rom 164—167, bereiste nachher auch Palaestina; Mathia ben Charasch blühte um 150. Gegen Gelbsucht empfiehlt Galenos Hirschkorn zerrieben (Fleckeisen's Jahrbuch
40, 142).

[3]) אבא דיכרא = צבוע זכר, das im Alterthum als ein fabelhaftes
Thier galt, welches sich nach sieben Jahren in ein Weibchen verwandelt;
cf. Lovy IV 166 a s. v. צבוע. Kondy ist im Persischen die Opferschale;
es dürften daher diejenigen Recht haben, die auf den Zauberzettel קנדי
schreiben heissen.

durch in Lebensgefahr kommen. In einem vorgekommenen
Falle liess die Mutter des Betroffenen ein Goldrohr an-
fertigen.[1]

Die Kleider des Menschen vertreten nach talmudischer
Auffassung den Menschen selbst.[2] Wenn man sich an einen
tollen Hund angerieben hat, wirft man die Kleider weg und
laust.[3] Allenfalls auch deshalb, weil die bösen Dämonen an
die Kleider sich angesetzt haben. Erz vertreibt die Dämonen,
daher das eherne Rohr; Feuer vertreibt ebenfalls Dämonen,
daher das Verbrennen der Kleider. Das Grab und der
Kreuzweg dürfen als Zauberorte nicht fehlen. Ueber Stoff
und Inhalt des Amulets werden wir noch sprechen.

30. Gegen Blindheit, welche über den Menschen in
der Nacht kommt, verfahre man also: Man nehme einen
Strick aus den Schwanzhaaren eines Pferdes und einer Kuh
und man binde mit dem einen Ende den einen Fuss des
Menschen und mit dem anderen Ende einen Fuss eines
Hundes. Dann sollen Kinder zerbrochene Scherben hinter
ihm her aneinander schlagen und sprechen: (Var. אסא) אישא
בלבא אכמא תרנגולא.

„Alter Hund, närrischer Hahn.“[4]

Dann sollen aus sieben Häusern sieben Fleischstücke
in das Loch seiner Thürschwelle gelegt und hernach auf dem
Misthaufen[5] der Stadt aufgegessen werden. Hierauf löse er
den Band von seinen Füssen und spreche also: שברירי דפלוני
בר סלוניתא שבקינהו לפלוני בר סלוניתא.

„Blindheit des N. Sohn der N. verlasse N. Sohn der N.“

Hierauf durchlöchere man den Augapfel des Hundes[6].

Gegen Tagblindheit. Er nehme sieben Stücke
Milz aus sieben Rindern und lege es auf einen Aderlass-

---

[1] Joma 84a oben. Plinius XXIX 32.

[2] Baba Bathra 153a unten: Raba's Kleider werden in's Wasser
geworfen, damit der Fluch, Raba's Schiff untergehe, in dieser Weise
erfüllt werde (oben p. 73 n. 5)

[3] Joma 84a ob.

[4] Siehe Kohut I 308a אישא; Levy I 76a אבבא.

[5] Entweder der grossen Oeffentlichkeit (vgl. Pesachim 114a 7)
oder des zauberkräftigen Ortes halber.

[6] Gittin 69a ob.; Brecher 212 fehlerhaft.

scherben des Wundarztes. Der Kranke sitze im Zimmer, ein
Mensch draussen. Dieser spreche: Blinder! Gib her, dass
ich esse. Jener antworte: Wo ist die Thür? Nimm und iss!
Nachdem er gegessen, zerbreche er den Scherben, sonst bekommt er selbst die Krankheit.[1])

Im ersten Mittel wird die Krankheit auf den Hund
übertragen; die sieben Stücke Fleisch, die gegessen werden,
gehen sicherlich auf ein Opferritual zurück. Die Thürschwelle
ist zauberkräftig.

Der Aderlassscherben ist in Folge des Blutes und Schmutzes
voll von Dämonen, der Blindheits-Dämon soll wahrscheinlich mit
dem Fleisch zu den übrigen Dämonen gelockt werden. Der
Scherben wird zerbrochen, weil sein Klang die Dämonen
vertreibt, wie bei der Nachtblindheit der von den Kindern
mit den Scherben verursachte Lärm. So ist beiläufig dieses
Zauberritual zu verstehen.

31. Gegen Nasenbluten suche man sich einen Kohaniten,
der Levi heisst, dieser schreibe לוי umgekehrt, d. h.
יול; wo nicht, bringe man einen Nichtpriester und dieser
schreibe ebenfalls umgekehrt: אנא פפי שילא בר סומקי. „Ich
bin Papi Schila, Sohn Sumkis" (Milz oder roth). Nützt dies
nicht, werden andere Zaubermittel empfohlen, in denen
Zauberkräuter, das Bett, Wolle, rechte und linke Hand
u. s. w. vorkommen. Wenn auch dies nicht nützt, setze sich
der Kranke unter die Dachrinne, wo sich bekanntlich
Dämonen aufhalten, und man bringe Wasser und giesse es
auf ihn, indem man spricht: Wie dieses Wasser aufhört,
so möge auch das Blut des N. N. aufhören. Oder man
schreibe ein Amulet folgenden Inhalts: טעם דלי במי כמף טעם
דלי במי טנם.[2])

Das erste Mittel, wo ein כהן des Namens לוי durch seinen von rückwärts geschriebenen Namen den Dämon gleichsam
exorcisiren soll, ist jüdisch gefärbt. Im zweiten Mittel wird dem
Dämon mit der Erklärung, er habe es mit Pappi Schila
bar Sumki zu thun, Furcht eingejagt. In den Zauberpapyri
und auch sonst sind mit ἐγώ εἰμι eingeführte Zauberformeln,
in denen sich der Zauberer mit einem mächtigen Dämon

---

[1]) Gittin ib.
[2]) l. c.

oder gar einem Gotte identificirt, sehr häufig anzutreffen. Im letztgenannten Amulet sind dieselben Worte bis auf das letzte wiederholt. Wenn auch der ganze Satz nicht verständlich ist, deutlich ist immerhin, das Wasser und Silber, welche Dämonen vertreiben, erwähnt sind.

32. Gegen Milzanschwellung nehme man sieben Blutegel, trockne sie im Schatten und trinke jeden Tag zwei oder drei in Wein, d. h. in drei Tagen. Man hat also die Zahlen 7 und 3 für sich. Die Sonne bricht die Zauberkraft, daher die Vorschrift vom Schatten. Nützt dies nicht, so nehme man die Milz einer Ziege, die noch nicht geworfen hat, zerreibe sie im Ofen, stelle sich ihr gegenüber und spreche: „Wie diese Milz getrocknet worden, so möge auch die Miltz des N. Sohn der N. zusammentrocknen." Man kann dieselbe Milz auch an der Wand trocknen lassen.[1]

Eine Betrachtung des vorgelegten Materials führt uns zu den folgenden Schlüssen über Form und Inhalt der Zaubersprüche. Zuvörderst muss constatirt werden, dass kein einziger Spruch von palästinensischen Lehrern herrührt. Diese sprechen im Allgemeinen vom Zauber mittelst Sprüchen, glauben auch an ihre Wirkungen, theilen aber solche nicht mit, wenn man die verbotenen amoritischen Ausrufungen nicht als solche ansprechen will. In echtjüdischen Kreisen hat man augenscheinlich Bibelverse (Nr. 8 ff.) an die Stelle der Zaubersprüche gesetzt und diese in solcher Weise jüdisch-monotheistisch gefärbt. Die Tannaiten erheben auch gegen diese schriftgelehrte Magie Protest, aber schon Jochanan, der grösste Amora des heiligen Landes, empfiehlt sie. Ganz merkwürdig ist die Heranziehung des Dornbusches und der betreffenden Schriftstelle als sympathetisches Mittel.

Die babylonischen Amoräer hingegen geben unverfälschte Zaubersprüche an, in denen Dämonen und barbarische Worte, welche im Zauber allgemein beliebt sind, nicht fehlen. Götzennamen dürften sich jedoch auch

---

[1] Gittin 69b. Beim Exorcismus stellt sich der Beschwörer ebenfalls dem Kranken gegenüber (siehe weiter p. 68). Talg einer jungfräulichen Ziege wird in Pap. Paris Zeile 2709 (Wessely I 88) erwähnt. Vgl. auch b. Pesachim 42b, fettes Fleisch einer solchen Ziege.

in diesen Formeln nicht finden. Die Person, für die der
Zauber ausgeführt wird, wird mit Namen genannt, von den
Eltern aber ist stets die Mutter und nie der Vater angeführt
(Nr. 13, 29, 30), wie es auch in den magischen Formeln
anderer Völker üblich ist. Abaji theilt im Namen seiner
Pflegemutter die Regel mit, dass bei allen magischen Sprüchen
der Name der Mutter erwähnt werden müsse[1]). Hierin darf
man, wie mir scheint, einen Rest aus der Urzeit der Magie
erblicken, wo die Kinder blos die Mutter kannten. — Manche
Formeln werden zweimal gesetzt, das erste Mal von vorne und
das zweite Mal von rückwärts angefangen (Nr. 17, 19);
andere blos Ein Mal (Nr. 31 und nach unserer Erklärung
auch Nr. 10). Der hebräische Terminus für dieses Verfahren
heisst למפרע (Nr. 31), was für unsere späteren Untersuchungen
von besonderer Bedeutung ist. Da im Hebräischen keine
Vocale geschrieben wurden, wurde das rückwärtige Lesen
in den meisten Fällen auf die einzelnen Worte, und nicht
auf die einzelnen Silben angewendet. Man sprach also חר חד
נחת בלע in umgekehrter Reihenfolge בלע נחת חר חד. Es findet
sich jedoch auch die Anweisung יול statt לוי und אנא ספי
שילא בר סומקי umgekehrt zu s c h r e i b e n. Es ist demnach
evident, dass die letztere Art der Umkehrung im geschriebenen
Talisman, während die erstere in der gesprochenen Zauberformel üblich war. Von der Rückseite betrachtet, ist nämlich
das Schriftbild ein umgekehrtes. So sagt R. Chisda[2]), die
Schrift der Bundestafeln war von inwendig und auswendig
lesbar, z. B. ורס : סרו, רהב : בהר, בוכן : נבוב. Man glaubte
sicherlich, dass die umgekehrte Schrift oder Recitation
kräftiger sei, da sie ja die Bestimmung hatte als Gegenmittel zu dienen, den Zauber zu brechen, u m z u k e h r e n.
Ich wage es auch zu behaupten, das Rab Chisda den beregten Ausspruch aus derselben Anschauung heraus gethan
hat. Er wollte nämlich sagen, die Schrift der Bundestafeln

---

[1]) Sabbath 66b: כל מינא בשמא דאימא nach Raschi = לחש. Deissmann, Bibelstudien 37 n. 2, hätte sich auf diese Regel und auf die an
geführten Belege berufen können.

[2]) Sabbath 104a 12: כתב שבלוחות נקרא מבפנים ונקרא מבחוץ.

war überaus kräftig, es fehlte ihr auch diejenige Kraft nicht, welche seine Zeitgenossen und auch er selbst den umgekehrt geschriebenen Formeln der Amulete zueignete.[1]) — Ebenso wie das umgekehrte Lesen und Sprechen, macht auch die Wiederholung (12, 27) den Spruch kräftiger. Beliebt sind als Zahlen d r e i (8, 32) oder d r e i M a l d r e i (11); ferner s i e b e n (11, 14, 30 bis 32). Ueber die letztere Zahl hat Grimm, Handbuch zu den Apokryphen des Alten Testaments IV 132, gehandelt. Sie kommt wie die Zahl 3 in der jüdischen Tradition zu Hunderten von Malen vor, so dass die Maxime ausgesprochen werden konnte: Alle Sieben sind beliebt[2]).

2. A m u l e t e.

Amulete werden gebraucht, um den Menschen oder seinen Besitz, wie Haus, Vieh u. s. w., gegen böse Einwirkungen von Zauberei, Dämonen und anderer Umstände prophylaktisch zu schützen, oder das schon eingetretene Unheil, Krankheiten und Schäden verschiedenster Art, abzuwenden. Diese Sitte ist nicht nur im Orient, sondern auch im Occident bis auf den heutigen Tag weit verbreitet. Da man sie auch bei Naturvölkern findet, ist es ganz sicher, dass sie bei allen Völkern genuin ist, wie die Zauberkunst selbst, deren Gegenmittel sie bildet. Auch bei den classischen Völkern stand das Amuletenwesen in Blüthe und man hat gar keinen Grund dasselbe als einen aus dem Orient eingeschleppten Aberglauben anzusehen.[3]) Die heilige Schrift kennt schon Amulete, welche mit „Le-

---

[1]) Raschi meint, R. Ch. will blos sagen, die Tafeln waren von den Buchstaben durchstochen, weshalb ס und ע (in althebräischer Form ein Kreis) nur durch ein Wunder stehen blieben. Allein dies hat Ch. schon in seinem ersten Ausspruche: סים וסט״ך שבלוחות בנס היו ‏ עמדין deutlich genug gesagt, es bedurfte also keines zweiten Aus- spruches, der obendrein mit ואמר ריה eingeführt wird.

[2]) כל השביעין חביבין.

[3]) Ueber die Begriffsbestimmung, sowie über den Gebrauch von Amuleten bei Griechen und Römern s. PW. I 1984 ff; Daremberg et Saglio, Dictionnaire des antiquités grecques et romaines I 252 ff. Die Etymologie des Wortes ist noch nicht ermittelt, da das arabische h a - m a l e t nicht die Bedeutung »Umhängsel« hat.

chaschim" (Jesaia 3, 20) gemeint sein dürften.[1]) Wenn man aber auch dieses Wort anders erklären will, kann an der Thatsache des häufigen Gebrauches von Talismanen in biblischer Zeit· nicht gezweifelt werden, da alle Schmuckgegenstände ursprünglich Schutzmittel waren.

Die jüdische Traditionslitteratur benennt das ˙Amulet mit dem Worte „Kemea", dessen Stamm **binden** bedeutet; eine **Kemea** ist also etwas, was um- oder angebunden wird, so dass die Etymologie „Umhängsel" für das jüdische Amulet dem Wesen nach ihre Richtigkeit behält.[2]) Diese Benennung ist einem rein äusseren Umstande entnommen und deutet über den Inhalt der Amulete gar nichts an. Thatsächlich waren sie auch so dem Inhalte, wie der Form nach sehr verschieden.

Zunächst ist zu constatiren, dass das Tragen von Amuleten nicht verboten, ja sogar sehr verbreitet war. Die Amulete, welche auf dem blossen Leibe der Gefallenen gefunden worden sind (II. Makkabäer 12, 40), stammten aus dem Götzentempel zu Jamnia, sonst hätten sie keinen Anstoss erregt.[3]) Denn Amulete tragen, war nicht verboten. Wie die jüdischen Freiheitskämpfer das Amulet unter den Kleidern auf dem blossen Leibe trugen — sicherlich um seine Schutzkraft durch die Verborgenheit intact zu erhalten — so führten die aegyptischen Krieger den Skarabäus auf einem Ring (Plut. Is. 10, Aelian. Hist. Anim. X 15). Die Kemea wird in verschiedenem Zusammenhange mit den Tefillin (Phylacterien) zusammen genannt; wie z. B. ob sie

---

[1]) Vgl. Winer, Biblisches Realwörterbuch [3] I 56 und die Commentare zu Jesaias·3, 18 ff.; Genesis 35. 4 und andere Stellen; über die Amulete des Talmuds Hamburger, Real-Encyclopädie für Bibel und Talmud, Supplementband II p. 8—11; Joel, Aberglaube 87.

[2]) Tosifta Demai II 18 (48₁₉) = A. Z. 39a unt. = Bechoroth 30b u. מעשה באשה אחת שנישאת לחבר והיתה קושעת על ידי תפלין נישאת לטוב וקשרה על ידי קשרים. Vgl. noch. Tosifta Kelim VI 1 (584₃₃) הטבדל מטיקסע und Raschi Sabbath 61a 5 v. u. קמיע אינו אלא לשון קשר. Das Amulet heisst קמיע, nach traditioneller Aussprache קָמֵיעַ, Levy IV 326 vocalisirt קָמִיעַ

[3]) ἱερώματα τῶν ἀπὸ Ἰαμνείας εἰδώλων. Vielleicht ist ἱερώματα = קדשין aram. = Amulet.

am Sabbath getragen werden dürfe[1]), ob sie als Geräth betrachtet wird, um unrein werden zu können[2]), wie es damit in diesem Punkte zu halten sei, wenn sie zerissen worden[3]), wie sie im Unreinheitsfalle durch Eintauchen in's Wasser wieder gereinigt wird[4]) und dgl. Kemea und Tefillin waren nämlich denselben gesetzlichen Bestimmungen unterworfen, denn beide hatten um ihren Inhalt einen undurchdringlichen Ueberzug aus L e d e r, wie auch Griechen und Römer und andere alte und neue Völker die Amulete in Kapseln (bullae) trugen. Von dieser Umhüllung wird ausdrücklich gesprochen; sie kann unrein werden, so lange der als Amulet zu schützende Gegenstand in sie eingewickelt ist, anderenfalls ist sie rein.[5]) Ein solches Stück Leder, das einem Amulet als Umhüllung dienen konnte, durfte man am Sabbath nicht über die Strasse tragen.[6]) Jedoch gab es auch Amulete ohne Umhüllung.[7])

Das Amulet selbst konnte entweder aus einem beschriebenen Gegenstand oder aus Kräuterwurzeln bestehen.[8])

---

[1]) Mischna Sabbath VI 2: לא יצא האיש . . . ולא בתפלה ולא בקמיע בזמן שאינו מן המומחה, also nur ein bewährtes Amulet darf am Sabb. getragen werden.

[2]) Sifra Weiss 53b unt. zu Leviticus 11, 32: כל כלי לרבות הקלע הקמיע והתפלה.

[3]) Tosifta Kelim Baba Bathra II 6 (592₁₈): הבדור והקמיע והתפלין. Mischna Kelim 23, 1 הקמיע והתפלין שנקרעו.

[4]) Mischna Mikwaoth X 2: הבדור והאבים והקמיע והתפלה אינן צריכין שיבואו בהם המים.

[5]) Tosifta Kelim Baba Mezia I 12 (579₁₇): עור שכורך בו את הקמיע טמא, פשטו טהור, טמא וטהור אפילו עשרה פעמים ביום.

[6]) Mischna Sabbath VIII 3: עור כדי לעשות קמיע דיבוספטוס כדי לכתוב מוזה קלף כדי לכתוב פרשה קטנה; j. Sabb. 11b 42 citirt eine andere Lesеart: עור כדי ליתן על הקמיע, welche präciser ist, denn das Amulet selbst bestand nicht aus Pergament. »On a constaté que les recettes écrites sur parchemin (breve) étaient rares et que l'usage général était de les graver sur une matière: les l a m i n a e a r g e n t e a e et les l a m i n a e a u r e a e sont spécialement recommandées par Marcellus Empiricus.« (Daremberg et Saglio, Dictionnaire des antiquités grecques et romaines I 255 a).

[7]) Sabbath 61b Zeile 1: הבא בטא עטקין במחוזה עור.

[8]) Tosifta Sabbath IV 9 (115₂₈): בין בקמיע שבכתב ובין בקמיע; Sabbath 61b: אחד קמיע של כתב ואחד קמיע של עקרין שבעקרין.

Wie es scheint, dienten auch Getreidekörner in Leder ein-
gebunden als Amulet, denn es wird verboten, aus dem
zweiten Zehnten, das der Eigenthümer in Jerusalem zu ver-
zehren hatte, ein Amulet zu machen.[1]) Was dem Götzen
geräuchert wurde oder einige Späne von dem Baume der
Aschera galten als besonders heilkräftig, es wurde daher
ausdrücklich verboten, aus diesen Sachen eine Kemea zu
verfertigen.[2]) Verschiedene Pflanzen dienten auch Griechen
und Römern als Amulete zu den mannigfachsten Zwecken.[3])
„Aus dem Holze des Schiffes machen die Bewohner des
Landes Amulete, die sie zum Schutz gegen Behexungen
um den Hals hängen“ sagt Abydenos, Fragm. 16 (Lenormant
170). Häufiger als Kräuter werden Metallplatten zu Amuleten
verwendet worden sein, welche aus einer oberen und einer
unteren zusammengesetzt waren.[4]) Was die Holzplatten, die
ein Mal in Verbindung mit der Kemea genannt werden,
bedeuten, ist nicht klar.[5]) Eine Perle in Leder eingewickelt
soll als Heilmittel dem Vieh um den Hals gebunden worden
sein.[6])

Amulete trug nämlich nicht nur der Mensch, sondern
auch das Vieh. Dem Pferde wurde ein Fuchsschwanz oder
ein Karmesinfaden zwischen die Augen gehängt, um es vor
dem bösen Blick zu schützen; während bei sonstigem Vieh
von Kemea im Allgemeinen gesprochen wird.[7]) Da das

---

[1]) Tosifta Maaser Scheni 13 (86₁₈): אותו עושין אין . . . שני מעשר
קמיע. Man kann auch anders erklären.

[2]) Exodus rabba c. 16 fol. 64 a Wilna: או לעץ שמקטרין סמה סול
תסול אל והתרסא קמיע בהן ועשה האשרה סן סול. Vgl. Pesachim 25 a und
A. Z. 28 ab. Siehe oben p. 87 n. 3.

[3]) PW. I 52 ff. Das jüdische Amuletenwesen ist im Vergleich zu
dem classischen armselig.

[4]) Tosifta Kelim Baba Mezia I 11 (579₁₆): וכו' מתכות של קמיע
טהור והעליון טמא התחתון נתפרק. Vgl. Seite 88 n. 6.

[5]) Ib. I 12 טהור הקמיע את עליו כותב שהוא סםלין. Levy sub
übersetzt Holzstücke, Zuckermann in dem Wörterverzeichniss zu seiner
Ausgabe Metallplatte.

[6]) Mischna Kelim XXIII 1 המרגלית צרור nach Raschi's Interpretation Sanhedrin 68 a. Vielleicht ist kein wirklicher Edelstein oder blos
ein Splitter aus einer Perle gemeint.

[7]) Tosifta Sabbath IV 5 (115₁₄) = b. Sabb. 53 a unt.: הסום יצא לא
סומחא שהוא אעפ"י בקמיע ולא וכו' עיניו שבין בזהודית ולא שועל בזנב [בשבת]

Pferd kein semitisches Thier ist und in Palästina, wo die Feldarbeit mit Kühen und der Güterverkehr mit Eseln besorgt wurden, nie so recht heimisch ward, ist von vornerein anzunehmen, dass dieser Aberglaube arischen Ursprungs ist. Thatsächlich findet man ihn bei den classischen Völkern. Kinder trugen noch öfters Amulete als Erwachsene und zwar auch in der Hand.[1]) Kinder besitzen nämlich eine schwächere Widerstandskraft als Erwachsene und sind in Folge dessen der Fascination mehr ausgesetzt. Ausgesetzte Säuglinge wurden für legitim betrachtet, wenn ihnen Knoten, geschriebene Zettel oder ein sonstiges Amulet um den Hals gebunden war[2]), weil aus diesen Umständen zu ersehen ist, die Mutter wolle das Kind am Leben erhalten. Schon das Fremdwort Pittakion (Zettel) zeigt, dass man es hier mit hellenistischem Aberglauben zu thun habe. Thatsächlich schützten im Alterthum Eltern und Ammen die Kinder durch Umhängung eines Amulets. Ausgesetzten oder in Ammenschaft gegebenen Kindern hängte man irgend ein Spielzeug um, um es später zu erkennen[3]). Gegen Fascination schützt man die Kinder durch Amulete (turpiculae res), als Skarabäen, Gryllen, kleine Monde[4]). Man schützte nicht blos sich selbst, sein Kind und sein Vieh durch diese Mittel, sondern auch seine Möbelstücke und Geräthe. Man schrieb zu diesem Zwecke auf Henkel und Fussgestell den

---

וזה חוסר בבהמה שאין באדם. Das Vieh durfte also auch mit keinem bewährten Amulet am Sabbath ausgehen (vgl. hierüber auch Sabbath 53b), während dies einem Menschen gestattet war (Mischna ib. VI 2).

[1]) j. Sabbath 16b: בקטיע מומחה ביד תינק.

[2]) Kidduschin 73b oben: רסי חוסרא תלי פיתקא ותלי קמיעא אין ב: משום אשם. Hier ist mit פיתקא (= πιττάκιον) ein geschriebenes, während mit קמיעא ein aus Kräutern bestehendes Amulet bezeichnet ist. Bechoroth 8b lautet eine spasshafte Geschichte folgendermassen: Eine Mauleselin warf ein Junges, dem ein Zettel um den Hals (תלי ליה קמיעא) angehängt war, in welchem geschrieben stand: es fordere vom Vaterhause 100,000 Zuz. (Die Mauleselin hat keine Jungen, vgl. weiter unten p. 63). Im Pariser Papyrus (ed. Wessely Wien 1888) Zeile 3141 heisst es: καὶ εἰς πιττάκιον ἱερατικὸν γράψε τὰ ὀνόματα ταῦτα. Das Wort πιττάκιον kommt in den Zauberpapyri mehrmals vor.

[3]) Daremberg et Saglio, Dictionnaire I 255 b und 1561 a unten.

[4]) Pauly IV 1408.

Gottesnamen.[1]) Müller (Masecheth Soferim p. 78) meint, „damit
man beim Erwachen sofort den Gottesnamen vor Augen habe
und im Schlafe unter dessen Schutz stehe." Ganz falsch.
Man wollte Hausgeräth und besonders Bett vor Behexung
schützen.

Aus schon angeführten Belegen wissen wir, dass Kinder
Amulete ausnahmsweise in der Hand[2]) und gewöhnlich am
Halse getragen haben. Man befestigte die Amulete — sowol
die schriftlichen als die pflanzlichen — auch an Hals-
ketten, in Ringen oder in anderen Schmucksachen.[3])
Abraham trug einen Edelstein am Halse aufgehängt, jeder
Kranke, der ihn sah, wurde sofort geheilt.[4]) Alle Schmuckgegenstände sind ursprünglich apotropäische Mittel, wessen
sich aber in talmudischer Zeit nicht mehr bewusst
war. Das Amulet wurde manchmal in einen ausgehöhlten
Stock hineingelegt, der hierdurch umso schutzkräftiger
wurde, weil die Leute das Amulet in ihm nicht ver-
mutheten. Das Amulet war gleichsam eine versteckte Waffe.
Wie ein Vater einen solchen Stock seinem Sohne gibt, damit
er durch denselben gegen Zauber und bösen Blick geschützt
sei, so gab Gott Israel die Thora, um es zu schützen.[5]) Der
Segen Numeri 6, 24—26 schütze Israel gegen das böse
Auge, wie ein Amulet, das ein Mensch auf sich hat.[6])
Jakob hatte in seinem, seines Vaters etc. Verdienste fünf
Amulete in seiner Hand, weshalb der Engel ihm nicht bei-

---

[1]) Sabbath 61b; Arachin 6a.

[2]) Vgl. auch Sabbath 61b unt.

[3]) Tos. Sabbath IV 10 (115so); j. Sabbath 8b oben: יוצאין בקמיע
מומחה בין בכתב בין בעשבים ובלבד שלא יתנו לא בשיר ולא בטבעת . . .
סהו מתניתיה בההן סילונה. Levy III 508b übersetzt סילונה „hohles Rohr
oder eine längliche kanalförmig gebogene Tasche." Dies passt in den
Context nicht. Daselbst wird auch gefragt, ob man mit סומייקה (nach
Levy III 52b zu lesen סונייק = μανίκης oder μανίκιον,) ausgehen
dürfe.

[4]) Tosifta Kidduschin V 17 (343₂₇). Nach Abr. Tode hat Gott
diese מרגלית מובה an die Sonne (גלגל חמה, oder nach anderer L A נביום
gehängt.

[5]) Leviticus rabba c. 25 Anf. נמל סכל וחקקו ונתן בו קמיע ונתנו
לבנו וכו.

[6]) Pesikta r. c. 5 (9b); Numeri r. c. 12.

commen konnte.[1]) Gewöhnlich hat man die Kemea, wie cs
cheint, am Arme getragen, denn es wird gesagt, der König
rage die Tora am Arme, wie ein Amulet[2]); ebenso hänge
lott den Sturmwind an seinen Arm wie eine Kemea[3]).

Hauptzweck der Amulete war entweder die Abwendung
les bösen Auges und sonstiger Bezauberung oder Heilung
on schon eingetretenen Krankheiten. Man unterschied
.wischen Amuleten, welche ein, zwei oder drei Mal geheilt
laben; welche bei drei verschiedenen Personen je Ein Mal
)der bei Einer Person drei Mal genützt haben. Auch die Frage
wurde ventilirt, ob eine Kemea, welche beim Vieh sich als
wirksam erwiesen, als eine „bewährte" zu betrachten sei.[4])
Wie bei allen Völkern, bedienten sich auch bei den Juden
nicht nur die Ungebildeten, „das Volk", sondern auch die
Aerzte der Amulete, wie ausdrücklich bezeugt ist. Da die
Krankheiten, wenn auch nicht alle, als durch Dämonen verursachte aufgefasst wurden, kam das Amulet auch als Dämonen vertreibendes oder abwehrendes Mittel in Anwendung.[5])
Der Dämon konnte durch ein Amulet, in welchem sein
Name eingeschrieben war, oder sonst wie beschworen
werden.[6]) Ein Gaon (um 1000) meinte: „es gibt manche
Dinge, bei denen die Engel nach eigener Einsicht handeln
und einer Erlaubniss von Oben nicht bedürfen. Daher werden
Kameen geschrieben und N a m e n gesprochen, damit die
Engel in der betreffenden Angelegenheit mithelfen".[7]) Eine

---

[1]) Genesis r. c. 77; Schir rabba zu 8, 5 sub מי זאת.

[2]) Sanhedrin 22 a 15: עושה איתה [בפני תירה] כמין קמיע ותולה:, vgl. Tos. Demai II 17 (48₁₉): תפלין בזרועו.

[3]) j. Sabbath 16 b = j. Joma 40 c u. = j. Chagiga 77 a 1: וסערה עשאה הקב"ה כמין קמיע ותולה בזרועו.

[4]) Siehe über diese Fragen Tosifta Sabb. IV 9. 10. (115₂₅); b.
Talmud ib. 61 b. Bemerkenswerth ist, dass j. Sabb. 7 c oben b a b y l o -
n i s c h e Amoräer erklären. was als קמיע מומחה angesehen werden darf.
Siehe auch j. Sabb. 8 b 3: נאמן דרומא לוסר קמיע זה מומחה רפיתי בו
רשיתי ושלשתי וכי עייש.

[5]) Pesachim 116b 12, 16, 20; Gittin 69 a gegen קרדייקים =
καρδιακός (schon oben 14 n. 1. erwähnt).

[6]) Baba Bathra 134 a Samuel ben Meir zu שיחת שדים: Aruch sub
קמיע; Gittin 67 b Raschi zu לקמיע: שמשביעין בו את דרוח בשמו u. sonst.

[7]) Responsen der Geonen (תשובת הגאונים ed. Harkavy Berlin
1885) Nr. 373 p. 189 ob.

monotheistische Rechtfertigung des Amuletenwesens gegen
das erwachende philosophische Bewusstsein.

3. Inhalt und Form geschriebener Amulete.

Wir haben bisher nur solche Stellen angeführt, wo
Kemea ausdrücklich genannt wird; die in der Tradition
erwähnten Amulete sind jedoch mit diesen bei Weitem nicht
erschöpft, da alle Schutzmittel in diesen Kreis gehören. Diese
letzteren werden in einem besonderen Capitel aufgeführt werden; bevor jedoch dies geschieht, müssen wir die geschriebenen
Amulete, welche man mit dem Namen Talismane belegt
hat, näher in Augenschein nehmen, um ihren Inhalt zu
eruiren, da im Talmud mit Ausnahme der im ersten Capitel
dieses Abschnittes angeführten, keine Amulete mitgetheilt
werden. Wir sind also auf Schlussfolgerungen aus allgemein
gehaltenen Aussprüchen und Analogien angewiesen. Die
wichtigsten Stellen lauten:

„Die Eulogien und Amulete, obgleich in ihnen Buchstaben des Gottesnamens und vielerlei Dinge aus der Tóra
enthalten sind, dürfen am Sabbath vor Feuergefahr nicht
gerettet werden und man lasse sie auf ihrer Stelle verbrennen.“[1] Es geschah einmal, dass jemand in Sidon Eulogien
schrieb; als R. Ismael (blühte um 100 post) zu ihm kam,
um sich hiervon zu überzeugen, warf er ein Bündel Eulogien
in einen ב Wasserzuber, was R. Ismael für eine noch grössere
Sünde erklärte, als das Schreiben der Eulogien.[2] Die Amu-

---

[1] Baraitha Sabbath 115 b: הברכות והקמיעין אף על פי שיש בהן
אותיות של שם וסעיינות הרבה שבתורה אין מצילין אותן מפני הדליקה אלא
נשרפין בטקום. In der Parallelstelle Sabbath 61 b fehlt של שם nach אותיות,
es muss aber ergänzt werden, denn sonst hat אותיות keinen Sinn; in
der Tosifta Sabbath XIII 4 (128₃₂) fehlt das wichtige Wort והקמיעין
und statt אותיות של שם heisst es מאותיות השם: im Tractat Soferim XV
4 fehlt sowohl והקמיעין als auch אותיות של שם. Es steht ausser Zweifel,
dass Variationen einer und derselben Baraitha vorliegen. Das entscheidende
Wort והקמיעין ist aus Sabbath 61 b gesichert, denn dort wird unser
Lehrsatz auf die Frage, ob ein Amulet heiligen Charakter habe, als
verneinende Beweisstelle angeführt. Die ebenfalls wichtigen Worte של
שם sind durch drei Zeugen gesichert, der Compilator des Tractats
Soferim hat sie vielleicht nur deshalb ausgelassen, weil er von קמיעין
nicht spricht; auch dürfte ihm אותיות של שם statt des kürzeren שם
auffallend und nicht klar gewesen sein.

[2] l. c. mit Ausnahme von Sabb. 61 b.

lete enthielten demnach Buchstaben des Gottesnamens und
Vielerlei aus der Tora. Es dürfte jedem einleuchten, dass
hiermit der Inhalt des Amulets nicht erschöpft ist, denn
sicherlich hat es noch den Namen der Person, die es zu
schützen bestimmt war, enthalten, wie die Analogie der
Besprechungen lehrt. Ausserdem wird nach derselben Analogie auch eine Anspielung auf die Gefahr, die der betreffenden Person droht, oder auf die Krankheit, mit
welcher sie behaftet ist, nicht gefehlt haben. Die Baraitha
will den Inhalt der Amulete nicht beschreiben, sondern
lediglich jene zwei Momente hervorheben, welche die Rettung
derselben nahelegen möchten und durch welche die Schreiber
eine Entweihung verschulden können. Auffallend ist die Bezeichnung „Buchstaben des Gottesnamens“ statt Gottesnamen
schlechthin. Trotz des schon erwähnten geschriebenen
Amuletes (Joma 84 a), in welchem צבאות יהוה יה יה enthalten ist, wird man aus der befremdlichen Ausdrucksweise
„Buchstaben des Gottesnamens“ schliessen dürfen, dass in
den Amuleten nicht blos die in der Bibel üblichen Be-
zeichnungen für Gott gebraucht wurden. Doch hierüber in
einem späteren Capitel.

Eigenthümlich ist auch die Ausdrucksweise „viele
Materien (ענינים) aus der Tora.“ Wenn wörtlich ausge-
schriebene Bibelverse gemeint sein sollten, wie Raschi und
Andere erklären, dann wäre eine andere Bezeichnung, wie
etwa פסוקים, כתובים, מקראות und ähnliches am Platze gewesen.
Die in erster Reihe genannten Benedictionen scheinen dieser
Interpretation zu widersprechen, denn diese enthalten in
der Regel keine wörtlichen Citate aus der heiligen Schrift.
Wohl hat Raschi diesem Einwande vorbeugen wollen, indem
er Sabbath 61 b das Neujahrsgebet nennt, in welchem, wie
bekannt, nach Vorschrift Verse aus allen drei Theilen der
Bibel angeführt werden müssen. Allein hiemit ist die
Schwierigkeit nicht behoben, denn es hätte dann nicht im
Allgemeinen von Benedictionen gesprochen werden dürfen,
da diese mit wenigen Ausnahmen keine wörtlichen Schrift-
citate enthalten. Rappaport hat unter unseren Berachoth
thatsächlich eine eigene, nicht näher bezeichnete Art von

Agada verstehen wollen.[1]) Wenn wir eine Vermuthung über dieses Wort wagen dürften, möchten wir eher an Hymnen denken, wie solche bei Gnostikern üblich waren. Jose ben Chalaftha sagte: mein Antheil sei unter denen, die täglich das Hallel recitiren, wogegen der Talmud eine andere Baraitha citirt, nach welcher das tägliche Hallellesen Gotteslästerung sei.[2]) Ausser Zweifel spricht Jose einen gnostischen Wunsch aus und die Baraitha eine antignostische Vorschrift. Man könnte also unter „Berachoth" ganz gut eine Art gnostischer Lobpreisungen, wenn auch nicht veritable Psalmen, so doch Psalmnachahmungen, verstehen.[3]) Wenn man bedenkt, dass gnostische Magier vor Ausführung des Zaubers solche Hymnen sangen, könnte man dieser Vermuthung Geschmack abgewinnen, weil dann ברכות mit קמיעות in enger Verbindung stünde. Allein ich will diese Vermuthung auf sich beruhen lassen und behaupte blos, dass mit מהרבה עניות שבתורה nicht lediglich einzelne Schriftverse, wie etwa Exodus 15, 26 b zu Heilungszwecken oder Psalm 91, 5 zur Abwehr von Dämonen, gemeint sein können, denn hierfür wäre מהרבה עניות שבתורה nicht der passende Ausdruck. Diese Interpretation verdankt ihre Entstehung lediglich dem Umstande, dass in der palästinischen Tradition, welche sich mit dem Zauberwesen und seinen Mitteln blos vom religionsgesetzlichen Standpunkte beschäftigt, keine Amuletinschriften und keine Beschwörungs- und Zauberformeln erhalten sind und die Commentatoren auf einen Schluss aus anderweitigen dürftigen Ueberlieferungen angewiesen waren.[4]) Angesichts dieses Mangels an hebräisch-

---

[1]) Eroch Millin 8 b; er verspricht die Beweise für den Artikel ברכות; das Wörterbuch ist aber bekanntlich nicht über א hinaus gediehen.

[2]) Sabbath 118 b.

[3]) A. Dietrich, Abraxas p. 70: „Der Grundstock dieser doxologischen Psalmodien [in den Zauberpapyri], wie es auch in den Orakeln späterer Zeit immer wieder zu entdecken ist, geht allerdings auf die Ueberlieferungen der Juden zurück."

[4]) Exodus 15, 26 wird erwähnt Mischna Sanhedrin X 1 und Psalm 3 und 91 als שיר של פגעים „Lied gegen Dämonen" j. Sabbath 8 b 21; b. Schebuoth 15 b. In einem Mausoleum zu Kertsch fand man ψ 91 an die Wand geschrieben in griech. Sprache (Revue archéologique Jhg. 1884).

jüdischen Daten ist es nicht nur erlaubt, sondern dringend geboten, zur Aufhellung des muthmasslichen Inhalts der fraglichen Amulete bei griechisch-jüdischen Quellen sich Raths zu erholen. Wir wollen zu diesem Zwecke zwei griechisch-jüdische Zaubertexte näher untersuchen.

4. Zwei griechisch-jüdische Beschwörungsformeln.

Die hellenistischen Juden waren der Zauberei mehr ergeben als die Juden des Mutterlandes, weil sie eben von hellenistischen Anschauungen beeinflusst waren. Am Wesen des Monotheismus haben jedoch auch die hellenistischen Juden festgehalten und man darf in ihrer Magie, insofern diese nicht heidnisch, sondern echt jüdisch ist, diejenige des Mutterlandes erblicken. Viele Stücke der in den letzten Jahren in Menge an's Tageslicht getretenen Zauberpapyri, sowie manche Inschriften dürfen, wie ich glaube, getrost zur Erklärung der talmudischen Magie herangezogen werden. Besonders instructiv sind zwei griechische Beschwörungen unzweifelhaft jüdischer Herkunft, welche wir hier folgen lassen. Die erste ist in eine Bleitafel[1]) eingeritzt, welche in der grossen Nekropole des alten Hadrumetum, der Hauptstadt der Landschaft Byzacium, in der römischen Provinz Africa im Juni 1890 von den Franzosen, die dort Ausgrabungen vornahmen, gefunden worden. Die fortlaufend, ohne Wortabtheilung, mitunter auch mit lateinischen Lettern geschriebene Inschrift ist zuerst von Maspero und hernach von Deissmann[2]) nebst einem Facsimile veröffentlicht worden. Die an sechs Stellen beschädigte Tafel stammt aus dem 3. Jahrhundert und hat folgenden Wortlaut:

---

[1]) Ueber Metallplatten als Amulete siehe die Nachweise aus dem Talmud oben S. 89

[2]) Bibelstudien, Marburg 1895, Seite 21 ff., wo man nähere Auskunft findet. Ich drucke den Text Deissmann's ab, der sich, wie aus den Noten D.'s zu entnehmen, von dem Maspero's nur unwesentlich unterscheidet. Die Zeilen des Originals sind beibehalten. In [ ] sind Ergänzungen, in < > Zusätze eingeschlossen. Die Anklänge an die Bibel und an die jüdische Tradition — von Citaten darf man hier nicht reden — gebe ich der Raumersparniss halber nicht vollständig und nur in kurzen Anmerkungen.

Ὀρκίζω σε, δαιμόνιον πνεῦμα τὸ ἐνθάδε κείμενον, τῷ ὀνόματι τῷ ἀγίῳ Αωθ

Αβ[αω]θ τὸν θεὸν τοῦ Αβρααν καὶ τὸν Ιαω τὸν τοῦ
Ιαχου, Ιαω

Λω[θ Αβ]αωθ θεὸν τοῦ Ισραμα· ἄκουσον τοῦ ὀνόματος
ἐντίμου

4 u. 5 καὶ [φοβ]εροῦ καὶ μεγάλου καὶ ἄπελθε πρὸς τὸν Ο(ὐ)ρβα-
νὸν, ὃν ἔιεκ(ε)ν Ουρβανά, καὶ ἄξον αὐτὸν πρὸς τὴν

6 Δομιτιανάν, ἣν ἔιεχεν Κ[αν]δίδα, ἐρῶντα μαινόμενον
ἀγρυπνο[ῦν]-

τα ἐπὶ τῇ φιλίᾳ αὐτῆς καὶ ἐπιθυμίᾳ καὶ δεόμενον αὐτῆς
ἐπανελθεῖν

εἰς τὴν οἰκίαν αὐτοῦ σύμβιο[ν] γενέσθαι. Ὀρκίζω σε τὸν
μέγαν θεὸν

τὸν αἰώνιον καὶ ἐπαιώνιον καὶ παντοκράτορα τὸν ὑπεράνω τῶν

10 ὑπεράνω θεῶν. Ὀρκίζω [σε] τὸν κτίσαντα τὸν οὐρανὸν
καὶ τὴν θά-

λασσαν. Ὀρκίζω σε τὸν διαχωρίσαντα τοὺς εὐσεβεῖς.
Ὀρκίζω σε

τὸν διαστήσαντα τὴν ῥάβδον ἐν τῇ θαλάσσῃ, ἀγαγεῖν καὶ
ζεῦξαι

[τὸ]ν Οὐρβανὸν, ὃν ἔτεχεν Οὐρβανά, πρὸς τὴν Δομιτιανάν,
ἣν ἔιεχεν

[Καν]δίδα, ἐρῶντα βασανιζόμενον ἀγρυπνοῦντα ἐπὶ τῇ
ἐπιθυμίᾳ αὐ-

15 τῆς καὶ ἔρωτι, ἵνα αὐτὴν σύμβιον ἀπάγῃ εἰς τὴν οἰκίαν
ἑαυτοῦ. Ὀρκί-

ζω σε τὸν ποιήσαντα τὴν ἡμίονον μὴ τεκεῖν. Ὀρκίζω σε
τὸν διορίσαν-

τα τὸ [φῶς] ἀπὸ τοῦ σκότους. Ὀρκίζω σε τὸν συντρίβοντα
τὰς πέτρας.

Ὀρκίζ[ω σ]ε τὸν ἀπο(ρ)ρήξαντα τὰ ὄρη. Ὀρκίζω σε τὸν
συνστρέφοντα τὴν

γῆν ἐ[πὶ τ]ῶν θεμελίων αὐτῆς. Ὀρκίζω σε τὸ ἄγιον ὄνομα
ὃ οὐ λέγεται· ἐν

20 τῷ [···]ῳ [ὀ]νομάσω αὐτὸ καὶ οἱ δαίμονες ἐξεγερθῶσιν
ἔκθαμβοι καὶ περὶ-

φοβ[οι γεν]όμενοι, ἀγαγεῖν καὶ ζεῦξαι σύμβιον τὸν Οὐρβανὸν, ὃν ἔτεκεν

Οὐρβανὰ, πρὸς τὴν Δομιτιανὰν, ἣν ἔτεκεν Κανδίδα, ἐρῶντα
καὶ δεόμε-

νον αὐτῆς, ἤδη ταχύ. Ὀρκίζω σε τὸν φωστῆρα καὶ ἄστρα
ἐν οὐρανῷ ποιή-

σαντα διὰ φωνῆς προστάγ[μ]ατος ὥστε φαίνειν πᾶσιν ἀνθρώποις.

25 Ὀρκίζω σε τὸν συνσείσαν[τ]α πᾶσαν τὴν οἰκουμένην καὶ
τὰ ὄρη

ἐκτραχηλίζοντα καὶ ἐκβρά[ζ]οντα τὸν ποιοῦντα ἔκτρομον
τὴν [γ]ῆ-

ν ἅπασ(αν καὶ) καινίζοντα πάντας τοὺς κατοικοῦντας.
Ὀρκίζω σε τὸν ποιή-

σαντα σημεῖα ἐν οὐρανῷ κ[αὶ] ἐπὶ γῆς καὶ θαλάσσης,
ἀγαγεῖν καὶ ζεῦξαι

σύμβιον τὸν Οὐρβανὸν, ὃν ἔ[τ]εκεν Οὐρβανὰ, πρὸς τὴν
Δομιτιανὰν, ἣν

30 ἔτεκεν Κανδίδα, ἐρῶντα αὐτῆς καὶ ἀγρυπνοῦντα ἐπὶ τῇ
ἐπιθυμίᾳ αὐ-

τῆς δεόμενον αὐτῆς καὶ ἐρωτῶντα αὐτὴν, ἵνα ἐπανέλθῃ
εἰς τὴν οἰκίαν

[α]ὐτοῦ σύμβιος γενομένη. Ὀρκίζω σε τὸν θεὸν τὸν μέγαν
τὸν αἰώ-

[νι]ον καὶ παντοκράτορα, ὃν φοβεῖται ὄρη καὶ νάπαι καθ'
ὅλην [τ]ὴν οἰ-

κο[υ]μέ[ν]ην, δι' ὃν ὁ λέων ἀφίησιν τὸ ἅρπαγμα καὶ τὰ
ὄρη τρέμει

35 κα[ὶ ἡ γῆ] καὶ ἡ θάλασσα, ἕκαστος ἰδάλλεται ὃν ἔχει
φόβος τοῦ Κυρίου

α[ἰωνίου] ἀθανάτου παντεφόπτου μισοπονήρου ἐπιστα-
μένου τὰ

[γενόμεν]α ἀγαθὰ καὶ κακὰ καὶ κατὰ θάλασσαν καὶ πο-
ταμοὺς καὶ τὰ ὄρη

κα[ὶ τὴν γ]ῆν, Αωθ Αβαωθ τὸν θεὸν τοῦ Αβρααν καὶ τὸν
[Ι]αω τὸν τοῦ Ιακου,

Ια[ω] Αωθ Αβαωθ θεὸν τοῦ Ισραμα· ἄξον ζεῦξον τὸν
Οὐρβανὸν, ὃν

40 ἔτεκεν Οὐρβα(νὰ), πρὸς τὴν Δομιτιανάν, ἣν ἔτεκεν Καρ-
δίδα, ἐρῶντα

μαι[ν]όμενον βασανιζόμενον ἐπὶ τῇ φιλίᾳ καὶ ἔρωτι καὶ
ἐπιθυμίᾳ

τῆς Δομιτιανῆς, ἣν ἔτεκεν Κανδίδα, ζεῦξον αὐτοὺς γάμῳ
καὶ

ἔρωτι συμβιοῦντας ὅλῳ τῷ τῆς ζωῆς αὐτῶν χρόνῳ· ποίη-
σον αὐ-

τὸν ὡς δοῦλον αὐτῇ ἐρῶντα ὑποτεταχθέναι, μηδεμίαν
ἄλλη[ν]

45 γυναῖκα μήτε παρθένον ἐπιθυμοῦντα, μόνην δὲ τὴν Δο-
μιτια[νὰν],

ἣν ἔτεκεν Κανδίδα, σύμβ[ι]ον ἔχειν ὅλῳ τ[ῷ] τῆς [ζωῆς
αὐτῶν χρόνῳ],

ἤδη ἤδη ταχὺ ταχύ.

Diesen Text übersetzt Deissmann wie folgt:

„Ich beschwöre Dich, dämonischer Geist, der da hier
ruhest, mit dem heiligen Namen Aoth Abaoth bei dem
Gotte des Abraan und dem des Isak und dem des Jakob,
dem Jao Aoth Abaoth, dem Gotte Israels[1]): höre auf den
4 u 5 herrlichen und furchtbaren und grossen Namen und eils
6 zu Urbanos, den Urbana geboren, und führe ihn zu Domitiana, die Kandida geboren, dass er, liebend, rasend
ohne Schlaf vor Liebe zu ihr und Verlangen, sie bitte zurückzukehren in sein Haus und seine Gattin zu werden.
Ich beschwöre Dich bei dem grossen Gotte, dem ewigen und
10 mehr als ewigen und allmächtigen, der erhaben ist über die
erhabenen Götter[2]). Ich beschwöre Dich bei dem, der den
Himmel und das Meer geschaffen hat. Ich beschwöre Dich
bei dem, der die Frommen absondert. Ich beschwöre Dich
bei dem, der seinen Stab in dem Meere trennte (sic), dass
Du herbeiführest und vereinest Urbanos, den Urbana geboren, mit Domitiana, die Kandida geboren, auf dass er
liebend, gequält, ohne Schlaf vor Verlangen nach ihr und
15 Liebe, sie als Gattin heimführe in sein Haus. Ich beschwöre

---

[1]) Hier, ferner Zeile 20, 27 und 39 habe ich an der Uebersetzung
Deissmanns geändert.

[2]) Siehe die Erläuterungen weiter unten.

Dich bei dem, der der Mauleselin die Jungen versagte. Ich beschwöre Dich bei dem, der das Licht schied von der Finsternis. Ich beschwöre Dich bei dem, der die Felsen zermalmt. Ich beschwöre Dich bei dem, der die Berge zerriss. Ich beschwöre Dich bei dem, der die Erde zusammenhält auf ihren Grundfesten. Ich beschwöre Dich bei dem heiligen Namen, den man nicht ausspricht unter den Menschen[1]; ich werde ihn nennen, und die Dämonen werden aufgestört, entsetzt und voll Grauen, dass Du herbeiführest und vereinest als Gatten Urbanos, den Urbana geboren, mit Domitiana, die Kandida geboren, und er liebend sie bitte; rasch, schnell! Ich beschwöre Dich bei dem, der eine Leuchte und Sterne an den Himmel setzte durch seiner Stimme Befehl, dass sie leuchteten allen Menschen. Ich beschwöre Dich bei dem, der die ganze Welt erschütterte und die Berge sich neigen und erheben lässt, der die ganze Erde erzittern macht und alle ihre Bewohner erneuert. Ich beschwöre Dich bei dem, der Zeichen gethan hat am Himmel und auf der Erde und dem Meere, dass Du herbeiführest und vereinest als Gatten Urbanos, den Urbana geboren, mit Domitiana, die Kandida geboren, auf dass er, sie liebend und ohne Schlaf vor Verlangen nach ihr, sie bitte und angehe, in sein Haus zurückzukehren als seine Gattin. Ich beschwöre Dich bei dem grossen Gotte, dem ewigen und allmächtigen, den die Berge fürchten und die Schluchten in der ganzen Welt, durch den der Löwe den Raub lässt und die Berge zittern und die Erde und das Meer, (durch den) weise wird ein jeglicher, den beseelt die Furcht des Herrn, des ewigen, des unsterblichen, des allschauenden, der das Böse hasst, der weiss, was Gutes und Schlechtes geschieht auf dem Meere und den Strömen und den Bergen und der Erde, Aoth Abaoth, bei dem Gotte des Abraan und dem des Isak und dem des Jakob, dem Jao Aoth Abaoth, dem Gotte Israels: führ' herbei und vereine Urbanos, den Urbana geboren, mit Domitiana, die Kandida geboren, liebend, rasend, gequält von Liebe und Neigung und Verlangen nach Domitiana, die Kan-

---

[1] Uebersetzung nach unserer Muthmassung. -

didu geboren; vereine sie ehelich und als Gatten in Liebe
für die ganze Zeit ihres Lebens. Mach', dass er wie ein
45 *Sklave liebend ihr gehorche und kein anderes Weib noch*
Mädchen verlange, sondern einzig Domitiona, die Kandida
geboren, als Gattin habe für die ganze Zeit ihres Lebens;
rasch, rasch! schnell, schnell!"

Wir constatiren zuvörderst, dass in dieser Beschwörung
sich kein Wort findet, das nicht der treueste Anhänger des
jüdischen Gesetzes im Alterthum hätte schreiben können.
Es kommt kein einziger Götzenname, merkwürdigerweise
nicht einmal ein Engel- oder Dämonenname vor. Der im Grabe
hausende dämonische Geist[1]) wird auch nur ganz allgemein
genannt. Diese negative Eigenthümlichkeit ist Angesichts
des Synkretismus, der in der Zauberei im Allgemeinen
herrscht, sehr charakteristisch und bildet einen positiven
Beweis für die jüdische Herkunft der Beschwörungsformel,
gleichviel ob die in Liebe schmachtende Domitiana eine
Jüdin oder Heidin war, denn die Zauberformeln hatten, wie
bekannt und wie wir schon an einigen Beispielen gesehen,
ihre fixe Gestalt, in welche Name und Wunsch erst bei
der Ausführung eingefügt wurden. Es ist nur Ein Gott, in
dessen Namen der Geist beschworen wird, und dieser Gott
wird als der Gott Abrahams, Isaks und Jakobs, der Gott Israels
bezeichnet. Die ihm beigelegten Attribute sind zum weitaus
grössten Theile aus biblischen Begebenheiten und Gedanken
geformt, wie schon Deissmann nachgewiesen und auf Grund
dieser Eigenschaft unsere Inschrift „ein epigraphisches Denkmal des alten Testaments" ge-
nannt hat. Indem wir auf Deissmann's erklärende Anmerkungen verweisen, wollen wir, um Wiederholungen zu vermeiden, blos einige Punkte beleuchten, wodurch wir
unsere Inschrift näher charakterisiren zu können hoffen.

Zeile 2 und 39 hat ohne Frage ursprünglich ge-
lautet: τὸν θεὸν τοῦ Αβραχν καὶ τὸν τοῦ Ισχχου (statt Ιχω)
καὶ τὸν τοῦ Ιαχωβ (statt Ιαχου) Ιαω Αωθ Αβχωθ θεὸν τοῦ
Ισραηλ (statt Ισραμλ) d. h. der Gott Abrahams und der Isaks

---

[1]) δαιμόνιον πνεῦμα ist gleich רוח שד, das ich bei **Raschi** gefunden, aber aus dem Talmud momentan nicht belegen kann.

und der Jakobs Jao Aoth Abaoth der Gott Israels.
Die erste Hälfte dieses Satzes findet sich Exodus 2, 15. 16,
die zweite Hälfte II Samuel 7, 27 (und sonst), wo es. heisst:
יהוה צבאות אלהי ישראל. Ich vermuthe nämlich, Aoth und
Abaoth seien nichts Anderes als magische Abkürzungen
des Gottesnamens Sabaoth, wie Jao eine Abkürzung aus
יהוה. Aus Scheu das Tetragrammaton seinen Buchstaben nach-
auszusprechen, bediente man sich des abgekürzten Namens.
„R. Jirmija ben Eleazar sagte: Seitdem das Heiligthum
zerstört worden, genüge es der Welt, sich blos zweier Buchstaben (יה) zu bedienen, denn es heisst im letzten
Verse des Psalmbuches: Jede Seele lobe Ja.“[1]) Der
Ausdruck „sich bedienen“ bezeichnet auch solche
Handlungen, welche wir als Magie ansprechen dürfen[2]).
Diese Auffassung wiederspiegelt die Nachricht Theodoret's,
nach welcher ein Jude, den er befragte, wie der heilige in
vier Buchstaben bestehende Gottesname zu sprechen sei,
geantwortet habe Ja[3]). Nichts Anderes sagt Jsidor[4]) (7. Jahrhundert) in seiner Angabe, „das ineffabile und gloriosum
nomen bestehe aus Ja Ja“. Er meint, der vierbuchstabige
Gottesname bestehe aus dem zwei Mal gesprochenen יה.
So findet man diesen Namen thatsächlich in einem Amulet
Joma 84a: יה יה יהוה צבאות. Die Zauberpapyri nennen ebenfalls oft ιχ[5]). Merkwürdig ist die folgende Gemmeninschrift:
ιχ ιχ ιχω αδωναι σαβαωϑ[6]), welche mit der talmudischen For-

---

[1]) Erubin 18b: דיו הוא לעילם שישתמש בב׳ אותיות. ·

[2]) Baraitha Joma 9 b: „Seitdem die letzten Propheten Chaggai,
Zecharia und Maleachi gestorben sind, ist der heil. Geist von Israel
gewichen (אע״פ) ועדיין היו משתמשין בבת קול (Sanh. 11 a u. Sota 48 b:
dennoch bediente man sich des Bath Kol“ (= eine Art himmlische
Stimme, worüber weiter unten). Siehe besonders Jellinek, Beth Hamidrasch III 25 f. und VI p. XXVIII, wo שמש so etwas wie theurgische Magie bedeutet.

[3]) Zeitschrift für die alttestamentliche Wissenschaft III 293.
Hiernach fallen alle Betrachtungen, welche F. Dietrich an diese Aussage knüpft, weg.

[4]) l. c.

[5]) Deissmann p. 7.

[6]) M. F. Kopp, Palaeographia critica IV. Mannheim 1829, 526 bei
Deissmann p. 7. n. 2. Vgl. hierzu Pap. London CXXI Z. 649 ιχ ιχω
σαβαωϑ αδωναι αβρασαξ.

mel eine frappante Aehnlichkeit hat. Wenn ιχω und αδωναι als die zweierlei Aussprache des Namens יהוה genommen wird, stimmen die zwei Formeln ganz überein. An der Spitze der Meereswoge, welche das Schiff zu verschlingen droht, erscheint ein weisser Feuerstrahl, den man mit Stöcken schlägt, in welche אהיה אשר אהיה יה יהוה צבאות אמן אמן סלה eingeschnitten ist (Baba Bathra 73a). Die ersten drei Worte bilden nach Exodus 3, 14 denselben Gottesnamen, wie das Tetragramm. Das auf Amuleten und in den Zauberpapyri oft vorkommende Ιαω[1]) ist nämlich nicht das ausgesprochene Tetragramm, sondern ebenfalls ein Ersatz desselben, wie Ιχ. Während J a die Aussprache von יה ist, ist J a o die Aussprache von יהו. Beide sind Stellvertreter des unaussprechbaren Eigennamens Gottes, wenn auch יהו in der Bibel blos in Zusammensetzungen vorkommt. Zur Zeit des Talmuds wird man jedoch auch Jahu (יהו) für einen selbstständigen, das Tetragramm ersetzenden Namen angesehen haben. Beweis hiefür ist das Sefer Jezira, wo sich mystische Permutationen von יהו und nicht von יהוה finden[2]) „Ebensowenig kann es zweifelhaft sein, dass da, wo ΙΑΩ auf Amuleten, den sogenannten Abraxasgemmen, neben alttestamentlichen Gottesnamen, jüdischen Engelnamen oder den Namen der Patriarchen und anderer alttestamentlicher Personen vorkommt, mit jenem Jao das Tetragramm יהוה wiedergegeben werden soll.. Auf keinem der mir bekannten Amulete mit dem Namen ΙΑΩ kommt ein christlicher Ausdruck oder ein christliches Symbol vor"[3]). Wir stimmen dieser Ansicht unter der Ein-

---

[1]) Baudissin, Studien zur semitischen Religionsgeschichte I 187 ff.; Wessely, Griechische Zauberpapyrus. Index sub Ιαω; Neue Zauberpapyri Zeile 826: Ἰαὼ ὁ ποιήσας τὸν σύμπαντα κόσμον. Interessant sind die Zusammenstellungen Ἰαὼ Σαβαώθ; Ἰαὼ Σαβαώθ αδωναι; Ἰαὼ Σαβαὼθ ἀδωναι (ib. im Index) — יהו צבאות אדני.

[2]) Capitel 1. יהו, יוה, היו etc. Epstein, dem wir mehrere lehrreiche Studien über „das Buch der Schöpfung" verdanken, setzt die Abfassungszeit desselben in das zweite Jahrhundert unserer Zeitrechnung und hält Elischa ben Abuja (Acher) für den Verfasser (Recherches sur le Sèfer Yeçira, Sonderabdruck aus der Revue des Études Juives Band 28 und 29, p. 34). Dietrich Z. A. W. III. 295 wirft die Frage auf, ob J a h u eine selbständige Benennung Gottes war? Ich möchte die Frage im obigem Sinne bejahen.

[3]) Baudissin l. c. 187.

schränkung bei, dass wol mit Jao das Tetragramm ersetzende יהו umschrieben, aber nicht die Aussprache des vollen Tetragramms dargestellt ist. Wir glauben diese Behauptung aus unserer Inschrift beweisen zu können. Zeile 2 und 39 wird nämlich Jao erwähnt[1]) und dennoch heisst es Z. 19 „Ich beschwöre dich bei dem heiligen Namen, der nicht ausgesprochen wird". Dies wäre ganz sinnlos, wenn der Verfasser der Beschwörung Ιαω für die volle Aussprache des vierbuchstabigen Gottesnamens gehalten hätte. Nach τὸ ἅγιον ὄνομα ὅ οὐ λέγεται ἐν τῷ folgt ein unleserliches Wort. Maspero ergänzt ἀδύτῳ, was Deissmann 41 mit Recht verwirft, denn „gerade der Tempel war der einzige Ort, an dem der Name Gottes ausgesprochen werden durfte". In dem „achten Buche Moses über den heiligen Namen", das Dietrich Abraxas 169 f. aus den Zauberpapyri neu herausgegeben hat, heisst der Gottesnamen τὸ κρυπτὸν ὄνομα καὶ ἄρρητον ἐν ἀνθρώποις (p. 195, Zeile 7; vgl. 196 Zeile 18, 22). Ich vermuthe demnach, dass auch in unserer Inschrift ἐν ἀνθρώποις oder ein anderes Wort, das einen ähnlichen Sinn ergibt, zu lesen sei[2]).

Wir haben diese kleine Abschweifung gemacht, um festzustellen, dass der Eigenname Gottes abgekürzt ausgesprochen wurde. Nun wird von der Tradition auch Sabaoth (צבאות) für einen Eigennamen Gottes gehalten, zu welcher Auffassung sie ohne Zweifel von dem häufigen, bei Jesaia, Jeremia und anderen Propheten herrschenden Gottesnamen יהוה צבאות geführt worden ist. Zu Amos 5, 16 wird bemerkt, צבאות sei der Name Gottes. Nicht nur sein ganzer Name, sondern schon Ein Buchstabe oder Eine Silbe seines Namens schaffe ein Heer, wie sein ganzer Name. Aus Jesaia 42, 8 „Ich bin יהוה, so ist mein Name" folgt, dass ebenso wie ich Welten schaffe und zerstöre, auch mein Name Welten schafft und zerstört.[3]) Wir sehen also, Gottes Eigenname sei Sa-

---

[1]) Von Zeile 2 und 38 sehen wir ab, denn hier ist Ιαω, wie wir schon bemerkt haben, aus Ισαχου verschrieben.

[2]) Ueber den unaussprechbaren Namen siehe das Capitel „Die mystischen Gottesnamen."

[3]) Pesikta rabbathi c. 21 p. 104a Friedmann: שמו של הקב"ה צבאות . . . לא סוף דבר כל שמו אלא אפילו אות אחת משמו עושה צבא ככל שמו . . . זה אני בורא עולמות ומחריב עולמות אף שמי בורא עולמות ומחריב עולמות

baoth und dass schon mit einem Theil dieses Namens die
höchsten Wirkungen, wie Erschaffung und Zerstörung von
Welten, hervorgebracht werden können. Das Wort צבאות wird
nämlich in צבא und אות zerlegt und gedeutet: Gott sei O t h
in seinem Heere, wie es auch Deuteronomium 33, 2 heisst:
Er sei Oth unter seinen heiligen Myriaden.[1]) Wie die Bedeutung des Wortes und der Zusammenhang der ganzen
Stelle zeigt, bedeutet hier אות (Zeichen) soviel wie a u s g e -
z e i c h n e t, b e r ü h m t, kurz g l o r i o s u s, wie Aoth in der
Clavis Melitonis erklärt wird.[2]) In dieser Bedeutung wird
אות als Bezeichnung für jeden Gottesnamen gebraucht, in den
folgenden Aussprüchen: Gross ist die Erkenntniss, denn sie
steht I. Samuel 2, 3 zwischen zwei Gottesnamen; gross ist
das Heiligthum, denn es steht Exodus 15, 17 zwischen zwei
Gottesnamen.[3]) Die Vermuthung, Aoth sei eine Abkürzung
für Sabaoth, hat, wie ich glaube, in den angezogenen Aussprüchen der Tradition, nach welchen צבאות ein eben solcher
Name Gottes ist wie יהוה, ferner in dem Umstande, dass
אות als der gehaltvollere Bestandtheil von צבאות auch separat
als Gottesname dient, eine nicht unwesentliche Stütze, zumal da Buchstaben von Sabaoth magische Wirkungen her-
vorbringen. Nach unserer Erörterung darf man Ιαω Αωϑ
Αβαωϑ ϑεὸν τοῦ Ισϱαηλ für das magisch zugestutzte Aequivalent von יהוה צבאות אלהי ישראל[4]) nehmen. Zur Unterstützug

---

[1]) Mechilta zu Exodus 15, 1 p. 35 a unt. Friedmann: צבאות שהו
אות הוא בתוך צבא שלו וכן הוא אומר ואתה סרבבות קדש את הוא בתוך
רבבות קדש (siehe auch Chagiga 16a). Zuvor wird mit Hinweis auf Psalm
89, 7—9 von Gott gesagt: שהוא נאה שהוא הדור שהוא משובח ואין כערכו
und zu צבאות von Vers 9 die citirte Erklärung gegeben.

[2]) Citirt von Deissmann p. 36.

[3]) Sanhedrin 92a und Berachoth 33 a: ואמר אלעזר גדולה דעה
שניתנה בין שתי אותיות כי אל דעות יי ואיר אלעזר גדול מקדש שניתן בין שתי
אותיות שנאמר פעלת ה' מקדש אדני כוננו ידיך. Raschi gibt zwei Erklärungen
1. אותיות = אותיות של שם Buchstaben des Gottesnamens; 2. אותיות =
jeder Gottesname auf Grund der in der ersten Anmerkung angeführten
Stelle אות הוא בתוך צבא שלו, wo אות nach Raschi = סומלא (aus-
gezeichnet). R. Eleazar gebraucht in einer Combination seiner zwei Aussprüche noch ein drittes Mal den Ausdruck בין שתי אותיות.

[4]) II. Samuel 7, 27; Jesaia 21,10; 37, 6 und besonders häufig
in Jeremia. Jesaia 18, 7 שם יהוה צבאות.

meiner Vermuthung muss ich noch den gewichtigen Umstand anführen, dass der Verfasser unserer Inschrift kein einziges heidnisches Element in seine Beschwörung aufgenommen hat; es ist also ganz unwahrscheinlich, dass in Aoth Abaoth ein heidnischer Gottesname stecke. Schon die ersten Worte „ich beschwöre dich beim heiligen Namen Aoth Abaoth" sind der heiligen Schrift entnommen, combinirt aus Genesis 24, 3 und Hohelied 2, 7 (= 3, 2). An letzterer Stelle heisst es, „ich beschwöre euch Töchter Jerusalems בצבאות", was im Rabba zur Stelle ohne Rücksicht auf die nachfolgenden Hindinnen des Feldes mit כצבא של מעלה וכצבא של מטה בשתי צבאית „beim himmlischen und beim irdischen Heer, bei den zwei Heeren" erklärt wird. In der Fortsetzung erwähnt unsere Inschrift den „herrlichen, furchtbaren und grossen Namen": eine Combination aus Deuteronomium 28, 58 השם הנכבד והנורא und Deut. 10, 17 „denn יהוה euer Gott ist der Gott der Götter und der Herr der Herren ראל הגדול הגבור והנורא". Es ist bemerkenswerth, dass schon im hebräischen Original des Sirach 47, 18 das Tetragramm nach Deut. 28, 58 der herrliche Name genannt wird,[1]) und dass die Halacha, welche die Häufung von Epitheta Gottes verbietet, eben die Deut. 10, 17 genannten im Gebet gestattet.[2]) Thatsächlich erinnert der Eingang der Beschwörungsformel an die erste Benediction des täglichen Achtzehngebetes, welche folgendermassen lautet: „Gebenedeit seiest Du JHWH unser Gott und der Gott unserer Väter, der Gott Abrahams, Isaks und Jakobs, der grosse, mächtige und furchtbare Gott, der höchste Gott."[3]) Dieses Gebet ist eben-

---

[1]) Siehe meine Bemerkungen Revue des Etudes Juives XXXV 27.

[2]) Berachoth 33 b u.

[3]) Ueber die häufige Anwendung des feierlichen „Gott Abrahams, Isaks und Jakobs" in den Zauberforme'n siehe Deissmann 36 und die daselbst citirte Litteratur. In der jüdischen Tradition werden die Patriarchen in solchen Fällen erwähnt, wo der Gegensatz zwischen Israel und den anderen Völkern nachdrücklich betont werden soll, was auf die genannten Zauberformeln ein interessantes Licht wirft. Siehe z. B. Mischna Baba Kamma VIII 9; Baba Mezia VII 1; Sifre II 15 (68 a unt.): בני אברהם יצחק ויעקב; Mischna Demai VI 2 (= Baba Mezia 101 a 20) שדה אי־ייע; Nedarim III 12 זרע אברהם. Als Eleazar ben Arach die Lehre vom göttlichen Thronwagen (Gnosis) vortrug, küsste ihn sein

falls aus biblischen Worten und Gedanken zusammengesetzt, ganz wie die uns beschäftigende Beschwörungsformel. — Unsere Inschrift zeigt noch andere Anklänge an Gebete, die bis auf den heutigen Tag üblich sind. Zeile 8, 10 „der ewige und mehr als ewige und allmächtige Gott" erinnert nicht so sehr an Jesaias 26, 4 und Exod. 15, 18 als an מן העולם ועד העולם אתה אל im Nischmath oder חי וקיים לעולם ולעולמי עלמים (Sifre I 92 p. 25b 3 vgl. II 47 p. 83 a 3 v. u.). Auffallend ist ὅτι ὑπεράνω τῶν ὑπεράνω θεῶν „der erhaben ist über die erhabenen Götter", weil hier nicht nur von Göttern, sondern von erhabenen Göttern die Rede ist. Vielleicht darf als hebräisches Original אל עליון על כל העליונים vermuthet werden.[1]) Zeile 17: „Ich beschwöre dich bei dem, der das Licht schied von Finsterniss" geht in ultima analysi gewiss auf Genesis 1, 4 zurück, deckt sich aber vollständiger mit המבדיל בין אור לחשך; so erinnert auch das Epitheton „der die Frommen absondert" (Z. 11) an המבדיל . . . בין ישראל לעמים desselben Gebetes. Wahrscheinlich ist aber, dass dieses Epitheton auf die Geschichte Korachs und seiner Rotte anspielt, wo es heisst, „sondert euch ab, ich vernichte sie im Moment."[2]) Zeile 23—24 „Gott habe Mond und Sterne an den Himmel gesetzt, dass sie leuchteten allen Menschen" erinnert an המאיר לארץ ולדרים עליה und an ומאיר לעולם כולו וליושביו (beide im Sabbathgebet, das letztere auch im täglichen Gebet). Hier findet sich das charakteristische Wort „die Bewohner

---

Lehrer Jochanan ben Zakkai entzückt auf's Haupt und sprach: ברוך ה׳ אלהי אברהם (sprich: אדני); (j. Chagiga 77a n. = Tosifta Chagiga 2, 1 p. 23 42, wo es אלהי ישראל heisst); Pap. London XLVI 481 (Wessely I 139) βαρουχ αδωναι ελωαι ιαβραχα (das ι vor Abraham ist sicherlich Dittographie aus dem voranstehenden ελωαι). Ein interessantes Zusammentreffen.

[1]) Ob nicht statt θεῶν θεόν gelesen werden könnte?

[2]) Numeri c. 16 Vers 21 וְהִבָּדְלוּ; V. 24 הֵעָלוּ; 17, 10 תָּרֻמוּ. Nach Aboth 5, 9 (Pesachim 54a) gehört die Öffnung des Mundes der Erde (פי הא׳), welche Korach und seine Genossen verschlang, zu den zehn Dingen, welche Gott am Freitag geschaffen. Es ist also eines von den Wundern der Welt. Man könnte noch an Ezra c 9. 10; Nehemia 9, 2 denken, was noch immer wahrscheinlicher ist, als dass auf Sirach 36 [33] 11 ff. alludirt wäre, wie Deissmann 38 meint.

der Erde," während Genesis 1, 15 blos allgemein gesagt ist, „zu leuchten auf der Erde". In der Beschwörungsformel werden aus dem Grunde blos Mond und Sterne und nicht auch die Sonne genannt, weil die Nacht die Zeit des Zauberns ist, denn die Dämonen gehen nur in der Nacht um.

Bevor wir aus diesen Parallelen irgendwelche Schlüsse ziehen, müssen wir noch einige Einzelheiten und eine allgemeine Eigenthümlichkeit unserer Inschrift beleuchten. Angespielt wird auf die Schöpfung des Himmels und des Meeres (Zeile 10), auf die Geschichte Korachs (11), auf die Spaltung des Meeres (12),[1] auf die Scheidung von Licht und Finsterniss (17), auf die Erschaffung des Mondes und der Sterne (23), auf die Zeichen, die Gott am Himmel, auf der Erde und auf dem Meere gethan und auf die Rettung Daniels aus dem Rachen des Löwen (28 und 34; Daniel 6,28).[2] Die jüdischen Gebete zeigen bis auf den heutigen Tag denselben Charakter: sie enthalten Anspielungen auf biblische Wunderthaten Gottes, besonders auf die Schöpfung und auf die Erlösung aus aegyptischer Knechtschaft. Die Häufung der Epitheta Gottes ist ebenfalls eine Eigenschaft der hebräisch-jüdischen und nicht nur der hellenistisch-jüdischen Gebete.[3]

Merkwürdig ist Zeile 16: „Ich beschwöre dich bei dem, der die Maueleselin nicht gebären lässt." Diese Be-

---

[1] τὸν διαστήσαντα τὴν ῥάβδον ἐν τῇ θαλάσσῃ ist, wie schon Deissmann 39 richtig bemerkt. zu lesen τὴν θάλασσαν ἐν τῇ ῥάβδῳ. Auffallend ist jedoch, dass Moses nicht erwähnt ist. Sollte etwa ἐν τῇ ῥάβδῳ = במטה ein Uebersetzungsfehler für במשה oder aus einem Satze wie etwa הקרע את הים במטה על ידי משה drei Worte ausgefallen sein?

[2] Deissmann 45 steift sich auf das Wort ἅρπαγμα, das gegen die Beziehung auf Daniel 6, 28 sprechen soll. Wir erinnern hiergegen an Genesis rabba c. 99 (370a Wilna), wo das Wort מטרף (Genesis 49, 9) erklärt wird mit של תמר ובר d. h. wie Jehuda sich, Tamar und ihre zwei Söhne gerettet habe, werde auch Gott Daniel, Chanania, Mischael und Azaria retten. Man sieht also, der Midrasch habe die Rettung Daniels, ganz so wie in unserer Stelle. als: Lassen des Raubes (= טרף = ἅρπαγμα) aufgefasst.

[3] Deissmann 52: die daselbst citirten Gebete aus 2 Maccab. 1, 24 und aus dem Gebet Manasse's haben gleichfalls ihre hebräischen Parallelen.

zeichnung Gottes fliesst nicht aus biblischen, sondern aus
nachbiblischen Gedanken des Judenthums.[1] Man hat, wie
es scheint, daran gezweifelt, ob der Maulesel von Gott geschaffen worden sei, da er eine Mischgattung darstellt und
sich nicht fortpflanzt. Daher behauptet Nehemia (um 150)
im Namen seines Vaters, zu den Dingen, welche Gott in
der Abenddämmerung des sechsten Tages geschaffen habe,
gehöre auch der Maulesel,[2] Gottes Schöpfung war also eine
vollständige, zu der die Menschen nichts Neues mehr hin-
zufügen konnten. Auch dieses wegen seiner Unfruchtbarkeit
nach Auffassung der Alten verächtliche[3] Thier verdankt
seine Existenz dem Schöpfer des Alls. Wichtig ist die
Thatsache, dass die Mauselin auch in einer magischen
Besprechung vorkommt.[4] Altjüdische Anschauung liegt, wie
ich glaube, in Z. 27 vor: καὶ καινίζοντα πάντας τοὺς κατοικοῦντας
„der alle Bewohner der Erde erneuert.“ In dem schon erwähnten Morgengebete heisst es: „Er (Gott) erneuert jeden
Tag das Schöpfungswerk,“ womit vorzüglich der ewige
Wechsel von Tag und Nacht gemeint ist. Derselbe Gedanke
findet sich aber auch in Bezug auf die Menschen vor. Nach
altjüdischer Anschauung ist der Schlaf ein Sechzigstel des
Todes. Zu Klagelied 3, 23 : „Immer neu an jedem Morgen
ist Deine Treue“ wird im Midrasch[5] bemerkt: „Da Du
(Gott) uns jeden Tag erneuerst, wissen wir, dass gross Deine

[1] Job 39, 1—9, worauf Deissmann 89 verweist, kann mit der
Unfruchtbarkeit der Mauselin nur in künstlicher Weise in Zusammenhang gebracht werden. Stellen aus den griechisch-römischen Schrift-
stellern citirt Deissmann, aus dem Talmud und Midrasch Hamburger
Real-Encyclopädie I 735 und Levy II 297 b ; IV 100 b—101 a. Die für
unsere Frage bedeutenden Aussagen, welche wir mittheilen, finden
sich in den genannten Werken nicht.

[2] Pesachim 54 a.

[3] Megilla 13 b unten (auch in Horowitz's Sammlung kleiner
Midraschim p. 66) wird מְפֻזָּר (Ester 3, 8) gedeutet כארירה זו שאינה
עושה פירות, Israel gleiche einer Mauselin — so behauptet der alte
Haman, also die zeitgenössischen Perser des Amora — die keine Früchte
trägt.

[4] Siehe oben IV 1 Nr. 15.

[5] Genesis r. c. 78 Anf. (295 a); Echa r. zu St. (51 a); Schocher
Tob c. 25 (210 Buber): על שאתה מחדשנו בכל בקר ובקר אנו יודעין
שאמונתך רבה להחיות לנו את המתים.

Treue ist, zu erwecken die Todten." Der Arbeiter müht sich
ab den ganzen Tag, seine Seele ist erschöpft, er übergibt
sie, während er schläft, Gott zur Aufbewahrung, am Morgen
kehrt sie als n e u e s Geschöpf in seinen Körper zurück.[1])
Unsere Inschrift drückt diesen Gedanken der Erneuerung
deutlich aus; ob aber auch auf die Auferstehung angespielt
werde, möchte ich nicht entscheiden.[2])

Aus unseren Bemerkungen ist ersichtlich, dass der
Verfasser der Beschwörungsformel nicht nur biblische, sondern
auch nachbiblische Gedanken des Judenthums in seine Epitheta Gottes aufgenommen hat. Er verwendet biblische Worte,
Wendungen und Gedanken ganz in derselben Weise, wie
die Verfasser hebräisch-jüdischer Gebete. Wörtliche An-
führungen von Schriftstellen sind in diesen Gebeten nicht
üblich, wo solche vorkommen, sind sie mit der Einführungsformel „wie gesagt oder geschrieben ist" versehen. O h n e
d i e s e F o r m e l d u r f t e k e i n B i b e l v e r s u n v e r -
ä n d e r t i n e i n G e b e t h i n e i n g e a r b e i t e t werden.
Der Redaktor unserer Inschrift hat also mit seiner Ver-
meidung wörtlicher Citate aus der Schrift nur das echt-
jüdische Verfahren befolgt und man darf die Frage auf-
werfen, ob er die Steinchen zu seiner mosaikartigen Arbeit
aus der hebräischen oder aus der griechischen Bibel
genommen habe? Deissmann nennt die Inschrift „ein
epigraphisches Denkmal des a l e x a n d r i n i s c h e n Alten
Testaments." Wenn der Verfasser seinen Zauberspruch ausschliesslich aus biblischen Ideen componirt hätte, wäre diese
Behauptung so gut wie erwiesen ; da dies jedoch nicht der
Fall ist und nicht nur ausserbiblische jüdische Gedanken,
sondern sogar Anklänge an das jüdische Gebetbuch sich
vorfinden, darf man dieser Annahme nicht ohne weiteres
zustimmen. Ja, ich wage es zu behaupten, dass Deissmann
selbst in seinen gelehrten Erläuterungen manche Beweise

---

1) Schocher Tob. l. c. im Namen des R. A l o x a n d r i : vgl.
Tosafoth Berachoth 12 a לרְהיֵי. In beiden Stellen kommt הרֵשׁ ═ ζκτνίζω
vor.

2) Deissmann meint p. 44 : „man wird es aufzufassen haben als
Ausdruck des Gedankens der Erhaltung der Menschheit durch das
Emporsprossen immer neuer Generationen."

gegen seine eigene Annahme an die Hand giebt. Wäre es nicht sonderbar, wenn ein griechischer Jude, der „in der alexandrinischen Bibel lebte und webte", in einer Reproduktion des 1. Verses der heiligen Schrift (Zeile 10) geschrieben hätte statt τὸν ποιήσαντα, τὸν κτίσαντα, was sich nur bei Aquila, dem „etymologischen" Uebersetzer des hebräischen Wortes findet? Ebenso auffallend wäre der Gebrauch von φωστήρ (= Mond nach Psalm 74, 16 אור ושמש) in dem Anklange an Genesis 1, 16 τὸν φωστῆρα καὶ ἄστρα ἐν οὐρανῷ ποιήσαντα, was ebenfalls nur bei Aquila (und Symmachus) angetroffen wird.[1]) Auch das sprachliche Colorit unseres Spruches ist nicht das der LXX, wie Deissmann's folgende Aeusserung zeigt: „Der Text ist völlig f r e i v o n d e n g r a m m a t i s c h e n E i g e n t h ü m l i c h - k e i t e n d e r S e p t u a g i n t a , welche man mit einem nicht unmissverständlichen Ausdrucke Hebraismen zu nennen pflegt" (Seite 50). Zwar macht D. einen Unterschied zwischen lexikalischem und syntaktischem Einfluss der alexandrinischen Version, es müsste sich jedoch, wie uns scheint, bei einem Texte, der aus Gedanken und Worten der griechischen Bibel von einem in dieser Bibel lebenden und webenden Juden zusammengestoppelt ist, auch irgendwelcher s y n t a k t i s c h e r Einfluss zeigen.

Die Bleitafel von Hadrumetum ist, gleichviel ob das Original[2]) ihrer Inschrift von einem hebräisch- oder griechisch-redenden Juden herrührt, ein wichtiges Denkmal der altjüdischen Magie. Den charakterischesten und Hauptinhalt dieses Zauberspruches machen die Epitheta Gottes aus, welche in mehr oder minder treuer Form, aber nicht wörtlich den Erzählungen und Gedanken der heiligen Schrift entnommen sind. Bei dem Namen dieses allmächtigen Gottes

---

[1]) Einen Anklang an Theodotion Psalm 74 [73], 18 zeigt Zeile 12 nach Deissm. p. 39; ἔκτρομος (Zeile 26) bei LXX ἔντρομος (Deissm. 44). Das sind gleichfalls Abweichungen von der griechischen Bibel.

[2]) Die Tafel ist sicherlich mit Ausschluss der auf den Einzelfall bezüglichen Stellen aus einem Zauberbuche abgeschrieben, so dass die Abfassungszeit des ursprünglichen Textes zumindest in das zweite Jahrhundert zu setzen wäre (Deissm. 48).

wird in der vorliegenden Zaubertafel ein Dämon zur Er-
regung der heissersehnten Liebe beschworen. Ohne Frage
hat man in ähnlicher Weise auch den Dämon der Krankheit etc. beschworen, mit anderen Worten die Amulete
(Kemeas) hatten gleichfalls einen solchen Inhalt. Wenn wir
uns noch die über Jao Aoth-Abaoth aufgestellte Vermuthung
in Erinnerung bringen, dass nämlich diese magischen Gottesnamen Abkürzungen des Tetragrammatons und des göttlichen
Eigennamens Sabaoth sind, so finden wir in unserer Beschwörungsformel die „Buchstaben des Namens und die
vielerlei Dinge aus der heiligen Schrift" wieder, welche nach
der Baraitha, die wir zum Ausgangspunkte dieser Unter-
suchung genommen haben, den Inhalt von Eulogien und
Amuleten ausmachen. Es sei nur noch hervorgehoben, dass
als göttliche Eigenschaften vorzüglich diejenigen betont
werden, welche auf die Schöpfung des Weltalls, auf
Maase Bereschith, wie der hebräische Name dieser
mystischen Lehre lautet, Bezug haben.

Zu denselben Resultaten führt uns die kurze Betrachtung eines andern „Spruches", den A. Dietrich, Abraxas
138 ff. aus Pap. Paris Zeile 3009 ff. in verbesserter Gestalt
neu herausgegeben und gründlich erläutert hat. Dieser Spruch
nennt sich selbst zum Schluss einen „hebräischen". Um den
Dämon auszutreiben, soll man eine unreife Olive nebst anderen Pflanzen nehmen, dabei magische Worte[1]) murmeln,
hierauf sprechen: Gehe hinaus (Dämon) von N. N. Man
schreibe dann auf eine Zinnplatte ein Phylakterion[2]), das
dem Besessenen um den Hals gehängt wird. Der Exorcist
stellt sich dem Besessenen gegenüber und beginnt seine
Beschwörung mit den Worten: Ich beschwöre dich bei dem
Gotte der Hebräer Jesu[3]) Jabaiae etc. Der Geist wird nun
beschworen bei einem Gotte, dessen Epitheta vorzüglich der
Bibel entnommen sind.

---

[1]) Unter diesen Zauberworten sind zu erkennen die 7 magischen
Vocale αεηιουω, ευωρι (= אֹבְרִי) und vielleicht אל in ιωηλ.

[2]) Die Zauberworte lauten; ιαηω αβραωθιωχ [= ארבע אותיות
vier Buchstaben = Tetragramm?] οϑκ μεσεν τινιχω φεωχιαηω χαρσοχ.

[3]) Conybeare bemerkt richtig J. Q. R. IX. 92 n. 1, dass Ἰησοῦ
falsche Lesung sein müsse, da die Zauberformel nach Dietrich selbst

Dieser Theil der Beschwörung lautet im Original, wie folgt:

1   ὁρκίζω σε τὸν

σημανθέντα τῷ Ἰσραὴλ ἐν στύλῳ φωτίνῳ καὶ νεφέλῃ
ἡμερίνῃ καὶ ῥυσάμενον αὐτοῦ τὸν λαὸν ἔργου
Φαραὼ καὶ ἐπενέγκαντα ἐπὶ Φαραὼ τὴν δεκάπληγον

5 διὰ τὸ παρακούειν αὐτόν. ὁρκίζω σε πᾶν πνεῦμα
δαιμόνιον, λάλησαι ὁποῖον καὶ ἂν ᾖς, ὅτι ὁρκίζω σε
κατὰ τῆς σφραγῖδος, ἧς ἔθετο Σολομὼν ἐπὶ τὴν
γλῶσσαν τοῦ Ἰηρεμίου καὶ ἐλάλησεν. καὶ σὺ λάλησον
ὁποῖον ἐὰν ᾖς ἐπουράνιον ἢ ἀέριον εἴτε ἐπίγειον

10 εἴτε ὑπόγειον ἢ καταχθόνιον ἢ Ἰεβουσαῖον ἢ Γεργε-
σαῖον ἢ Φερεζαῖον. λάλησον ὁποῖον ἐὰν ᾖς, ὅτι
ὁρκίζω σε θεὸν φωσφόρον ἀδάμαστον. τὸν τὰ ἐν
καρδίᾳ πάσης ζωῆς ἐπιστάμενον, τὸν χουοπλάστην
τοῦ γένους τῶν ἀνθρώπων, τὸν ἐξαγαγόντα ἐξ

15 ἀδήλων καὶ πυκνοῦντα τὰ νέφη καὶ ὑετίζοντα τὴν
γῆν καὶ εὐλογοῦντα τοὺς καρποὺς αὐτῆς, ὃν εὐλογεῖ
πᾶσα ἐπουράνιος δύναμις ἢ ἀγγέλων ἀρχαγγέλων.
ὁρκίζω σε μέγαν θεὸν Σαβαώθ, δι' ὃν ὁ Ἰορδάνης
ποταμὸς ἀνεχώρησεν εἰς τὰ ὀπίσω καὶ ἐρυθρὰ

20 θάλασσα ἡνώδευσεν Ἰσραὴλ καὶ ἔστη ἀνόδευτος, ὅτι
ὁρκίζω σε τὸν καταδείξαντα τὰς ἑκατὸν τεσσαράκοντα
γλώσσας καὶ διαμερίσαντα τῷ ἰδίῳ προστάγματι.
ὁρκίζω σε τὸν τῶν αὐχενίων γιγάντων τοῖς
πρηστῆρσι καταφλέξαντα, ὃν ὑμνεῖ ὁ οὐρανὸς τῶν

25 οὐρανῶν, ὃν ὑμνοῦσι τὰ πτερυγώματα τῶν χερουβίμ.
ὁρκίζω σε τὸν περιθέντα ὄρη τῇ θαλάσσῃ τεῖχος ἐξ
ἄμμου καὶ ἐπιτάξαντα αὐτῇ μὴ ὑπερβῆναι καὶ
ἐπήκουσεν ἡ ἄβυσσος καὶ σὺ ἐπάκουσον πᾶν πνεῦμα
δαιμόνιον, ὅτι ὁρκίζω σε τὸν συνσείοντα τοὺς τέσσαρας

---

us vorchristlicher Zeit stammen soll. Von den anderen magischen
Namen ist ιαβαικη = ιαβα (= samaritanische Aussprache des Tetragrammaton) + ιαι (= יָהּ); αβραωθ (siehe vorige Anm.); αια = יָהּ;
θωθ = Toth (aegypt. Gott); αβαρμας und αβραμαροια scheint
= αβραχυ mit Buchstabenversetzung; ελε ελω — אֵל und אֵלָהּ;
αηω εε ιαβαεχ enthält in den ersten 7 Bstb. die 7 magischen Vocale
und ιαβαεχ darf emendirt werden in ιαβα + εχ (cf. jedoch Baudissin I 243 über drei i).

30 ἀνέμους ἀπὸ τῶν ἱερῶν Αἰώνων, οὐρανοειδῆ,
θαλασσοειδῆ, νεφελοειδῆ, φωσφόρον, ἀδάμαστον.
ὁρκίζω σε τὸν ἐν τῇ καθαρᾷ Ἱεροσολύμῳ, ᾧ τὸ
ἄσβεστον πῦρ διὰ παντὸς αἰῶνος προσπαράκειται,
τῷ ὀνόματι αὐτοῦ τῷ ἁγίῳ ιαεω βαρρεννιζουν.

35 λόγος· ὃν τρέμει γέννα πυρὸς καὶ φλόγες περι-
φλογίζουσι καὶ σίδηρος λακᾷ καὶ πᾶν ὄρος ἐκ
θεμελίου φοβεῖται. ὁρκίζω σε πᾶν πνεῦμα δαιμόνιον
τὸν ἐφορῶντα ἐπὶ γῆς καὶ ποιοῦντα ἔκτρομα τὰ
θεμέλια αὐτῆς καὶ ποιήσαντα τὰ πάντα ἐξ ὧν οὐκ

40 ὄντων εἰς τὸ εἶναι. ὁρκίζω δὲ σὲ τὸν παραλαμβάνοντα
τὸν ὁρκισμὸν τοῦτον χοιρίον μὴ φαγεῖν καὶ
ὑποταγήσεται σ[ο]ι πᾶν πνεῦμα καὶ δαιμόνιον ὁποῖον
ἐὰν ἦν. ὁρκίζων δὲ φύσα ἀπὸ τῶν ἄκρων καὶ τῶν
ποδῶν ἀφαιρῶν τὸ φύσημα ἕως τοῦ προσώπου καὶ

45 ἐκκριθήσεται. φύλασσε καθαρός. ὁ γὰρ λόγος ἐστὶν
ἑβραϊκὸς καὶ φυλασσόμενος παρὰ καθαροῖς ἀνδράσιν.

Es ist also angespielt auf die Feuer- und Wolken-
säule (Ex. 13, 21; Psalm 78, 14); auf die Errettung Israels
aus der Bedrückung Pharao's; auf die über Pharao ver-
hängten 10 Plagen; auf den Lichtspendenden, den Menschen
bildenden Gott (LXX Gen. 2, 7) und Schöpfer des Alls;
auf den grossen Gott Sabaoth, der den Jordan und das
rothe Meer gespalten (Josua 3, 13—17; Exodus 14, 21. 22;
Psalm 114, 3. 5; 78, 13); auf die 140 Sprachen[1]) und auf
die Zertheilung (Gen. c. 10, 11); auf die Flügeln der Che-
rubim; auf den, der dem Meere Grenzen gesetzt (Ps. 104,
6 ff.); auf den, der die vier Winde zusammenrüttelt (Jerem.
46, 36 u. sonst). Der Geist wird dann beschworen bei dem,
der im reinen Jerusalem ist, wo ihm ein nie verlöschendes
Feuer unterhalten wird, bei seinem heiligen Namen Jaeô
Barrenuzoun. Andere biblische Anspielungen liegen ebenfalls
klar zu Tage. Interessant ist vom jüdischen Gesichtspunkte
der Satz ὃ ἔπλασεν ὁ θεός ἐν τῷ ἁγίῳ ἑαυτοῦ παραδείσῳ d. i.
der Dämon, den Gott in seinem heiligen Paradies geschaffen hat.

---

[1]) Gen. c. 10 sind 70 (nach Kirchenvätern 72) Völker genannt,
daher spricht die jüdische Tradition oft von 70 Sprachen. Warum hier
140 (2×70) erwähnt werden, ist nicht klar.

Die kosmogonische Speculation wird auch von den Tannaiten „P a r a d i e s" (פרדס) genannt. Vier Gelehrte, Ben Azzai, Ben Zoma, Acher (Elischa ben Abuja) und Akiba sind in den P a r d e s hineingegangen, B. A. schaute und starb, B. Z. schaute und wurde irrsinnig, Acher schaute und beschnitt die Pflanzungen, Akiba ging hinein und kam heraus in Frieden.[1] .

Dieses „Eingehen in's Paradies" ist wörtlich und nicht allegorisch zu nehmen; auch Gnostiker, Ophiten, Bardesanes und A. sprechen vom ätherischen und pneumatischen Paradies.[2] Wie aus unserer Beschwörungsformel hervorgeht, waren im heiligen Paradies Gottes Engel und Dämonen. Vielleicht darf man vermuthen, dass dieses Paradies das geistige Vorbild unserer materiellen, von Gott nicht unmittelbar geschaffenen, sondern durch fortgesetzte Materialisationen seiner Emanationen zu Stande gekommenen Welt ist. Unsere Welt wäre also ein materielles Abbild des geistigen Gottesparadieses. Die vier Gelehrten „schauten" die „Pflanzungen" d i e s e s Paradieses, zwei konnten den Anblick der Herrlichkeit nicht ertragen, der eine starb, der andere wurde geistesverwirrt, Akiba kam ohne Schaden davon, Acher aber „beschnitt die Pflanzen." Was ist hiemit gemeint? Die beregte Tosiftastelle wendet auf Acher den Predigervers 5, 5 an: „Gestatte deinem Munde nicht, zu versündigen dein Fleisch und sage nicht vor dem Engel, es sei ein Irrthum, wozu soll Gott zürnen über deine Stimme und zerstören deiner Hände Werk."[3] Es scheint demnach, dass

---

[1] Tosifta Chagiga II 3 (234 Z. 7) = b. Chag. 14 b u.; j. Joma 77 b ob.: ארבעה נכנסו לפרדס, בן עזאי הציץ ומת . . . בן זומא הציץ ונפגע . . . אחר הציץ וקיצץ את הנטיעות עליו הכתוב [Kobeleth 5, 5] אומר אל תתן את פיך לחטיא את בשרך, ר׳ עקיבא נכנס בשלום ויצא בשלום.

[2] Clemens Alex. stromata V; Hieronymus c. haer. I 4 citirt bei Grätz, Gnosticismus und Judenthum p. 58 f. Merkwürdig ist, dass Grätz die von ihm angeführten Aeusserungen über das „Paradies" allegorisch auf die Beschäftigung mit der Gnosis bezieht, was Angesichts der Thatsache, dass es in einen der sieben Himmel verlegt wird, ganz ausgeschlossen ist. Ferner meint Grätz, es sei noch keinem eingefallen, den Ausdruck „ins Paradies eingehen" buchstäblich und materiell aufzufassen) (S. 57); doch hat es Raschi gethan, der bemerkt: „sie sind vermittelst eines Gottesnamens in den Himmel aufgestiegen."

[3] Der Jeruschalmi l. c. hat die Anwendung dieses Verses nicht

Acher am himmlischen Paradics Kritik geübt, oder in demselben durch magische Worte Verwüstungen angerichtet hat.
Das „Beschneiden der Pflanzen" kann beides bedeuten.[1]) —
Von dem magischen Siegelringe Salomo's, welchen Aschmedai, der König der Dämonen, verschlang und dann den
wehrlos gewordenen Salomo 400 Parasangen weit schleuderte,
wird Gittin 68 b gesprochen. Unter den daselbst erzählten
Wundergeschichten findet sich jedoch keine Andeutung von
einem zum Sprechen gebrachten Jeremias[2]). Erwähnt
wird hingegen, dass Gechazi, der Diener des Propheten
Elischa, dem Götzenstier des Jerobeam einen Gottesnamen
in das Maul einschnitt, wodurch er die zwei ersten Gebote
des Dekalogs hersagte.[3]) — Hervorgehoben sei noch die
Erwähnung des „nie verlöschenden Feuers" im jerusalemischen
Tempel und die Vorschrift, sich des Genusses von Schweine-
fleisch zu enthalten. Dies letztere beweist, dass der Verfasser des
Zauberbuches, aus dem unsere Beschwörung entnommen ist,
nicht Juden als Adepten im Auge hatte. Dies folgt auch
aus der ausdrücklichen Angabe, dies sei ein λόγος ἑβραϊκός.

Ob nun dieser Exorcismus ganz, oder blos theilweise
jüdisch ist,[4]) soviel ist sicher, dass die Anspielungen auf

---

mehr richtig verstanden und ihn deshalb auf Achers spätere Lebens-
und Handlungsweise gedeutet.

[1]) Mehr als eine Muthmassung will dies nicht sein und ich nehme
jede Belehrung mit Vergnügen an. Für ganz sicher halte ich aber, dass
das „Eingehen in's Paradies" wörtlich gemeint ist. Ebenso s a h man
das „Werk des Thronwagens", wie aus Tosifta Megila IV 28 (228 Z. 1)
hervorgeht. Da heisst es: „Viele deuteten den Thronwagen, ohne ihn
je im Leben gesehen zu haben." Bei der Deutung desselben konnte
man sich gleichfalls den Tod zuziehen (Sabbath 80 b). Unsere Stelle
kann ebenso zu מעשה מרכבה wie zu מעשה בראשית gehören. Diese
mystischen Disciplinen sind noch sehr dunkel (vgl. Tos. Chagiga II
1—7; b. ib. 14 ff.; Jeruschalmi zur Stelle). Die מרכבה (erstes Capitel
des Ezechiel) durfte man öffentlich vorlesen (Tos. Meg. IV 34).

[2]) Ueber Salomo und seinen Siegelring siehe Dietrich 142. Siehe
oben Abschnitt II. n. 1. über ידעוני.

[3]) Sota 47 a s1 שם הקק לה אפימא וכו׳; Andere meinen, Gechazi
habe das Götzenbild durch Umhängung eines Magnetsteines (אבן שואבת)
in der Luft schwebend gemacht.

[4]) Conybeare l. c. 92 zählt ihn zu den griechischen, nicht zu den
jüdischen.

die heilige Schrift jüdischen Ursprungs sind. Wir haben also hier ein weiteres Beispiel dafür, was man unter den „vielerlei Dingen aus der Bibel", welche in den Kemeas enthalten sind, zu verstehen habe. Nicht wörtliche Citate, einzelne Schriftstellen, sondern inhaltliche Reproductionen, wie in den Benedictionen, welche wir zum Theil noch heute besitzen. Es braucht wohl nicht besonders betont zu werden, dass die biblischen Anspielungen nicht den alleinigen Inhalt der Kemeas ausgemacht haben. Finden wir ja auch in dem vorliegenden Zauberspruch eine merkwürdige Berufung auf Salomo's Siegel.

Wir dürfen nach den Aussagen der Tradition und der herangezogenen jüdisch-hellenistischen Analogien annehmen, dass die altjüdischen Amulete die folgende Form hatten. Namen der Person und ihrer Mutter, des Dämons oder der Krankheit, was im Grunde genommen, wie die im ersten Capitel angeführten Belege zeigen, eins und dasselbe ist; Gottesnamen und einzelne Buchstaben desselben, sowie Attribute Gottes; manchmal auch einzelne Schriftverse, die nicht selten umgekehrt geschrieben waren, wie ich in den nächsten Capiteln nachzuweisen hoffe.

5. Die mystischen Gottesnamen.

a) Wichtigkeit des Namens.

Der Name, den wir als etwas Zufälliges zu betrachten pflegen, ist nach den Anschauungen der Alten ein wesentlicher Bestandtheil der lebenden Wesen und leblosen Gegenstände, durch welchen ihr innerster Kern offenbart und charakterisirt wird. Schon die heilige Schrift etymologisirt mit besonderer Vorliebe Personen- und Ortsnamen und findet eine innere Beziehung zwischen dem Namen und dem Träger desselben. „Wie sein Name so ist er" heisst es von Nabal (I Samuel 25, 25) und Noemi meint, man möge sie, nachdem sie vom Unglück heimgesucht worden, nicht mehr die „Angenehme", sondern „die Bittere" nennen (Ruth 1, 20). Weit mehr noch als die Schrift huldigt die Tradition dem Princip nomen est omen, was in einer Unzahl von Volksetymologien zum Ausdruck gekommen ist. Ein schöner

Name wurde geschätzt[1]). R. Meir achtete stets auf den
Namen; zu einem Manne der Kidor hiess, hatte er kein
Vertrauen, denn Deuteronomium 32, 20 heisst es: Kidor
(כי דור) sei Falscheit[2]). Der Name ist die Hauptsache, nach
Psalm 46, 9, wo שָׁמוֹת zu lesen ist (שַׁמּוֹת[3]). Vier Dinge sind
bei den Namen gesagt worden. Es gibt Personen mit schönen
Namen und schönen Handlungen, mit hässlichen Namen und
hässlichen Handlungen u. s. w.[4]). Wie der Kampf zwischen
Nominalismus und Realismus hört es sich an, wenn darüber
gestritten wird, ob vom ceremonialgesetzlichen Gesichtspunkt diejenigen Speisen und Getränke eine Gattung bilden,
welche denselben Namen führen oder diejenigen, welche
denselben Geschmack haben[5]). Die Tradition liebt es, mehrere
Namen zu indentificiren und auszudeuten; einer und derselben Sache oder Person mehrere Namen zu geben[6]). Durch
Veränderung des Namens wird das im Himmel beschlossene
Unglück abgewehrt[7]). Besondere Kraft besitzen diejenigen
Namen, welche als einen Bestandtheil den Gottesnamen
enthalten. Jeder Engel hat eine Tafel auf seinem Herzen
und der Name Gottes ist mit dem Namen eines jeden Engels
verbunden, wie Michael, Rafael[8]); ebenso ist Gott mit dem
Namen Israel verbunden[9]). Gott verbindet seinen Namen nur

---

[1]) Nedarim 66 b: שמא שמה נאה? לכלובית שמה אמר להן [ר' ישמעאל
ברבי יוסי] יפה קורין אותה לכלובית שהיא מלוכלכת במטין.

[2]) Joma 83 b u.; daselbst auch über eine Frau, die wegen ihres
Namens בלה nach Ezechiel 23, 43 der Buhlerei verdächtigt wurde.
Baba Kamma 119 b ein Wortspiel קצרא שמה וקצרא שקיל ליה; Taanith
25 a 22 מה שסך איכו, איכו ניסמו כשוריך und andere Beispiele.

[3]) Beracboth 7 b שמא גרים; Tanchuma Stettin p. 682: לעולם יבדוק
אדם בשמות לקרוא לבנו הראוי להיות צדיק כי לפעמים השם גורם טוב או גורם
רע וכו'.

[4]) Genesis r. c. 71 g. Auf.

[5]) Aboda Zara 66 a: בתר שמא . . . בתר טעמא bei Wein.

[6]) Erubin 19 a; Sanhedrin 82 a; 95 a und sehr oft.

[7]) Rosch Haschana 16 b oben שני השם (שרה: שרי) neben שנוי
מעשה.

[8]) Tanchuma Buber Jithro p. 77 u.: ושמו של הקב"ה משותף עם שמו
מיכאל וגבריאל ששמו; Pesikta r. 104 b: של כל מלאך ומלאך מיכאל רפאל
מעורב בהם, (s. Friedmann Anm. עב).

[9]) j. Taanith 65 d 27: שיתף הקב"ה שמו הגדול בישראל; beide Aussprüche tradirt S. b. Lakisch.

mit dem Guten, aber nicht mit dem Bösen, denn es heisst
Gen. 1, 5, G o t t nannte das Licht Tag, und die Finsterniss
Nacht; das Wort Gott ist nicht wiederholt.[1]). Jehuda ist ganz
nach dem Tetragramm benannt, Josef's Namen wurde ein Buchstabe von dem Gottesnamen hinzugefügt[2]); in der zukünftigen
Welt werden die Frommen nach dem Namen Gottes benannt werden[3]). Manche schrieben den Gottesnamen auf
ihren Leib, solche durften sich dann nicht mehr ölen, auch
nicht baden oder an einem unreinen Orte stehen[4]). Schreibet
den Schem Hameforasch und befestiget ihn auf euerem
Herzen[5]). Der Name ist im Allgemeinen sehr wichtig, aber
ganz besonders der Gottesname, so in seiner Ganzheit, wie
in seinen einzelnen Bestandtheilen.

Himmel und Erde sind vergänglich, aber „dein grosser
Name lebt und besteht in Ewigkeit"[6]). Der „Name" musste
mit Heiligkeit geschrieben werden[7]). Die der Untreue ver-
dächtigte Frau wurde aufmerksam gemacht, nicht die Aus-
löschung des grossen in Heiligkeit geschriebenen Namens
zu verursachen[8]) (nach der Vorschrift von Numeri c. 5).
Wenn jemand einen Gottesnamen schreibt, darf er nicht
einmal dem ihn begrüssenden König antworten, bevor er
geendet hat[9]). Nicht blos ganze Gottesnamen, sondern auch
einzelne Buchstaben desselben dürfen nicht verlöscht werden[10]).

---

[1]) Genesis rabba c. 3 Nr. 6 p. 27 b: לא שיתף הקב״ה שמו כי אם על
טוב; Lekach Tob z. St. יחיד statt שיתף.

[2]) Sota 10 b unt. יהו(ד)ה; יהוסף; auch שמשון ib. 10 a; vgl. noch
ib. 36 b.

[3]) Baba Bathra 75 b.

[4]) Sabbath 120 b; Soferim V 2, siehe Müller Seite 77. Vgl. auch
Sifra 90 c unt.

[5]) Jellinek, Beth Hamidrasch VI 106 unt.; vgl. Jeremia 31, 32
und Jellinek VI 115 unt.

[6]) Berach. 32 a: מה שמך הגדול חי וקיים לעולם ולעולמי עולמים;
dieselben Worte von Gott selbst Mechilta 46a, und 67 b.

[7]) Sifre I 42 (12 b 11 v. u.); 16 (6 a 7); 43 (13 b 7) u. sonst.

[8]) Sifre I 12 (5 a 5 v. u.).

[9]) Tosifta Berachoth VII 22 (8,1).

[10]) Sifre II 61 (87 b 25): ר׳ ישמעאל אומר מנין למוחק אות אחת מן השם:
שהוא בלא תעשה שנאמר ואבדתם את שמם לא תעשון כן לה׳ אלהיכם; Schebuoth 35 a b detaillirte Bestimmungen.

Moses erlaubte sich nur nach 21 Worten das Tetragrammaton
zu erwähnen[1]). Bei den Opfern wird in der heiligen Schrift
ausschliesslich der vierbuchstabige Gottesname gebraucht,
um den Sectirern (Minim) keinen Vorwand zu geben zu herr-
schen (לרדות)[2]). Das Tetragramm und alle seine Umschreibungen waren in der Bundeslade niedergelegt.[3]).

Die Wirkungen des Tetragrammaton sind die weit-
gehendsten. Gott bedarf keiner Kriegswerkzeuge, er kämpft
mit seinem Namen, wie es bei David heisst „ich komme
zu dir mit dem Namen JHWH Sabaoth" (I Samuel 17,
45) und wie auch Psalm 20, 8 gesagt wird „diese mit
Wagen und mit Pferden, wir aber mit dem Namen JHWH
unseres Gottes"[4]). Die samaritanische Chronik (ed. Juyn-
boll p. 131) erzählt, dass Moses auf Gottes Befehl Josua
den Gottesnamen mittheilte, damit dieser mit Hilfe desselben die Feinde besiege[5]). Es kommt hauptsächlich auf den
Namen an. Die Heiden meinen, ihre Götter haben deshalb
keine Kraft, weil ihnen nicht der Name des Gottes Israels
beigelegt wird; würde dies geschehen, dann wäre in ihnen
auch Nutzen. Gegen diese Ausrede der Völker ist an Genesis 4, 26 zu erinnern, wo die Heidengötter mit יהוה angerufen worden sind und trotzdem vermochten sie nichts auszurichten[6]). Den Erzvätern habe ich meinen Eigennamen nicht
kund gethan, dir, Moses, offenbare ich ihn, denn du gehst,
um Israel zu erlösen, damit es dir gelinge. Gott sagte, in
dieser Welt habe ich meinen Namen nur Einzelnen
offenbart, aber in der zukünftigen Welt werde ich meinen
Namen ganz Israel kund thun, denn so sagt Jesaia 52, 6: „Mein

---

[1]) Sifre II 306 (132 b₉). Von האזינו (Deut. 32, 1) bis שם יהוה
(Vers 3) sind 21 Worte.

[2]) Sifre I 143 (54 a 5). Eine interessante Beobachtung.

[3]) Sota 42 b. Tosifta Sota VII 17 (308₁₉): „Denn JHWH euer
Gott geht mit euch" (Deut. 20, 4), dies ist der Gottesname, der in der
Lade liegt.

[4]) Mechilta 38 a 24 zu Exodus 15, 3 שמו יהוה : נלחם הוא בשמו.

[5]) Grünbaum Zeitschrift d. deutschen morgenländischen Gesell-
schaft 40. 245; vgl. auch p. 238 n. 4.

[6]) Mechilta Seite 67 b₁₃ zu Ex. 20, 3. = Sifre II 43 (81₁₂) Jose:
אלו נקראו [אלהים אחרים] בשמו [של ה'] כבר היה בהם צורך, והרי נקראו בשמו
צורך בהם ואין .לאפוקי דאסיקי שמא לעז אלוה Siehe auch Nedarim 25 a:

Volk möge meinen Namen kennen*[1]). Der Mystiker Pinchas
ben Jair (um 200) meint, das Gebet der Israeliten werde in
dieser Welt deshalb nicht erhört, weil sie den Schem Hameforasch nicht kennen; in der zukünftigen Welt wird aber
Gott ihnen seinen Namen kund thun, wie Jesaia 52, 6 ver-
kündet, da wird Gott ihr Gebet sofort erhören[2]). Die Be-
wirkung der sofortigen Erhörung des Gebetes vermittelst der
Kenntniss des mystischen Gottesnamens erinnert stark an
magische Anschauungen, nach welchen ebenfalls in Folge
der Anwendung eines zauberkräftigen Namens das erwünschte
Ziel allsogleich erreicht wird. Auf der Waffe, welche Gott
Israel am Sinai gegeben, war der „grosse Name" eingezeichnet und so lange es diese Waffe in der Hand hatte,
hatte nicht einmal der Todesengel Macht über es[3]). Auf
Mose's Stab, mit dem er das Meer spaltete und andere
Wunder verrichtete, war der Schem Hameforasch eingezeichnet[4]). Die brausenden Wogen des Meeres werden
mit einem Stab, auf dem Gottesnamen eingezeichnet sind,
beschwichtigt[5]). Der „Tehom" wird durch Einwerfen· eines
Scherbens mit einem Schem gebannt und überfluthet die
Erde nicht[6]). Mit einer Kette und einem Siegelringe, auf
denen ein Gottesname eingegraben war, wurde Asmodai, der
Fürst der Dämonen, gebändigt[7]). Der Prophet Jesaia sprach

---

[1]) Tanchuma Buber Waera (p. 21). Bemerkenswerth ist der Ausdruck הוא מפורש (vgl. Pesikta r. 148a : כל מי שהוא
מפורש שמו של הקביה חייב מיתה). Aehnlich Tanchuma Stettin p. 184 unt.

[2]) Schocher Tob c. 91 Ende (Buber p. 400).

[3]) Tanchuma Waera p. 25 ; Schocher Tob zu 91, 2 (p. 399 Buber),
wo statt שם המפורש : שם הגדול gebraucht wird. שמו הגדול Sifre II
306 ; 346 (bis) und sehr oft. Kommt auch in der Bibel vor. Autor des
Spruches ist Simon b. Jochai. Vgl. auch Exodus r. c. 16 Seite 141a,:
רבי סימאי אומר פורפירא הלבישן ושם המפורש חקוק עליו וכו׳ und Einhorn z.
St. Dass Moses den Aegypter mit einem Gottesnamen getödtet hat, haben
wir oben Abschn. II c. 3 gesehen.

[4]) Pesikta Buber 140 a unt. אטר שם המפורש (um 150) ור׳ נחמיה
יהוה צבאות .הוה חקוק עליו, ה׳ צבאות שמו, ראה אותו [הים] וברח. Hier wird
Schem Hameforasch genannt, also·auch Sabaoth gehört zu den Wunder
wirkenden Namen (vgl. III 4 über Aoth Abaoth).

[5]) B. B. 73a.

[6]) Makkoth 11a unt.

[7]) Gittin 68a u.

einen „Schem" und wurde zu seiner Rettung vor Manasse
von einer Ceder verschlungen[1]). Durch einen auf das Maul
eingezeichneten Schem wurde der Götztenstier Jerobeams
zum Sprechen gebracht[2]). Der menschliche Körper, Vieh und
Geräthe werden durch Einzeichnung von Gottesnamen geschützt[3]). Der König Jehojakim soll einen Gottesnamen oder
einen Götzennamen auf sein Membrum eingezeichnet haben,
offenbar zu Zauberzwecken[4]). Der Phallus ist in der Magie
von grosser Bedeutung[5]). Das Geschenk, das Abraham den
Söhnen der Kebsweiber machte, bestand in der Anvertrauung
des „unreinen Namens"[6]).

. Die bedeutendste Aussage über den Gottesnamen
dürfte die folgende sein, welche R a b, den ersten und
grössten babylonischen Amora, zum Autor hat: Bezalel
wusste diejenigen Buchstaben zusammenzufügen, mittelst
welcher Himmel und Erde geschaffen worden sind[7]). Wohl
heisst es hier Buchstaben schlechthin, nach den herrschenden Anschauungen dürfte es aber kaum zweifelhaft sein,
dass das entscheidende Wort „des Namens" (של שם) eben
aus dem Grunde fehlen kann, weil es — entscheidend ist.
Uebrigens bedeutet אותיות auch allein, wie wir IV. 4 nachgewiesen haben, G o t t e s n a m e n, demnach wird hier lediglich von Zusammenfügung von Gottesnamen die Rede sein.
Da Rab seine Studien im heiligen Lande machte und in
Babylonien stets die palästinische Tradition vertrat, ist seine

---

1) Jebamoth 49 b.
2) Sota 47 a, eben p. 116 n. 3.
3) Oben p. 119 n. 4. Ueber Vieh und Geräthe siehe Friedmann
Mechilta 71 b n. רש.
4) Sanhedrin 103 b u.
5) Daremberg-Saglio II 988.
6) Sanhedrin 91 a unt.
7) Berachoth 55 a: אמר רב יהודה אמר רב יודע היה, בצלאל לצרף
אותיות שנבראו בהן שמים וארץ, denn es heisst Proverb. 3, 19. 20: Gott
habe die Welt durch W e i s h e i t begründet, durch sein W i s s e n haben
sich die Gewässer (Tehomoth) gespalten und von Bezalel heisst es Exod.
35, 31 Gott habe ihn erfüllt mit W e i s h e i t, Vernunft und W i s s e n.
Chagiga 12 a sagt Rab, die Welt sei geschaffen בחכמה ובתבונה ובדעת וכו.
Dies widerspricht der ersteren Behauptung nicht, denn das Werkzeug
konnte ja trotzdem die Buchstabenaneinanderreihung bilden.

Aussage für die Anschauungen über die Gottesnamen in
Palästina um 200 charakteristisch.

Die angeführten Belege zeigen deutlich, welche Wich-
tigkeit den Namen im Allgemeinen und den Gottesnamen[1])
im Besonderen zugeeignet wurde. Eine sehr praktische Bedeutung hatten die N a m e n in der Magie. Wenn der Magier
den richtigen Namen im richtigen Zeitpunkt anzurufen wusste,
hatte er gewonnenes Spiel, denn dem Namen konnten Götter
und Dämonen nicht widerstehen; wenn sie gerufen wurden,
mussten sie erscheinen. Für die Zauberer also, gleichviel
ob jüdische oder heidnische, war die Kenntniss des Eigennamens des israelitischen Gottes von praktischem Nutzen;
sie waren gewiss bestrebt, das G e h e i m n i s s zu erfahren.
Wenn also in Zaubertexten griechische Umschreibungen des
Tetragramms angetroffen werden, so verdienen diese eine
ernste Prüfung. Diese Erwägung führt uns zu einigen Bemerkungen über Benennung, Aussprache und Aequivalente
des vierbuchstabigen Gottesnamens.

b) B e n e n n u n g e n   d e s   T e t r a g r a m m s.

Eine Vergleichung der Benennungen des göttlichen
Eigennamens in hebräischen und ausserhebräischen Quellen
ist nicht ohne Interesse. Sehr alt ist die Bezeichnung הַשֵּׁם d e r
N a m e schlechthin. Ebenso findet man τὸ ὄνομα. An zahl-
reichen Stellen wird der Gottesname mit den zwei ersten
Buchstaben bezeichnet: י"ה[2]). Die Namen der Buchstaben
werden ausgeschrieben, denn יה ist auch Gottesname. Dieser
Benennung scheint das griechische Ia zu entsprechen.
„Nicht wie diese Welt ist die zukünftige Welt. In dieser
Welt wird geschrieben יוד ה"י und gelesen אל"ף דל"ת; in der
zukünftigen Welt hingegen wird gelesen und geschrieben יוד
ה"י d. h. man wird יהוה nicht mehr אדני, sondern nach seinen
Buchstaben aussprechen[3]). Indirekt ist also hier eine Be-

---

[1]) Siehe Zunz, Synagogale Poesie 145 f.

[2]) Tosifta Berachoth VII 20 (17₈) — Sifra 85 d unt.: הסותם ביוד
הי וחותם ביוד הי וכי'; Sabbath 63 b הי"א יוד הי"א auf dem Golddiadem des
Hohepriesters. Sifre 1 14 (5 b 15): מה אלה ביוד הי אף שבועה ביוד הי
(auf derselben Seite noch zwei Mal).

[3]) Pesachim 50 a unten: העולם הזה נכתב ביוד הי ונקרא באל"ף
דל"ת אבל לעולם הבא כולו אחד נקרא ביוד הי ונכתב ביוד הי.

κρυπτόν denken[1]), allein dies wäre nur eine sachliche, aber keine wörtliche Wiedergabe, denn in's Hebräische übersetzt, lautet dieser Name השם הנסתר, was sich nur bei den Samaritanern[2]), aber nicht bei den J u d e n zur Zeit der Tradition findet. In Pap. Lond XLVI 47 findet sich σαμαζορρηθ, was Schwab Vocabulaire de l'Angelologie sub voce, wohl mit einem Fragezeichen versehen, mit שם המפרש identificirt. Wenn dies überhaupt richtig ist, ist eher an eine Umschreibung von שמא פרישא zu denken.

Die jetzt übliche Benennung „der vierbuchstabige Name" lautet hebräisch שם בן ארבע אותיות; sie findet sich meines Wissens im Talmud nur zwei Mal: Kidduschin 71 a und Sanhedrin 60 a. Die griechische Uebertragung dieses Namens ist τὸ τετράγραμμον ὄνομα τὸ μυστικόν. (Clemens Stromata ed. Dindorf III p. 25₂₇, siehe Deissmann p. 2). Bewerkenswerth ist, dass diese wenig significante[3]) Bezeichnung in den Zauberpapyri nicht angetroffen wird, während die 7 magischen Vocale mit dem ähnlich geprägten τὸ ἑπταγράμματον ὄνομα[4]) benannt sind.

Sehr häufig wird Gott mit dem Epitheton ἀόρατος „der Unsichtbare" versehen. Den Anthropomorphismus „und sie schauten Gott und assen und tranken" (Exodus 24, 11), haben schon die Targume hinweggedeutet, indem sie umschreiben: Sie sahen die Herrlichkeit Gottes und freuten sich über ihr Opfer als hätten sie gegessen und getrunken[5]); LXX übersetzt καὶ εἶδον τὸν τόπον οὗ εἱστήκει ὁ θεὸς τοῦ Ἰσραήλ (V. 10); καὶ ὤφθησαν ἐν τῷ τόπῳ τοῦ θεοῦ, καὶ ἔφαγον καὶ ἔπιον (V. 11). Die heilige Schrift sagt wohl, kein Mensch könne Gott sehen und am Leben bleiben (Exodus 33, 20;

---

[1]) Pap. Paris Zeile 1609: ἱερὰ καὶ μεγάλα καὶ κρυπτὰ ὀνόματα. Context jüdisch, vgl. Z. 1628 und Wessely Index sub ὄνομα..

[2]) Z D M G 23, 632.

[3]) Baba Bathra 166 b₅ (= Soferim II 3) ist mit שם בן ארבע אותיות nicht der Gottesname bezeichnet; Joma 38 b₄ תיבה של די׳אותיות, vgl. Mischna Joma III Ende מעשה הכתב und die Bemerkung Raschis.

[4]) Dietrich 195₁₈; vgl. auch 194₁; ferner 175₁₃ καὶ τὰς ἑπτὰ φωνάς; 173₈ τὸ μέγα ὄνομα ταῖς ἑπτὰ φώναις.

[5]) Siehe Schefftel, Biure Onkelos z. St.; Numeri rabba c. 15 Nr. 24.

(104 c 12) bemerkt זה שם המפורש ששמע מסיני „dies ist der Schem Hameforasch, den er am Sinai gehört hat". Targ. Jonathan sagt dasselbe mit den folgenden Worten: שמא רבא דקירא דמתפרש דשמע בסיני. Levi sagt (Pesikta p. 148 a): „wer den Namen Gottes ausspricht, ist nach Lev. 24, 16 des Todes schuldig"[1]). Diese Stellen zeigen, dass מפרש in verschiedenen Bedeutungen gebraucht wird. Im Targum zu Hl. 3, 17; Koh. 3, 11; Jonathan zu Exodus 32, 25 und Leviticus 24, 11 kann es nur bedeuten, der b e k a n n t g e g e b e n e N a m e, während es in Levi's Ausspruch mit „aussprechen" übersetzt werden muss. In letzterem Sinne wird dieser Stamm auch in der beregten Sifrastelle gebraucht in den folgenden Worten: אמר מה ששמעת בפירוש „sage das was du gehört hast [das Tetragramm], in der Aussprache". Sicher scheint mir, dass שם המפורש aus dem aramäischen Sprachgebrauch zu erklären ist. Es dürfte weder den „ausgesprochenen", noch den „ausgezeichneten" und am allerwenigsten den „verborgenen" (Grünbaum) Namen bezeichnen. Doch will ich die Frage nach der ursprünglichen Bedeutung des Schem Hameforasch auf sich beruhen lassen und mache blos einige Bemerkungen. Vielleicht bedeutet dieser Name manchmal, wie z. B. im Targum Hl. 3, 17 und Koh. 3, 11, nicht das Tetragramm, sondern den aus 12, 42 oder 72 Buchstaben zusammengesetzten Namen. Haja Gaon und Raschi halten den 42-er Namen für den שם המפורש[2]). In dem schon mehrmals genannten Buche Moses' über den heiligen Namen heisst es: τέλει τί μοι, κύριε, τὸν μέγαν κύριον ἄφθεγκτον χαρακτῆρα, ἵνα αὐτὸν ἐγὼ καὶ ἀκίνδυνος καὶ ἀνίκητος καὶ ἀκαταμάχητος παραμένω[3]). Wer also im Besitze der Buchstaben des N a m e n s ist, wird unbezwinglich, was ganz wie die citirte Targumstelle klingt. Welches griechische Aequivalent der Benennung שם המפורש entspricht, weiss ich nicht zu sagen. Man könnte an ὄνομα

---

1) כל מי שמפרש שמו של הקב"ה חייב מיתה.

2) Löw, Gesammelte Schriften I 204 n. 6 und 205 n. 7 (Raschi Sanh. 60 a und Erubin 18 b).

3) Dietrich, Abraxas 204.

κρυπτόν denken[1]), allein dies wäre nur eine sachliche, aber keine wörtliche Wiedergabe, denn in's Hebräische übersetzt, lautet ·dieser Name השם הנסתר, was sich nur bei den Samaritanern[2]), aber nicht bei den J u d e n zur Zeit der Tradition findet. In Pap. Lond XLVI 47 findet sich σαμασορη,θ, was Schwab Vocabulaire de l'Angelologie sub voce, wohl mit einem Fragezeichen versehen, mit שם המפרש identificirt. Wenn dies überhaupt richtig ist, ist eher an eine Umschreibung von שמא פרישא zu denken.

Die jetzt übliche Benennung „der vierbuchstabige Name“ lautet hebräisch שם בן ארבע אותיות; sie findet sich meines Wissens im Talmud nur zwei Mal: Kidduschin 71 a und Sanhedrin 60 a. Die griechische Uebertragung dieses Namens ist τὸ τετράγραμμον ὄνομα τὸ μυστικόν. (Clemens Stromata ed. Dindorf III p. 25$_{27}$, siehe Deissmann p. 2). Bewerkenswerth ist, dass diese wenig significante[3]) Bezeichnung in den Zauberpapyri nicht angetroffen wird, während die 7 magischen Vocale mit dem ähnlich geprägten τὸ ἑπταγράμματον ὄνομα[4]) benannt sind.

Sehr häufig wird Gott mit dem Epitheton ἀόρατος „der Unsichtbare“ versehen. Den Anthropomorphismus „und sie schauten Gott und assen und tranken“ (Exodus 24, 11), haben schon die Targume hinweggedeutet, indem sie umschreiben: Sie sahen die Herrlichkeit Gottes und freuten sich über ihr Opfer als hätten sie gegessen und getrunken[5]); LXX übersetzt καὶ εἶδον τὸν τόπον οὗ εἱστήκει ὁ θεὸς τοῦ Ἰσραήλ (V. 10); καὶ ὤφθησαν ἐν τῷ τόπῳ τοῦ θεοῦ, καὶ ἔφαγον καὶ ἔπιον (V. 11). Die heilige Schrift sagt wohl, kein Mensch könne Gott sehen und am Leben bleiben (Exodus 33, 20;

---

[1]) Pap. Paris Zeile 1609: ἱερὰ καὶ μεγάλα καὶ κρυπτὰ ὀνόματα. Context jüdisch, vgl. Z. 1628 und Wessely Index sub ὄνομα.

[2]) Z D M G 23, 632.

[3]) Baba Bathra 166 b$_5$ (= Soferim II 3) ist mit שם בן ארבע אותיות nicht der Gottesname bezeichnet; Joma 38 b$_2$ תיבה של די־אותיות, vgl. Mischna Joma III Ende מעשה הכתב und die Bemerkung Raschis.

[4]) Dietrich 195$_{18}$; vgl. auch 194$_7$; ferner 175$_{11}$ καὶ τὰς ἑπτὰ φωνάς; 173$_8$ τὸ μέγα ὄνομα ταῖς ἑπτὰ φώναις.

[5]) Siehe Scheffel, Biure Onkelos z. St.; Numeri rabba c. 15 **Nr. 24.**

vgl. Richter 6, 22, 23 und 13, 22), dass aber Gott u n -
s i c h t b a r sei, findet sich in ihr nicht.

Die Lehre von der absoluten Unsichtbarkeit Gottes,
zu der kleine Ansätze in der Tradition vorhanden[1]) sind,
haben, wie mir scheint, die Gnostiker propagirt und zum
Bewusstsein gebracht. Clemens spricht über die schon
erwähnte Schriftstelle Exod. 24, 11 und gebraucht bei dieser
Gelegenheit zwei Mal das Wort ἀόρατος[2]). Von den acht Aeonen
eines gnostischen Schöpfungssystems (Ur-Ogdoas) heisst
die 3. Ἄρρητος, die 4. Ἀόρατος und die 7. Ἀνονόμαστος[3]). Wie
3. und 7., ist auch ἀόρατος e i n e r B e z e i c h n u n g d e s
T e t r a g r a m m a t o n e n t n o m m e n. Pap. Paris 959—60
findet sich unter jüdischen Attributen Gottes ἀόρατος ιαηλ „der
unsichtbare ‏ײ‎ + ‏לא‎"; Pap. Brit. Museum XLVI 124: ἀόρατον
Θεόν[4]). Der „Unsichtbare" ist ein so bezeichnendes Epitheton
des Gottes Israels geworden, dass die altgriechischen Ono-
mastika ια (= ‏ײ‎) als Bestandtheil von Eigennamen gewöhnlich mit ἀόρατος übersetzen, wie ich Revue des Études
Juives XXXII 156 f. nachgewiesen habe. Es wird ausdrücklich gesagt: ἑβραϊκῶς τὸ ΙΑΩ ἀόρατον σημαίνει[5]). ‏יהוה‎ bedeute
demnach den „Unsichtbaren". Da die Juden im schärfsten
Gegensatze zur heidnischen Welt gar keine Bilder duldeten,
sind auch die Heiden schon früh zu der Ueberzeugung gelangt,
dass die Juden einen „unsichtbaren" Gott verehren, was
Tacitus (Historiae V 5) trefflich zum Ausdruck gebracht
hat mit den Worten: „Judaei mente sola unumque numen
intelligunt; profanos, qui deum imagines mortalibus
materiis in species hominum effingant etc. Igitur nulla
simulacra urbibus suis, nedum templis, sistunt; non regibus
haec adulatio, non Caesaribus honor". Für den technischen
Ausdruck ἀόρατος gibt es kein hebräisches Aequivalent, weil

---

[1]) Z. B. Sukka 45 b; Jebamoth 49 b unten; Lev. rabba c. 1 g. E.
Propheten und Fromme sehen Gott durch Glas (‏אספקלריא‎ s. Levy I 129
und Krauss, Griechische und lateinische Lehnwörter II s. v.)

[2]) Bei Hilgenfeld, Ketzergeschichte 299; auch in dem Citat aus
Hippolytus II Phil. IX 20: ὄντα ἀόρατον.

[3]) l. c. 368.

[4]) Siehe noch Pap. Par. 1149 und Abraxas 176$_{18}$.

[5]) Tzetzes Chiliad. citirt bei Gesenius, Thesaurus II 577 a.

derselbe im bewussten Gegensatze zur heidnischen Anschauung von Hellenisten geprägt worden.

c) Das Tetragrammaton und die aegyptischen Zauberpapyri.

Ueber Bennenung und Aussprache des Tetragramms ist schon vielfach verhandelt worden, ohne das allgemein angenommene Resultate erzielt worden wären[1]). Aus den jüdischen Quellen, so reichlich sie auch fliessen, wäre eigentlich blos das einzige Datum der Nichtaussprache zu holen. Da die Aussprache nur den würdigeren Schülern gelehrt wurde, gerieth sie in nachtalmudischer Zeit im Laufe der Jahrhunderte in Vergessenheit, so dass eine Ueberlieferung schon lange nicht mehr existirt. Man ist also lediglich auf die Angaben der Kirchenväter angewiesen, welche in unserer Zeit aus den griechischen Zauberpapyri eine erfreuliche Bereicherung erfahren haben[2]). Es ist nun die Frage, ob die ausserjüdische Aussprache des Tetragrammaton und die verschiedenen Variationen desselben thatsächlich auf jüdischer Tradition beruhen? Wird dies für die vollen Umschreibungen bejaht, dann ist eine weitere Frage, ob die kurzen Umschreibungen, welche aus zwei oder drei Buchstaben bestehen, ebenfalls auf jüdische Vorbilder zurückgehen, oder vielleicht blos Abkürzungen des ursprünglichen Gottesnamens sind?

Die erste Frage hat F. Dietrich entschieden mit Nein beantwortet. Er sagt (Zeitschrift für die alttestamentliche Wissenschaft III 298) „der unsagbare Name ist von den Juden auch

---

[1]) Wir nennen blos die folgenden Abhandlungen: Geiger A., Urschrift 263 ff.: L. Löw, Die Aussprache des vierbuchstabigen Gottesnamens (Gesammelte Schriften I. Band 187—212 == Beilage zu Ben Chananja Nr. 35 col. 85—92 Jhg. 1866); Grünbaum, Ueber Schem Hammephorasch als Nachbildung eines aramäischen Ausdrucks etc. (Z D M G 39. 543 ff. 40, 234 ff.); siehe dieselbe Zeitschrift 16. 400 und 31, 225 (Grünbaum): 32, 505 (Nestle); 33. 297 (Fürst); 35. 162 (Nager): Sidon nnd Bacher, Revue des Etudes Juives XVII. Ferner Driver, Recent Theories on the Origin and Nature of the Tetragrammaton (Studia Biblica I p. 1 ff.). In dieser lichtvollen Uebersicht ist p. 16 n. 1 statt בעתתת zu lesen בשעתת und in dem Citat aus dem Cusari statt ובי: וביו.

[2]) Deissmann, Bibelstudien. Marburg 1995, I Griechische Transskriptionen des Tetragrammaton S. 3—20.

n i e gesagt worden etc., die K.-V. w o l l e n ihn geben,
k ö n n e n aber nicht". Es ist allerdings wahr, dass die Aussprache des vierbuchstabigen Gottesnamens für eine Todsünde
erklärt wurde[1]). Dieses Verbot beweist aber zur Genüge,
dass die Aussprache des Gottesnamens nicht in Vergessenheit gerathen war, wofür auch andere Belege vorhanden
sind[2]). Die Aussage, die Priester hätten nach dem Tode
Simon's des Frommen sich enthalten beim Segen den N a-
m e n zu sprechen[3]), will m. E. nicht sagen, dass von diesem
Zeitpunkte angefangen der Gottesname überhaupt nicht mehr
ausgesprochen worden ist — dies stünde mit den Vorschriften der Tannaiten im Widerspruche — sondern blos, dass
dies in der Zeit nach seinem Tode ein oder mehrere Jahre
hindurch der Fall war. Nicht nur den Tannaiten des zweiten
Jahrhunderts, sondern auch Späteren war die Aussprache des
Tetragramms bekannt[4]), wie wir noch sehen werden. Allerdings wurde er geheim gehalten, trotz dieses Umstandes ist aber
die Möglichkeit, die Kenntniss des Schem Hameforasch sei
in ausserjüdische Kreise gedrungen, nicht in Abrede zu stellen.
Es gab nämlich ein Gebiet, wo sich Juden, Christen und
Heiden begegneten, — die Zauberei.

Dass jüdische und heidnische Zauberei sich gegenseitig beeinflussten, bedarf Angesichts der Zauberpapyri
keines besonderen Beweises. Es genügt ein Hinweis auf
diese und auf Abschnitt III dieser Schrift. Der Perser,
der das Tetragramm ausspricht und mit demselben seinen Sohn
tödtet (j. Joma 40 d unten), ist sicherlich ein Magier, der mit
diesem Namen Zauber trieb. Da die Magie sozusagen intercon-
fessionell und international war, steht es ausser Zweifel, dass die
in den Zauberformeln gebrauchten jüdischen Gottesnamen von

---

[1]) Mischna Sanhedrin X 1; Tosifta ibidem XII 9 (433,₈ Zuckerm.);
Sifre Zutta im Jalkut I Nr. 711; b. Aboda Zara 18 a,; Schocher Tob
c. 91 Ende (ob. p. 121 n. 2).

[2]) Siehe Geiger, Urschrift 264 f.

[3]) Tosifta Sota XIII 8 (319,₄): ונמנעו חבריו מלברך בשם (vgl. b.
Joma 39 b).

[4]) Venetianer hat (Magyar Zsidó Szemle VIII 490 ff.) schon Psalm
44, 21—23 auf die Unkenntniss der Aussprache des Tetragramms beziehen
wollen.

den Juden herstammen, selbst in den Fällen, wo die Formel
selbst sicher heidnisch ist. Aus den Zauberpapyri lassen sich
fast alle Transkriptionen des Tetragrammaton, welche die
Kirchenväter geben, belegen[1]). Es wäre also unbegreiflich,
wie Heiden und Christen in der Wiedergabe des jüdischen
Gottesnamens übereinstimmen können, wenn keine gemein-
same Quelle angenommen wird. Ohne Frage kann diese
Quelle nur das Judenthum sein. Nach einer Zusammenstellung F. Dietrichs (Z. A. W. III 298) findet sich für
יהוה bei Clemens Ιαουε[2]), bei Epiphanius und Theodoret Ιαβε,
welches die samaritanische Aussprache darstelle. Deissmann
(p. 10) citirt aus verschiedenen Zauberpapyri ιχωουηι, ιχωουηε
ιχωουεη, ιηωουε, von denen manche mehrmals angetroffen
werden. Es ist klar, dass in den erwähnten Wortformen die
sieben Vocale αεηιουα, welche in der Magie eine gross Rolle
spielen, in eine solche Ordnung gebracht worden sind, dass
sie an Ιαουε anklingen. Besonders beachtenswerth ist das
an die Spitze gestellte Jota und das ans Ende gestellte
Epsylon; ferner ist ω deshalb an die dritte Stelle gesetzt,
damit die ersten drei Vocale an Ιαω anklingen. In ιχωουηι
dürfte das letzte ι für ε verschrieben sein, da dieser Vocal
fehlt. Für diese Vermuthung spricht die Zusammenstellung
von αδωναι κύριε ιχωουηε, welches auf hebräisches אדני אלהים יהוה
hinweist. Demnach wäre gesprochen worden Ja+we, denn ου
ist ו, wie in ουκλεσμωθ des Origenes = שמות ואלה u. sonst. Aus
der Mischna ist Sanhedrin 56 a (= Sifra 104 c Weiss)
heranzuziehen, wo als Umschreibung יוסה gebraucht wird[3]).
Es sollte die volle Aussprache von den Zeugen in dem
Processe eines Gotteslästerers gefordert worden; dies wird,
um den Gottesnamen nicht zu nennen, mit יוסה ausgedrückt.
Bis auf ס finden wir hier die Buchstaben des Tetragramms.
Es ist hieraus mit Sicherheit zu entnehmen, dass die zweite

---

1) Deissmann l. c.

2) Deissm. p. 4 n. 2

3) Die Schreibung יוסי dürfte unter der Einwirkung des Personen-
namens „José" entstanden sein. D. Oppenheim hat in Kobak's Jeschurun
(deutsche Abtheilung) 4, 81 ff. יוסי mit Jupiter indentificiren wollen;
was Kohut Jewish Quarterly Review III 552—54 vorträgt, ist ebenfalls
ganz falsch.

Silbe mit Segol ausgesprochen wurde: יִסֶּה = יִסֶּה . Zwar hat
F. Dietrich (Z. A. W. IV 27) auch für die Schreibung
יוסה (mit ה) die Aussprache Josê gefordert: „Denn im Futur
wie im Particip der Verba אל ל (לה:) herrscht seit dem biblischen Chaldaismus, nach dem sich noch spät gerichtet wurde,
die Orthographie mit א - (ה -) etc." Er hat aber dabei
ausser Acht gelassen, dass das fragliche Wort in der Mischna
kein aramäisches, sondern ein neuhebräisches ist. Die erste
Silbe ist, wie Dietrich und Andere aus den griechischen
Umschreibungen und aus grammatischen Gründen schliessen,
mit Pathach zu vocalisiren: Ja. Unser יֹסֶה deutet auf die
Aussprache Jo hin. Es ist nämlich anzunehmen, dass in der
andeutenden Umschreibung „Jose" beide Vocale des Tetragramms beibehalten sind, wie in אלהי ישראל = אימוס ישראל,
wo E p o p e dieselben Vocale hat, wie E l o h e.[1]) Bei dem
mystischen Feste der Bachweide umkreiste man am siebén-
ten Tage des Hüttenfestes den Altar sieben Mal und sprach
zum Abschied יופי לך מזבח, was mit „Schönheit dir Altar" erklärt
wird (Mischna Sukka 45 a). Vielleicht ist dieses יופי eine ähnliche Umschreibung des Tetragramms wie יוסה und der ganze
Satz bedeutet: „JHWH dir Altar." Auf diese Vermuthung
führen mich die folgenden Worte der Zauberpapyri: ιαω αστω
ωφη (Pap. Paris Zeile 1896); ωπη (ib. 2746); in Zusammensetzungen: ωπακερβηθ, ωπαθατναζ (mehrmals, siehe Wessely
Index). Dieses Jophe mag auch in יופיאל stecken, das sich
in dem von Gaster herausgegebenen Zaubertext „The Sword
of Moses" II 34 vorfindet, das mit ιαφηλ (Pap. Paris, Zeile
86) identisch zu sein scheint. Zu ιαφηλ kann noch gestellt
werden ιαπως in dem Satze σύ εἶ ιαβας σύ εἶ ιαπως (Pap. Lond.
XLIV. 104 bei Wessely I 129). Das vorangehende ιαβα, das
die samaritanische Aussprache des Tetragramms ist, zeigt,
dass ιαπως ebenfalls jüdisch ist. Wir hätten also auch in
diesen Umschreibungen Belege für die Aussprache Jo, nämlich J o p h e und J o p a neben J a p h e l und J a p o s.

---

1) j. Nedarim 42 c,₁. Vgl. Bacher, Revue des Etudes Juives XXXV
116 und Krauss, Griechische und lateinische Lehnwörter II s. v. Ich
halte die im Text gegebene, von Jastrow stammende Erklärung für die
einzig richtige. Schwab, Vocabulaire de l'Angelologie: ὠπωποι (?)

Grammatisch könnte ich freilich יהוה nicht rechtfertigen. Die meisten Zeugen sprechen für die Aussprache Jah+we; es ist meines Erachtens übertriebener Skepticismus, wenn man diesen Zeugen nicht trauen will.

Andere Zeugnisse für die Aussprache des Schem Hameforasch sind in der jüdischen Litteratur nicht vorhanden. Dass sie jedoch den Rabbinern im Anfange des 5. Jahrhunderts zu Bethlehem abhanden gekommen wäre, wie Dietrich (Z. A. W. III 282) behauptet, ist nicht wahrscheinlich. Kidduschin 71 b wird nämlich erzählt, Raba (Mitte des 4. Jahrh.) habe die Aussprache des Tetragramms öffentlich bekannt machen wollen; R. Mana (4. Jh.) sagt, die Samaritaner sprechen das Tetragrammaton beim Schwur aus[1]). Noch um's Jahr 1000 sagt Haja Gaon Schuloberhaupt in Pumpeditha: שם הקודש מצוי בישיבה (Müller, Einleitung in die Responsen der babylonischen Geonen p. 205 n. יח). Freilich meint er den 42 buchstabigen Gottesnamen (Müller p. 222), es ist jedoch wahrscheinlich, dass den Mitgliedern des Lehrhauses auch die Aussprache des Tetragrammaton, welche viel leichter zu tradiren war und dem 42 Namen an Wunderkraft nachstand, bekannt war. Es ist mithin sicher, dass die Aussprache Hieronymus deshalb nicht mitgetheilt wurde, weil dies nicht erlaubt war. „Anfangs überlieferte man das Tetragramm jedem, seitdem die Unfrommen,"[2]) überhand nahmen, überlieferte man sie nur den Frommen. Nicht nur Priestern, sondern jedem würdigen Schüler wurde es ein oder zwei Mal in der Woche überliefert, sagt R. Jochanan (gest. 279)[3]).

---

[1]) Zur Mischna Sanh. X, 2 ההוגה את השם באותיותיו bemerkt R Mana j. Sanh. 28 b4: כנון אילין כותאי דמשתבעין; b. Sanh. 101 a תנא ובנבולין, ובלשון אנה wo mit אנ(ע)נה (murmeln) magisch aussprechen gemeint sein dürfte. Levy I 17 b übersetzt ובנבולין „in den umliegenden (d. h. samaritanischen) Gegenden", während es heissen müsste „am Lande (d. h. ausserhalb des Heiligthums)". Vielleicht bedeutet דמשתבעין auch „zu magischen Zwecken schwören" oder gar „beschwören", wenn ת getilgt wird.

[2]) j. Joma 40 d u.: בראשונה היה נמסר לכל אדם, משרבו הפרוצים לא הוה נמסר אלא לכשרים.

[3]) Kidduschin 71 שם: שם בן ארבע אותיות חכמים מוסרין אותו לתלמידיהן פעם אחת בשבוע ואמרי לה פעמים. Siehe weiter unt. p. 138 f.

Ein Arzt in Sephoris wollte es R. Pinchas bar Chama lehren, er lehnte es aber ab, weil er „Zehnten" nimmt, wer aber das Tetragramm kennt, darf von niemand etwas annehmen[1]). Die Zauberpapyri bieten ebenfalls einen Beweis für die fortdauernde Kenntniss der Aussprache des Gottesnamens. Es ist nicht unmöglich, dass die Priester des Oniastempels den Aegyptern diese Kenntniss vermittelt haben.

Aus den Zauberpapyri fällt ein helles Licht auf den Begriff „Vergesellschaftung des Gottesnamens", den, wie wir sehen werden, manche missverstanden haben. Der Synkretismus ist der hervorstechendste Charakterzug der Magie. Die Hauptrolle fällt natürlich den Göttern und Geistern zu. In der aegyptischen Magie, von welcher die jüdische abhängt, kam es hauptsächlich auf die Anrufung des richtigen Gottesnamens zur richtigen Zeit an. Schon aus diesem Grunde wurden zu gleicher Zeit mehrere Götter angerufen, da man im gegebenen Falle nicht sicher sein konnte, welcher der „richtige" ist. Ferner glaubte man, mehrere Götter besitzen eine grössere Macht, was also der Eine allein nicht auszurichten vermag, das kann den vereinten Kräften mehrerer gelingen. Die verschiedensten Nationalgötter sind daher in Beschwörungen vereint worden. Wir führen einige Belege an, in denen jüdische und heidnische Gottesnamen neben einander erscheinen. Pap. Paris 3025 sind genannt: 1. Jabaiae, 2. Abraoth, 3. Aia, 4. Thoth, 5. Ele, 6. Elo etc., von diesen ist 1 = Jaba + Jae (= samar. יהוה + יה); 3 = אהיה oder יה; 5 und 6 = אלָה (aramäisch) oder אלָה (syrisch) und Thoth ist ein aegyptischer Gott[2]); daselbst Zeile 92 folgen nach Adonai Eloai Sabaoth etwa 40 Zeilen unverständliche magische Worte, unter denen mehrere heidnische Götternamen sind. Nach einer Beschwörung bei Jao, Sabaoth und Adonai folgen wieder mehrere Zeilen unverständlicher Worte, nach denen „die Idolen der Todten" erwähnt werden (1484—95);

---

[1]) Jer. l. c. Die Aerzte waren halbe Magier, sie kannten also auch die Aussprache des Tetragramms.

[2]) Diese Stelle haben wir schon oben Seite 113 erklärt. Vgl. Zeile 390: ελω, ελωπιος; Z. 204: ιραμει (= ארמי?), nachher ιχω.

Zeile 1376: Aoth, Abaoth, Basum (= בְּשֵׁים = aram. Name?)[1])
Isak, Sabaoth, Jao, Jakop (sic); 4015: Jaeo (= יָה) Phta
(aegypt. Gott). Oft wird der jüdische Gottesname mit einem
anderen Worte zusammengesetzt. Pap. Paris: ενισαβαωθ[2])
(14, ενιμιχαηλ 16); ϡχρϡχρχ᷎ωνχι (385); χδωνχι ϡχρϡχρ ιχω
(1552); εινντχϡχωθ (1413) = ειον + τχϡχωθ;[3]) χενταϡχωθ
(2754); χρϡχρχδωνχι (2772); ιχϡεϡεϡϑ (1798 und 2000 = Jabe
(יהוה) + Zebuth[4]); ϛωτχλωχ (1116) = ϛωτ + אלוה. Es kommen
eine ziemliche Anzahl auf Êl endende Engelnamen vor: Gab-
riël, Misael, Michael, Uriel, Raphael, Suriel (= סוריאל), Thu-
riel (= צוריאל), Istrael (= Israel[5]). Andere Namen mit der
Endung El (ηλ) bezeichnen Götter. Wir führen einige an:
ὁ κύριος βουηλ. ϛϑχρϑχρϑχηλ[6]) (Pap. Par. 982); „dein Name
ist Barbariel, Barbaraïel, Gott Barbarael, Bel, Buel" (1030);
Enrôchesuel (1138); Thephichuônel (1160); Peratônel; Ta-
chiel (3214); Afriel (3217). Mit Jaô zusammengesetzer Name:
Tiniao (3015, vorher Phta und nachher Pheôch). Man hat
sogar, wie es scheint, die Buchstaben zweier Gottesnamen
unter einander gemischt, was die spätere Kabbala oft thut.
In der oben besprochenen hebräischen Dämonenbeschwörung

---

1) Vgl. Dietrich 1821ı: Das sind die ersten Engel χρχγχ [=
araba = עֲרָבָה?] χδωνχι ϡχστημμ ιχω. Die letzten zwei Worte =
בשם יהוה. 1734: „Diese Namen: Achapa, Adonaie, Basma, Charako,
Jakob, Jaoé Pharpharéi (vgl. ib. 1802).

2) Fehlt bei Wessely im Index; ebenso fehlt ϛχϡχωθ Zeile 390.
Zeile 1235 kommt vor ευχ Jao Sabaoth, was uns auf den Gedan-
ken führen könnte, Ena sei אָ(הִ)נָא. Die Mischna Sukka 45a אֲנִי וְהוּ הוֹשִׁיעָה
נָא „Ani und Ho hilf" bestärkt uns in dieser Meinung, denn sowie הוּ
eine Abkürzung von יהוה, ist אֲנִי eine Abkürzung von אֲדֹנָי. Dass הוּ ein
Ersatz für das Tetragramm ist, wird Sabbath 104a ausdrücklich gesagt:
הָיוּ זֶה וְזֶה שְׁמוֹ שֶׁל הַקָּבָ׳ה. Schwab (Vocabulaire s. v. אֲנִי) vermerkt nur nach-
talmudische Stellen, in denen אֲנִי ebenfalls Gottesname ist. Ich stelle
die Entscheidung über diese Vermuthung dem Leser anheim.

3) ϛ = χ, wie צור = Tyros; Tabaoth ist also = Sabaoth; Papyr.
Lond. 62 ebenfalls τχϡχωθ. ειου kann aber auch wie ιου eine Umschreibung
von יהוה sein (Revue d. E. J. XXXII 157.)

4) Ueber ϡεϡϑ = צְבָאֹת siehe Deissmann a. a. O. p. 15.

5) Mit Ausnahme von Raphael und Suriel kommen die genannten
Engelnamen Pap. Par. 1814 ff. vor und einzeln auch sonst.

6) Phta ist aegyptischer Gott und drei Mal wiederholt. μελχα-
μελχουχηλ (315) ist wahrscheinlich = מֶלֶךְ אֵל.

lautet ein Wort inmitten von Gottesnamen σναβρασιλωϑ[1]), das σαβαωϑ+υφσιλ oder συ+αβαωϑ+σιλ sein dürfte[2]). Ich lege auf die vorgetragenen Vermuthungen kein besonderes Gewicht und will blos festgestellt haben, dass heidniche Götternamen mit den jüdischen Gottesnamen v e r e i n t oder durch die Endung El für den jüdischen Gott ausgegeben werden. Wir erinnern. uns der oben angeführten Agada, nach welcher die Heiden behaupten, ihre Götter wären ebenso gewaltig wie der jüdische Gott, wenn sie dessen Namen führten.

Auf Grund der skizzirten Anschauung können wir in das Verständniss der folgenden Aussprüche der jüdischen Tradition tiefer eindringen, als es bislang der Fall war. Als Israel das goldene Kalb verfertigen liess, da sagte Gott zu Mose, Israel „warf sich nieder vor dem Kalb und opferte ihm und sie sprachen : Diese sind deine Götter, welche dich aus Aegypten heraufgeführt haben" (Exodus 32, 8). Manche meinen nun, Israel habe nicht dem Götzenkalb allein geopfert, sondern Gott in Verbindung mit demselben. Ebenso haben sie die Herausführung aus Aegypten nicht ausschliesslich dem goldenen Kalb, sondern auch Gott zugeeignet. „Wenn Israel den N a m e n des Heiligen, gelobt sei er, mit dem Götzen nicht verbunden hätte, wäre es von der Welt vernichtet worden. Simon ben Gamliel sagt : Ist denn nicht jeder, der den Namen Gottes mit einem Götzen verbindet, der Vernichtung schuldig? heisst es ja „wer den Göttern opfert, werde vertilgt, n u r dem Ewigen allein" (Exodus 22, 19). W i e denn ist zu verstehen die Aussage der Schrift (Deut. 11, 16) „Ihr habet anderen Göttern gedient und euch vor ihnen niedergeworfen"? Dies lehrt, Israel habe sich mehrere Götzenstiere verfertigt"[3]). Exodus 32, 8 heiss

---

[1]) Dietrich 139; Pap. Par. 3032. ιαϑα dürfte aus ιαβα verschrieben sein; αλληλου vielleicht הללו; ιαχουϑ vielleicht ιαχουβ = Jakob, wofür auch ιαχουβιαι vorkommt.

[2]) Bei Kabbalisten wird יהוה אדני oft geschrieben: אהדותהי.

[3]) Sifre II 43 (81 b): אחרים אומרים אלו לא שתפו ישראל שם: של הקבה בעבודה זרה היו כלים מן העולם רשבג אומר והלא כל הטשתף שם שמים בעז הרי הוא חייב כלייה שנאמר זובח לאלהים יחרם בלתי לה׳ לבדו. Dasselbe Mechilta zu Ex. 22, 19 (p. 94 b unt.) mit sachlich unwesentlichen Abweichungen; ferner Simon b. Jochai statt Simon b. G.-Sanhedrin 63 a: אחרים אומרים אלסלא היי שבהעלוך (Ex. 32. 8) נתחייבו רשעידם שנאתם] של ישראל כלייה. אמר לו (?) רש בן יחי והלא כב הטשתף שם

es „diese sind deine Götter" und nicht wie Nehemia 9, 19
„dieser ist dein Gott", hieraus folgt, dass die Israeliten
Gott mit dem goldenen Götzen verbanden und sprachen:
Gott und das Kalb haben uns aus Aegypten erlöst[1]). Auf
die Endsilbe des Namens Israel scheinen schon Deut. 28,
10 und andere Schriftstellen anzuspielen. Aber in den
Bannkreis magischer Ideen stellt diese Thatsache erst R.
Jannai. Er sagt: „Gott habe seinen grossen Namen mit
Israel verbunden. Ein Gleichniss. Ein König hatte einen
Schlüssel zu einem kleinen Schmuckkästchen, da dachte er,
wenn ich den Schlüssel so lasse, wie er ist, könnte er in
Verlust gerathen; ich werde ihm also eine Kette machen,
wenn er verloren geht, wird die Kette zeigen, wo er ist.
So dachte auch Gott: wenn ich Israel lasse, so wie es ist,
wird es von den Völkern aufgesogen werden; ich verbinde
also meinen grossen Namen mit ihnen, da werden sie leben"[2]).
Simon ben Lakisch, der den angeführten Ausspruch tradirt,
sagt in seinem eigenen Namen: Jeder Engel habe eine
Tafel auf seinem Herzen und der Name Gottes sei mit dem
Namen des Engels verbunden: Michael, Gabriel, Raphael[3]).
Engel und Götter werden in den Zauberpapyri, wie die angeführten Belege zeigen, mit dem Worte El (= Gott) als Endsilbe versehen. Dies Verfahren nennt die jüdische Tradition
שִׁתּוּף. Die Kraft des Namens wird erhöht, denn mit dem
Namen wird auf den Benannten auch die Kraft desjenigen,

שמים ודבר אחר נעקר מן העולם שנאמר וזבח לאלהים וכי. Der Hauptsatz
כל המשתף auch Sukka 45b gegen den schon besprochenen Satz der
Mischna: יום לך יום citirt, was unsere Interpretation יום = Jope =
יהוה zu unterstützen scheint, denn sonst ist da kein שתתף. Die ursprüngliche Version ist die der Mechilta und des Sifre, denn Sanh. l. c. sagt
auch Jochanan אלמלא ויו שבהעלוך וכי. Levy IV 618 übersetzt
המשתף שם שמים ודבר אחר „Jem., der Gott (Gottes Namen) mit einem
andern Wesen gleichstellt (ihnen beiden gleiche Verehrung zollt)".
Ganz schief, denn hier ist nicht davon die Rede, da שתתף nur dann
stattfindet, wenn Gott und Götze bei derselben Handlung genannt werden.

1) Exodus r. c. 42 (140 b Wilna): ויאמרו (l. עשו) עשתו אותו שתמו
אלהו והעגל פרה אתנו. -

2) j. Taanith 65 d 27: שיתף הביה שמו הגדול בישראל וכי כך אמר
הקביה אם מניח אני את ישראל כסות שהם שהם נבלעין הן בין האומות אלא הרי אני
משתף שמי הגדול בהם והן חיים.

3) Pesikta 108 b: ושמו של הקביה משותף בשמו של מלאך וכי.

dem der Name entlehnt ist, übertragen. Diese Anschauung hat zu den Verbindungen verschiedener Gottesnamen bei den Heiden und in der Magie geführt. Zur **Vergesellschaftung** rechnet also die jüdische Tradition auch die Verbindung heidnischer Götter mit dem israelitischen Gotte. Ganz mystisch klingt der Ausspruch des Eleazar Hakappar: Wer den Gottesnamen mit seinem Schmerze verbindet, dessen Nahrung werde verdoppelt, wie es Job 22, 25 heisst: „wenn der Allmächtige in deinen Leiden ist, wirst du doppeltes Silber haben"[1]).

d) Der 12, 42 und 72 buchstabige Gottesnamen und die Zauberpapyri.

„Anfangs tradirte man den zwölfbuchstabigen Gottesnamen jedermann, seitdem sich aber die Unsittlichen mehrten, wurde er nur den Sittsamen unter den Priestern tradirt und diese Sittsamen liessen ihn einfliessen in die Melodie ihrer priesterlichen Brüder. R. Tarfon sagte: Ich stieg einmal auf den Duchan (Estrade) nach dem Bruder meiner Mutter und neigte mein Ohr gegen den Hohenpriester, da hörte ich, wie er den Namen einfliessen liess in die Melodie seiner Priester-Brüder[2])." In dieser ältesten Stelle über die vielbuchstabigen Gottesnamen ist blos der aus 12 Buchstaben bestehende genannt, der in der Tradition, soweit mir bekannt, nicht mehr erwähnt wird. Wenn Tarfon mit dem „Namen", wie der Zusammenhang indicirt, den 12 buchstabigen meint, hätten wir in unserer Stelle eine Angabe für das Alter dieses Namens: die letzte Zeit des Tempelbestandes. Da ferner Tarfon von diesem Namen nicht wie von etwas Neuem spricht, müsste man die Existenz desselben mindestens um ein Jahrhundert hinauf datiren. Doch scheint Tarfon nach der Version des

---

[1]) Berachoth 63 a: כל המשתף שם שמים בצערו כופלין לו פרנסתי
שנאמר וכי. Raschi erklärt: der das Böse mit Gottes Lob aufnimmt oder der betet.

[2]) Zwei Baraithas in Kidduschin 71 a: תיר בראשונה שם בן שתים
עשרה אותיות היו מוסרים אותו לכל אדם משרבו הפריצים היו מוסרים אית׳
לצנועים שבכהונה והצנועים שבכהונה מבליעים אותו בנעימת אחיהם הכהנים
תניא אמר רבי טרפון פעם אחת עליתי אחר אחי אמי אמר לדכן והיסיתי אזני אצל
כהן גדול ושמעתי שהבליע שם בנעימת אחי׳ הכהנים.

jerusalemischen Talmuds (Joma 40 d unt.) blos vom vierbuchstabigen und nicht vom zwölfbuchstabigen Gottesnamen
zu sprechen. Da ist nämlich der Zusammenhang der
folgende: Zehn Mal erwähnte der Hohepriester d e n N a m e n
am Versöhnungstage . . . die Nahestehenden fielen auf das
Gesicht, die Fernstehenden sprachen: Gebenedeit sei sein
herrlicher Name in Ewigkeit. Aber weder diese, noch die
anderen rührten sich von dort, bis ihnen der Name nicht
w i e d e r verborgen ward . . . . Anfangs sprach der Hohepriester mit lauter Stimme, seitdem die Unsittlichen sich
vermehrten mit gedrückter Stimme. R. Tarfon sagte: Ich
stand unter meinen Priester-Brüdern in der Reihe und
neigte mein Ohr gegen den Hohenpriester, da hörte ich,
wie er den Namen einfliessen liess in die Melodie der
Priester. Anfangs tradirte man den Namen jedermann,
nachdem die Unsittlichen sich vermehrten, tradirte man
ihn nur den Sittsamen. Da hier von dem Tetragramm aus-
gegangen wird — השם kann nach einfacher Erklärung anderes
nicht bedeuten — muss sich auch die Nachricht Tarfons auf
das Tetragramm beziehen.

    Auf alle Fälle ist der 12 buchstabige Name älter als
der von 42, denn dieser wird erst von Rab (gest. 247) erwähnt, und zwar unmittelbar nach der mitgetheilten Tradition des b. Talmuds: „Den 42 bstb. Namen tradirt man nur
einem Jünger, der sittsam und bescheiden ist, in der Mitte
seiner Jahre steht, nicht zornig ist und sich nicht berauscht
und nicht starrsinnig bei seiner Ansicht beharrt. Wer ihn
kennt und auf ihn Acht gibt, wer ihn in Reinheit
behütet, der ist geliebt im Himmel und angenehm auf
Erden und seine Furcht liegt auf den Menschen
und er erbt zwei Welten, diese Welt und die zukünftige
Welt"[1]. Alle diese Forderungen werden deshalb gestellt,
damit der Kenner des heiligen Namens denselben nicht
missbrauche. Der Jünger, dem der Name anvertraut wird,

---

1) אסר רב יהודה אסר רב שם בן ארבעים ושתים אותיות אין מוסרין
אותו אלא לסי שצנוע ועניו ועומד בחצי ימיו ואינו כועס ואינו משתבר ואינו
מעמיד על מדותיו וכי׳. Siehe auch Lekach Tob zu Exodus 3. 15 p. 10 a
ed. Buber. Im Talmud und Midrasch ist von diesem Namen sonst nicht
die Rede.

sei sittsam, damit er von demselben keine magische Anwendung zur Befriedigung unsittlicher Leidenschaften mache; er sei nicht zornig und nicht starrsinnig, damit er den Namen nicht zur Befriedigung seiner Rachsucht magisch missbrauche, wie schon Raschi zum letzteren Worte richtig bemerkt. Der Name könnte zu Unzucht und Mord, den zwei Hauptverbrechen der Zauberkunst, missbraucht werden.

Der 72 buchstabige Name wird in den Talmuden überhaupt nicht erwähnt[1]), dagegen mehrmals im Midrasch), aber nur in einem und demselben Ausspruch: „R. Abin sagte, Gott habe Israel mit seinem Namen erlöst (aus Aegypten), denn der Name Gottes bestehe aus 72 Lettern"[2]). Wenn auch der in Rede stehende Name zum ersten Male in diesem Ausspruche erwähnt wird und dieser Amora nicht vor der ersten Hälfte des vierten Jahrhunderts gelebt hat, so ist aus diesem Umstande noch nicht zu schliessen, dass der 72 Name vor dieser Zeit unbekannt war, denn Abin · will als eigene Meinung nicht das angeben, aus wie viel Buchstaben der Gottesname besteht, sondern nur das, dass die Erlösung aus Aegypten mit diesem Namen vollzogen wurde.

---

[1]) Exodus 14, 19—21 zählt jeder Vers 72 Buchstaben. Wenn der 1. Bstb. von Vers 19, der letzte von V. 20 und dann wieder der 1. von V. 21 genommen wird, erhält man והו das in der Mischna Sukka 45 a genannt wird. Nach diesem Verfahren erhält man 72 bstb. Namen (siehe Schwab, Vocabulaire de l'Angelologie p. 30 f.; 64 Z. 11; p. 60 unten). Ob aber das in der Mischna gebrauchte והו, in dieser Weise entstanden ist, wie Raschi z. St. meint, ist mehr als fraglich.

[2]) Genesis rabba c. 44 Nr. 19 (182 b Wilna): רבי אבין אמר בשמו = Lev. r. c. 23 g. Anf. (64 b נאלן ששמו של הקב'ה שבעים ושתים אותיות unt.) = Numeri r. c. 1 Nr. 11 (196 a) = Pesikta r. p. 76 b Friedmann = Pesikta Buber 52 b, wo איר יודן (statt איר אבין) aus dem vorausgehenden Ausspruch des Juda II sich hierher verirrt hat. Friedmann l. c. sagt irrthümlicher Weise, dass auch Gen. r. 44 Judan als Autor genannt sei. Siehe auch Lekach Tob zu Ex. 14, 21 (83 a Buber). Schir r. zu 2, 2 (fol. 27 a): ששמו של הקב'ה ע'ב שמות הן „Der Name Gottes bestehe aus 72 Namen", womit die in der vorigen Anmerkung erwähnte Combination der Buchstaben der Verse Ex. 14, 19—21 gemeint sein dürfte, wenn die Leseart שמות statt אותיות ursprünglich und nicht unter dem Einfluss eben dieser Combination entstanden ist. Vgl. noch Jellinek, Beth Hamidrasch III 32 Z. 10: Gott werde in der zukünftigen Welt den Schem Hameforasch, mit dem der neue Himmel und die neue Erde geschaffen werden, den Frommen offenbaren.

„Der Gottesname bestehe aus 72 Lettern" ist blos die Begründung, woraus zu schliessen ist, dass diese Thatsache
den Hörern bekannt war. Vor Abin's Spruch findet sich
nämlich ein anderer, nach welchem Gott versprochen habe,
Israel zu erlösen mit zwei Buchstaben, nämlich רן Genesis
15, 14, und er erlöste sie mit 72 Buchstaben, soviel habe
nämlich Deut. 4, 34 von לבא bis נדלים, wie Juda II. (nach
250) bemerkt hatte[1]). Wenn auch die zwei A.noräer, von
welchen die eben angeführten zwei Agadas stammen, den
72 bst. Namen nicht nennen, so scheint doch die Spielerei mit
dieser Buchstabenzahl die Existenz eines solchen magischen
Gottesnamens vorauszusetzen. Man darf also behaupten, dass
der 72 Name spätestens in der ersten Hälfte des dritten Jahrhunderts schon vorhanden war[2]). Sowohl die uns überlieferten
Angaben als auch innere Gründe sprechen dafür, dass der
älteste mystische Gottesname der 12 buchstabige ist, aus
welchem in natürlicher Entwickelung der 42 und 72 Bstb.
enthaltende Name hervorgegangen ist. Vielleicht übte auch
der Ausdruck der „grosse Name" (I Könige 8, 42; II
Chronik 6, 32; Jeremia 44, 26; Ezechiel 36, 23) einen Einfluss auf die Ausbildung der vielbuchstabigen Namen. Thatsächlich wird ein solcher mit dem „grossen Namen" gemeint
in Sanhedrin 60 a.

Wie aber diese vielbuchstabigen Namen beschaffen
waren, sagt die Tradition nicht, die Mystiker konnten also
ihrer reichen Phantasie die Zügel schiessen lassen. Maimuni,
der grosse Philosoph, aber nicht grosse Historiker, hat gemeint, es handle sich bei diesen Namen um metaphysische
Dinge[3]), und nicht um Buchstabengruppen, die keinen Sinn
ergeben. Da aber die mystischen Gottesnamen magischen

---

[1]) Genesis r. l. c. und Parallelstellen. Aboth d. R. Nathan 1.
Version c. 14 (57a Schechter) heisst es: Gott b e s t r a f e die Feinde
Israels mit 72 Buchstaben. Siehe auch Schechter, Agadath Schir Ha-
schirim S. 4. Z. 15: mit 70 Bstb. erlöste (Gott) Israel.

[2]) Die nachtalmudischen Angaben beschäftigen uns nicht, siehe
jedoch über dieselben Müller, Einleitung in die Responsen der Geonen
p. 205 n. חי (Hai) und 222 unt.; ferner Jellinek, Philosophie und
Kabbala I 25, 34 (Abulafia über 12, 42 und 72 Name); Schwab l. c.

[3]) More Nebuchim I 62, Uebersetzung von Munk 276; siehe
auch Löw, Gesammelte Schriften II 13 f.

Charakter tragen, wird man im Wesen der Sache den
Mystikern Recht geben müssen, denn die 12, 42 und 72
Buchstaben sind aus der Denkweise der Alten, die von
magischen Anschauungen durchtränkt waren, zu reconstruiren,
und nicht nach den Speculationen der Philosophen. Aus
diesem Grunde können wir auch der von verschiedenen
Seiten gebilligten Erklärung Bacher's[1]) nicht zustimmen. Er
meint, der 12 Name sei entstanden aus den Buchstaben der
hebräischen Benennungen der drei schöpferischen Potenzen
„Weisheit, Einsicht und Erkenntniss"[2]) und der 42 Name
aus den Buchstaben der zehn schöpferischen Potenzen „Weisheit, Einsicht, Erkenntniss, Kraft, Macht, Strenge, Gerechtig-
keit, Recht, Liebe, Erbarmen"[3]), zu denen noch die vier
Buchstaben des Tetragramms hinzugenommen werden müssen.
Es ist nicht einzusehen, warum man dieses Geheimniss
so ängstlich gehütet hätte. Die Metaphysik war nie eine
Geheimwissenschaft, wie die Magie. Dieselben Einwendungen
sind zu erheben gegen alle modernen Versuche, den Schleier
der geheimen Gottesnamen zu lüften, weshalb wir sie übergehen wollen[4]). Auf die richtige Fährte führen uns die
Zauberpapyri.

Die sieben Vocale (αεηιουω) spielten bei den Mystikern
die bedeutendste Rolle; man hielt sie für geeigneter als die
Consonanten zur Bezeichnung des die Welt beseelenden Göttlichen[5]). Daher stammt ihr häufiger Gebrauch in der Magie. Die
Vocale dieses siebenbuchstabigen Gottesnamens (ἑπταγράμματον
ὄνομα) werden nebst der einfachen Reihenfolge in den verschiedensten Combinationen in Anwendung gebracht. Einige

---

[1]) Agada der babylonischen Amoräer 17—20.

[2]) חכמה תבונה דעת.

[3]) חכמה. תבונה. דעת כח גבורה נערה צדק משפט חסד רחמים = 38
Buchstaben.

[4]) Aus dem mir freundlichst zur Verfügung gestellten Hand-
exemplar der „Agada der babylonischen Amoräer" des Herrn Prof.
Bacher könnte ich mehrere Lösungsversuche, ältere und neuere, anführen. Ueber 72 Namen siehe Monatsschrift 40, 132 und eine ganz
falsche Erklärung desselben bei Kohut Aruch I 133 b.

[5]) Vgl. Baudissin, Studien zur semitischen Religionsgeschichte
I 243—50

Beispiele werden von diesen Spielereien ein wenn auch
blasses Bild geben[1]).

1. a e e ê ê ê i i i i o o o o o u u u u u u ὀ ὀ ὀ ὀ ὀ ὀ ὀ[2])
2. a e ê i o u ὀ
   e ê i o u ὀ
     ê i o u ὀ
      i o u ὀ
       o u ὀ
        u ὀ
         ὀ
      ὀ u o i ê e a
       u o i ê e a
        o i ê e a
         i ê e a
          ê e a
           e a
            a [3])

3. ὀ   a
  u u   e e
 i i i i   ê ê ê
 o o o o o   i i i i
 ê ê ê ê ê   ê ê ê ê ὀ
 e e e e e   e e e e e
 a a a a a, a a   a a a a a a a [4])

4. a e ê i o u ὀ
   e ê i o u ὀ a
     ê i o u ὀ a e
      i o u ὀ a e ê
       o u ὀ a e ê i
        u ὀ a e ê i o
         ὀ a e ê i o u[5]).

---

1) Magische Vocale (τὰ φωνάεντα) verzeichnet Wessely, Griechische Zauberpapyrus p. 20, col. 3. Aus technischen Gründen drucken
wir statt griechischer Lettern lateinische (η, = é; ω == ὀ). Wir
schöpfen das Material aus den schon mehrmals genannten zwei Edi-
tionen Wessely's (= I und II) und aus Dietrich's schon ebenfalls ge-
nannter Papyrusausgabe des „achten Buches Mosis über den heiligen
Namen“ (Abraxas 168 ff. = D.).

2) D Seite 178 Zeile 3; Wessely I Zeile 1005 (wo wir blos eine
Zahl angeben, meinen wir diesen Pariser Papyrus: τὸ ἅγιον ὄνομα);
dasselbe ohne Abtheilung W. I 82 Britisch Museum, wo es mit κατὰ
τῶν ὁρικτῶν ὀνομάτων eingeleitet wird; und sonst.

3) D 185 Z. 118: ἀναγραμματιζόμενον μέγα καὶ θαυμαστόν
„grosse und wunderbare Buchstabenversetzung.“ Ohne den letzten
Vocal sind dies 27 Buchstaben, wie ausdrücklich angegeben wird·
Hebräisch heisst ἀναγραμματίζειν חרות אותיות.

4) Wessely I 84 Brit. Mus.

5) D. 201.

In den angeführten Belegen herrscht eine Ordnung, die ganz durchsichtig ist. Oft wird diese Art der Buchstabenversetzung mit 3 oder 4 Vocalen durchgeführt, z. B. mit Ιαω oder anderen Vocalgruppen. In den allermeisten Fällen ist aber das Princip der Aneinanderreihung der Vocale für uns undurchsichtig. Wessely I. Seite 31 stehen in der Mitte 7 lange Zeilen von Buchstaben, links in 21 Zeilen 72 Buchstaben, von denen nur einige Consonanten sind, rechts in 23 Zeilen 90 Vocale. D. 198, 13 hat $5\,a + 6\,e + 6\,ê +$ $5\,i + 5\,o + 6\,u + 8\,ô$ unter einander gemischt $= 41$ Vocale — ein veritables Beispiel von kabbalistischer Aneinanderreihung (צירוף). D. 208, 8 hat 75 Vocale neben einander ohne durchsichtiges Princip; es wird der „grosse Name" genannt; ib. Zeile 19 findet man 42, Z. 20 82 $(35 + 28 + 19)$ Vocale u. s. w. Hie und Ja könnte man vermittelst kleiner Correkturen einige Ordnung in das wüste Buchstabengemisch bringen, wir glauben aber dies auf sich beruhen lassen zu sollen.

Was die Vocale den Hellenisten, das bedeuteten die Buchstaben des Tetragramms den Juden. Wie die Juden von dem 12, 42 und 72 buchstabigen Namen sprechen, so reden auch die hellenistischen Griechen und Juden von Namen, die aus mehreren Buchstaben zusammengesetzt sind. Es werden ausser den 7 magischen Vocalen[1]) genannt Namen von 8 (782), von 9 (D. 182, 22: Jaldabaeim, ει == 1 γράμμα); von 12 (2142), von 14 (Anmerkung), von 18 (3214), von 20 (2634: εἴκοσα γράμματον), von 24 (1322), von 25 (3213), von 27 (D. 184, 96), von 37 (1988; D. 182, 17; 184, 79: γρ λζ), von 49 ($= 7 \times 7$; D. 183, 62) Buchstaben. Sehr beliebt war der aus 100 Bstb. bestehende Name (== τὸ ρ γρ == τὸ ἑκατονγράμματον ὄνομα, Zeile 242, 248, 258, 1222—25, wo aber blos 78 Bstb. sich finden). An einer Stelle (1217), w o die goldene Platte, das nie verlöschende Feuer und Jerusalem erwähnt werden, wird ebenfalls

---

[1]) Belege sind schon gegeben worden; vgl. ἐστιν καὶ ἡ τοῦ ἑπταγράμματος ὑπόδειξις (D. 195, 3). Daselbst 194, 5—12: ἐναπόκειται γὰρ αὐτῇ τὸ κύριον ὄνομα, ὃ ἐστι Ὀγδοάς, θεὸς ὁ τὰ πάντα ἐπιτάσσων καὶ διοικῶν. πρόκειται δὲ καὶ ἕτερα ὀνόματα ϑ΄. τόδε ϑ΄ γραμμάτων καὶ τόδε ιϑ΄ γραμμάτων καὶ τὸ τῶν κϛ΄ γραμμάτων καὶ τὸ τοῦδε ὀνόματος.

vom 100-buchstabigen Namen gesprochen. Es ist auch von 365 Namen des grossen Gottes (Wessely Index sub τζε) die Rede, was auf die Bedeutung, welche die Zahl 365 in der jüdischen Tradition hat, ein interessantes Licht wirft.

Wir wollen mit den gegebenen Belegen nur feststellen, dass die Magie, gleichviel ob gnostische oder nicht gnostische, sich als Hauptmittel vielbuchstabiger Anagramme aus den 7 Vocalen und mancher Consonanten bedient hat, welche sie für wunderwirkende Gottesnamen hielt. Der 12, 42 und 72 buchstabige Schem Hameforasch hat nach den angeführten Aussagen der jüdischen Tradition ebenfalls magische Kraft. Es liegen also hier dieselben Anschauungen vor, und wir haben gar keinen Grund, in den jüdisch-magischen Namen anders als in den Zaubertexten construirte zu suchen. Im Priestersegen (Numeri 6, 24—26) kommt das Tetragrammaton drei Mal vor, diese sollen nach Midrasch Nechonja[1] den 12-buchstabigen Namen bilden. Nach Raziel 24a sind es die 12 Zusammensetzungen der Buchstaben הויה[2]. Wenn man יהוה zur Grundlage eines Dreiecks nimmt, so dass die oberste Zeile aus 12 (= 3 Tetragramme) und die unterste aus 4 (= ein Tetragramm) Buchstaben besteht, erhält man die folgende Figur:

יהוה יהוה יהוה
הוה יהוה יהוה
וה יהוה יהו
ה יהוה יהוה
יהוה יהוה
הוה יהוה
וה יהוה
ה יהוה
יהוה
י

Dieses Dreieck entsteht, wenn jede folgende Zeile um einen Buchstaben vermindert wird. Es kann auch so gebildet werden, dass die oberste Zeile aus יהוה besteht, und jede folgende Zeile (bis 9. Zeile) um einen Buchstaben vermehrt wird[3]. Natürlich können diese Lettern auch in einer Zeile und in

---

[1] Zunz, Synagogale Poesie 146 n. e.

[2] Zunz daselbst.

[3] Siehe die oben mitgetheilten magischen Vocalfiguren.

einer anderen, nicht so durchsichtigen Reihenfolge geschrieben
sein. In diesem Dreieck sind alle vier mystischen Gottesnamen enthalten. Die letzte Zeile hat 4, die erste 12, die
ersten 4 Zeilen (12 + 11 + 10 + 9) 42, das Ganze 72
Buchstaben (4 + 5 + 6 etc. + 12 = 72). In einer magischen
Anrufung (Dietrich, Abraxas S. 200, Z. 8) heisst es:
ἐπικαλοῦμαι σε ϋϋϋ etc. (75 Vocale) τὸ μέγα ὄνομα[1]). Der
vielbuchstabige Gottesname wird Sanhedrin 60 a ebenfalls
der „grosse Name" genannt, wie schon oben bemerkt worden.
In dem von Gaster herausgegebenen magischen Text „The
sword of Moses" (הרבא דמשה), das, wie Gaster richtig wahr-
genommen hat, mit den Zauberpapyri viel Aehnlichkeit hat,
findet sich Seite XII Zeile 18—23 ein aus 214 Buchstaben
bestehendes Anagramm[2]). Vielleicht darf hierin der 3 Mal
gesetzte 72-bstb. Name vermuthet werden (3×72 = 216)[3]).
Ohne mich über das Alter des fraglichen Werkchens äussern
zu wollen, glaube ich seine Anagramme aus יהוה für unsere
Vermuthung über die oft genannten mystischen Gottesnamen
als Unterstützung heranziehen zu dürfen.

Diese Ansicht von den vielbuchstabigen mystischen
Gottesnamen stand bei mir längst fest, als ich bei Gaster (The
sword of Moses p. 10) zu meiner Freude den folgenden Satz
las: „When comparing the ancient tradition with the new
texts in the Papyri, and in the mystical texts of Hebrew
literature, there can no longer be any doubt that the Name
of forty-two, or more or less, elements could not have been
originally anything else but w o r d s consisting of that
n u m b e r o f l e t t e r s, wich were substituted in the pub-
lic pronunciation for the Ineffable Name consisting of one
w o r d a n d o n l y f o u r l e t t e r s — the Tetragrammaton".
Den Grund für die Einführung des vielbuchstabigen Schem

---

[1]) Andere Beispiele daselbst 178—179; 182, 6. 9. 17; 183, 62;
184; 185; 188; 189 u. sonst. Es sei bemerkt, dass dieser Zauberpapyrus
den Namen Moses in seinem Titel führt und thatsächich von jüdischen
Anschauungen durchtränkt ist (vgl. besonders S. 198 Zeile 6 ff.).

[2]) Blos zum Schluss heisst es אל אל, sonst kommen nur א, ה, ו, י,
vor.

[3]) Aus Exodus 14, 19—21 hat man auch, wie wir schon wissen,
einen dreifachen 72 Namen combinirt.

Hameforasch im Heiligthum — wenn Raschi's Auffassung überhaupt richtig ist — wird man ebenfalls in magisch-mystischen Anschauungen zu suchen haben.

6. Einfluss und Abwehr magischer Anschauungen.

Die vorzüglichsten Mittel des Zauberns sind, wie wir schon gesehen haben, das gesprochene und geschriebene Wort. Wenn man bedenkt, dass der Magier seine Wunderthaten seit alters her mit den heiligen Worten und Schriften der Religion bewirken wollte[1]), wird man es nicht auffallend finden, dass ähnliche Anschauungen auch innerhalb des Judenthums Platz zu greifen suchten, gegen welche eine energische Abwehr noth that.

Die Nacht ist die Zeit der Dämonen; der menschliche Körper ist daher in der Früh unrein, weshalb manche jeden Morgen ein Bad nahmen[2]). Wer sich also vor Hahnenschrei auf den Weg macht, verschuldet sein Leben[3]). Von dem aber, der das Schema auf seinem Lager liest, halten sich die Dämonen fern[4]). Wenn jemand Angst hat, lese er das Schema[5]). Zwei Juden gingen durch das Stadtthor, da sagten zwei Astrologen, die sie sahen: diese zwei Menschen werden nicht mehr zurückkehren, denn sie werden von einer Schlange gebissen werden. Doch geschah ihnen nichts. Als R. Jochanan und R. Jannai den zwei Astrologen die unversehrte Heimkehr der zwei Arbeiter meldeten, fragten die Astrologen die Arbeiter, was habt ihr heute gethan? worauf diese erklärten: nichts Anderes als sonst, wir lasen des

---

1) Dietrich, Abraxas 136 f. gibt einige Belege aus alter und neuer Zeit.

2) Tosifta Jadajim Ende 684, : אומרים טובלי שחרין קובלני עליכם פרושים שאתם מזכירים את השם כן הגוף שיש בו סומאה.

3) Joma 21 a; s. Aboth III, 4 הגעור בלילה וכו׳ und andere Stellen, die zum Theil schon citirt worden. Auch Mittag war die Zeit der Dämonen (Pesachim 111 b und Targ. Jonathan zu Deut. 32, 24: קטב מרירי). Die Mittagszeit hielten auch Griechen und Römer für gefährlich.

4) Berachoth 5 a 19: אמר רבי יצחק כל הקורא קש על מטתו מזיקין בדילין מניה nach Job 5, 7, wo רשף == מזיקין nach Deut. 32, 24.

5) Megilla 3 a unt. Angst galt als Vorläuferin der Besessenheit.

Morgens das Schema und das Achtzehngebet.
Da sagten die Astrologen: ihr seid Juden, die Astrologie
hat für euch keine Geltung[1]). In der gesetzlichen Bestimmung,
es genügt auch, wenn das Schema mit Ausnahme des ersten
Verses ohne Andacht recitirt werde, wird man keinen Einfluss magischer Anschauungen erblicken dürfen, sondern eine
Concession an das Volk[2]).

Einige Verbote werden jedoch erst dann verständlich,
wenn wir sie als Abwehr magischer Anschauungen auffassen.
Einen Spruch zu wiederholen ist zauberische Sitte, um den
Spruch kräftiger zu machen. Die Baraitha erklärt daher, es
sei hässlich, das Schema zu lesen und zu wiederholen[3]).
Viel weniger darf jedes Wort · wiederholt werden, ebensowenig wie in der Tefilla מודים מודים[4]), womit natürlich die
derartige Recitation des ganzen Gebetstückes gemeint ist. Sehr
beliebt ist im Zauber die Umkehrung des Spruches nach seinen
Worten oder Buchstaben, wie z. B. ablana analba,
woraus das allbekannte magische von uns schon erwähnte Wort
ablanathanalba entstanden ist[5]). Man glaubte durch „Umkehrung" die Umkehr der Dämonen und des Zaubers bewirken
zu können. Dieses magische Mittel war den Juden nicht unbekannt, wie schon oben (S. 85) nachgewiesen worden. Beim
Stossen des Gewürzes für das Heiligthum wurde gesprochen:
dünn gut, gut dünn[6]). Eliezer aus Modiim (um 100)
kehrte das Wort פחז (Genesis 49, 3) um und deutete es als

1) Tanchuma Stettin p. 563. אין דברי האצטרולוגין מתקיימים בכם שאתם
יהודים; vgl. Sabbath 156 a b: אין מזל לישראל. Die Erzählung des Midrasch unterscheidet sich von anderen ähnlichen in dem Punkte, dass
die Schutzkraft der Recitation des Schema zugeschrieben wird.

2) Löw, Gesammelte Schriften IV 268 über Formalismus beim Gebet.

3) Berachoth 33 b unt. הקורא את שמע וכופלה הרי זה מגונה.

4) Ibidem und Mischna Megilla 25 a.

5) Die Zauberpapyri bieten sehr viele Beispiele.

6) Karethoth 6 b: כשהוא שוחק אומר הדק היטב היטב הדק. Sicherlich sprach diese Worte nicht der Priesteraufseher, wie interpretirt
wird, sondern derjenige, der gestossen hat (שוחק). Jochanan sagte,
das Sprechen schade dem Weine und nütze dem Gewürz (ib.). In Luncz
Jahrbuch Jerusalem II wird auf eine ähnliche Gepflogenheit der heutigen
Beduinen aufmerksam gemacht.

Notarikon d. h. als Abkürzung nach den Anfangsbuchstaben[1]).
Das erste Wort des Dekalogs אנכי wird gedeutet: יהיבה כתיבה
נאמנין[2]). Der Ortsname סרח (Josua 19, 50) wird mit חרס
(Richter 1, 35) gleichgesetzt und gedeutet Baba B. 122b.
Man nimmt anagrammatisch מאר für אדם[3]). Auf einer gnostischen Gemme findet sich ONKAIAAIX. dass das umgekehrte
כי לאל קנא sein soll[4]). Alle Anzeichen sprechen dafür, dass
diese Art von anagrammatischer Verwendung einzelner Worte
und Sprüche vorzüglich bei den Gnostikern beliebt war[5]).
In dem Alphabet des R. Akiba werden die Namen der
einzelnen Buchstaben in der Weise gedeutet, dass die einzelnen
Lettern, mit welchen der betreffende Buchstabe geschrieben
ist, als Abbreviaturen von Wörtern gefasst werden, so dass
sie einen ganzen Moralspruch bilden. Die Wörter des Spruches
werden dann umgekehrt, ohne dass der Spruch hiedurch
seinen ursprünglichen Sinn verliert. Einige Beispiele: אלף ==
אסתח לישין פה, פה ; oder: אמת למד פיך . . . פיך למד אמת
אמונתי לישראל פקדתי. פקדתי לישראל אמונתי ; oder: לשין אסתח.
Ebenso werden umgekehrt gedeutet ר', נ', ב'[6]). Wenn die
Gelehrten umgekehrte Schriftworte deuteten, wird man es
begreiflich finden, dass es auch solche gab, die einer umgekehrten Lesung grössere Kraft zueigneten als der gewöhn-
lichen. Es war also nothwendig auszusprechen, dass man mit
dem Lesen des Schema, des Hallel, der Tefilla und der

---

1) Sabbath 55 b: הס״ך את התיבה וערעתה הרעתה פרחה; Raba
deutet daselbst ebenfalls das umgekehrte Wort.

2) Sabbath 105a₁₂ אנכי לסטרע. Sifra 112 c wird die umgekehrte
Reihenfolge der Erzväter in Lev. 26, 42 gedeutet: ולמה נאמרו אבות
אחורנית וכו׳. Sabbath 104a Z. 14 v. unt. wird ת als Abkürzung von אמת
genommen, entweder weil es als Hauptconsonant angesehen oder als
letzter Consonant לסטרע gedeutet worden.

3) Genesis rabba c. 9 g. E. היא מאר הוא אדם הינין איתיית רדין.

4) Schwab, Vocabulaire de l'Angelologie, Paris 1897, p. 503.

5) Zahlreiche Beispiele auf gnostischen Gemmen und in den
Zauberpapyri.

6) Jellinek, Beth Hamidrasch III 12 ff. Schon in der sabbathli-
chen Mussaf-Tefilla findet sich ein Stück, das nach dem umgekehrten Alphabet componirt ist: תכנת שבת וכו׳. Siehe über die Buch-
stabendeutungen des Othioth d. R. Akiba und über א׳ת ב׳ש die interessanten Ausführungen Gaster's, Monatsschrift 37, 220 ff.

Esterrolle von rückwärts nach vorne seiner Pflicht nicht
genüge[1]). Dass sich an das Schemalesen magische Anschauungen anzusetzen drohten, dürfte auch aus dem Verbote,
dass man beim Lesen nicht das Haupt in den Schoss lege,
ausser wenn man unter dem Kleide einen Gürtel hat[2]),
hervorgehen. Nur wenn man an die Bedeutung des Phallus
im Aberglauben denkt, wird man den Einfall, beim Schemalesen das Haupt in den Schoss legen zu wollen, richtig
würdigen[3]).

Die altjüdischen Gebete stehen wohl an Schwung den
Psalmen nach, aber nicht an Reinheit des Glaubens und der
Gesinnung. Dennoch soll „die Mischna ziemlich nahe daran
sein, dem Gebete eine gewisse magische Kraft beizulegen;
denn nur unter dieser Voraussetzung konnte sie lehren, dass
ein Irrthum im Ausdruck ein ungünstiges Prognostikon für
den Betenden" und der Gemeinde sei[4]). Eher dürfte man
eine solche Anschauung dem Mystiker Chanina ben Dosa
zuschreiben, der sofort nach seinem Gebete zu sagen wusste,
welcher Kranke am Leben bleiben und welcher sterben werde.
Als er befragt wurde, woher er dies wisse, da sagte er:
Wenn mein Gebet mir im Munde geläufig ist, so ist es angenommen, wo nicht, so ist es nicht angenommen[5]). Jedoch

---

[1]) Tosifta Berachoth II 3 (3,9); הקורא את שמע למפרע לא יצא וכן;
בהלל וכן בתפילה וכן במגילה; Megilla II 1 (223,10); Mischna II 4 und
sonst. Die Details interessiren uns hier nicht. Die Sota-Rolle (Numeri
c. 6.) ist ebenfalls unbrauchbar, wenn sie למפרע geschrieben ist (Sota
17 b). Durch eine solche Megilla hoffte man die Wahrheit sicherer herauszubringen.

[2]) Tosifta Berachoth II 15 (4,8)

[3]) Das Verbot beim Schema mit den Augen zu winken, die Lippen zusammenzukneifen, mit den Fingern zu zeigen (b. Joma 19b,22; j.
Berach. 5 a u.) dürfte sich trotz der Begründung „Nicht mich riefst
du Jakob" (Jesaia 43, 22) lediglich auf die Zeichensprache ohne magischen Beigeschmack beziehen. Rab konnte durch ein Zeichen den Unterschied zwischen ב und פ ausdrücken (ib.); dass man in talmudischer
Zeit und noch im 11. Jahrhundert sämmtliche Accente mit den Fingern
zum Ausdruck bringen konnte, ist bekannt.

[4]) Löw, Gesammelte Schriften IV 270; Mischna Ber. V. 3—5.

[5]) Mischna ibidem; s. auch Talmud Berach. 34 b. Die Mischna führt
diese Erzählung mit אמרו עליו ein, womit nach Joel, Aberglaube 57, de
sagenhafte Charakter angedeutet werden soll, was aber in der oft genug

schon vor Löw ist bemerkt worden, dass die Mischna blos
Andacht und Innigkeit des Gebetes anempfehlen will[1]. Die
nun einmal vorhandenen volksthümlichen Anschauungen
werden geläutert und für die reinere Auffassung des Monotheismus fruchtbar gemacht. Unter diesem Gesichtswinkel
dürften einige Sätze, die nachstehend aufgeführt werden,
in neuem Lichte erscheinen. Erst ordne dein Gebet, dann
bete[2]; wer ein vollkommenes Gebet betet, wird erhört[3];
wenn die Gemeinde betet, darf man h i n t e r der Synagoge
nicht vorbei gehen[4]. Unter den Wünschen und Sprüchen
Jose's Sabbath 118 b klingt manche ganz essäisch, so auch
diejenige, dass er seinen Antheil unter denjenigen haben
möge, welche ihr Gebet in der Dämmerung verrichten[5].
Jochanan, dessen Person von magischen Legenden umgeben
ist, stellt die These auf, man soll in der Dämmerung beten.
Da man in Palästina denen f l u c h t e, die ihr Gebet in
dieser Zeit verrichteten, darf man annehmen, man habe aus
dieser Gepflogenheit das Magische herausgefühlt[6]. Es musste
ausdrücklich verboten werden, dass man Tefillin in die
Hand nehme oder eine Tora in den Schoss lege und so
bete[7]. „Wer in gefärbten Kleidern nicht vorbeten will, darf

---

vorkommenden Einführungsformel אמרו עליו: nicht enthalten ist. Als Ch.
b. Dosa starb, hörten die Männer der That (Wunder = מעשה) אנשי) auf
(Tos. Sota XV 5 p. 321₂₂). Tosifta Ber. III 3 (52₆); ר' עקיבא אומר אם
שגרה תפלתו בפיו סימן יפה לו ואם לאו סימן רע לו.

1) Joel l. c. n. 3, der diesen Gedanken schon in einer Bemerkung
des Jeruschalmi z. St. gefunden hat.

2) Rosch Haschana 35 a: איר אלעזר לעולם יסדיר אדם תפלתו ואחיב
יתפלל.

3) Ibidem 18 a ob. זה התפלל תפלה שלימה נענה.

4) Berachoth 8 b: אסור לעביד אחורי בית הכנסת וכ׳, der Weg soll
nicht gekreuzt werden; Raschi meint: es hat den Anschein, als wollte
der Betreffende die Synagogenthür meiden.

5) Nach j. Berach. 7 b ist dieser Zeitpunkt günstig (עת רציון של
יום = עת מצא).

6) Berach. 29 b; Sabb. 118 b. — Wie ist Klagelied 3, 44: „Du
bargst Dich in Gewölk, damit kein Gebet durchdringe" zu verstehen? —
Was ist עיון תפלה? (Sabbath 118 b. Tosaf. s. v.; 127 a unt. und an
vielen Stellen).

7) Sukka 41 b u.: לא יאחז אדם תפלין בידו וספר תורה בחיקו ויתפלל;
Berachoth 23 b בידו תורה וספר. Raschi interpretirt: weil man aus
Furcht sie fallen zu lassen, nicht mit Andacht betet. Allein es wird

es auch in weissen nicht; wer in Sandalen nicht vorbeten
will, darf es auch barfuss nicht; wer seine Phylakterien
rund macht, der setzt sich einer Gefahr aus und genügt
seiner Pflicht nicht; legt er sie auf seine Stirne oder auf
seine Handfläche, so ist dies Art der sich an den Buchstaben der Bibel Anklammernden (קראים[1]); hat er sie mit
Gold belegt und auf die Aermel seines Kleides gegeben, so
ist dies die Art der Aussenstehenden"[2]). Goldplättchen mit
apotropäischen Darstellungen trugen die Heiden auf ihren
Kleidern aufgenäht, Amulete mit Vorliebe im Armbande[3]).
Wir werden also in der Art der „Aussenstehenden"[4]) heidnische Art sehen müssen, worauf schon das Lehnwort
ἀγκάλη (der gekrümmte Arm) hinweist. Es liegt demnach
nahe, auch darin, dass ein Phylakterion in die Hand genommen wird, eine Zauberhandlung zu sehen, wie es bei Dämonen-
beschwörern üblich war. Tefillin konnten nämlich auch Amulete sein, die beiden konnten von einander blos durch den
Knoten des Riemens unterschieden werden, wie die Mischna
ausdrücklich sagt[5]). Der Gebrauch von weissen Kleidern
reflektirt ebenfalls magische Anschauungen, wie nicht minder
das Ablegen der Sandalen. Beim Zaubern trachtete man
nach Möglichkeit wenig Kleider auf seinem Leibe zu haben,

---

auch verboten, mit den Phylakterien und der Tora in der Hand zu
schlafen. Die Absicht kann also nur die sein, sich dieser heiligen
Gegenstände als Amulet zu bedienen, was die Talmudlehrer als Profa-
nisation betrachten.

[1]) Jeruschalmi liest מינות = Judenchristenthum. Raschi interpretirt die LA. קראים, indem er bemerkt: sie verachten die Deutung der
Rabbinen und erklären בין עיניך und על ידך in buchstäblichem Sinne.

[2]) Mischna Megilla 24b. Die letzten zwei Sätze lauten im Original:
נתנה את [התפלה] על מצחו או על פס ידו הרי זה דרך הקראים, ציץ זהב
ותתן על בית אונקלי שלו הרי זה דרך החיצונים.

[3]) PW. I 1985.

[4]) חיצונים: vgl. den Ausdruck ספרים חיצונים (Mischna Sanhedrin
XI 1); ferner בן דמא בן עדין (Chagiga 15 a ob.) Siehe über die aussenstehenden Bücher Joel, Blicke in die Religionsgeschichte I 57 ff.
und über סבחין Grätz, Gnostizismus und Judenthum p. 56 n. 47. Beide
Worte dürften lediglich das Heidnische bezeichnen.

[5]) Erubin X 1; vgl. b. Talmud 96b. Im heiligen Lande wurden
die Phylakterien nicht nur beim Gebet angelegt, sondern den ganzen
Tag getragen.

denn die Kleider brechen den Zauber. Der Exorcismus wird
noch heutzutage so ausgeführt, dass der Patient blos ein
Hemd auf sich hat und keinen Gürtel. Die Tannaiten ver-
urtheilen diese magischen Anschauungen, woraus wir ihre
ehemalige Existenz erfahren. Hohelied 8, 3 wird vom Targum auf Tefillin und Mezuza bezogen, welche Israel vor den
Mazzikin (Dämonen) schützen[1]). Die Heiden waren in den
Glauben an Zauberei derart versunken, dass sie auch die
Mezuza als Zaubermittel betrachteten. Aus diesem Grunde
hatte man keinen Muth am Thor einer babylonisch-jüdischen
Stadt eine solche anzubringen[2]). Nach reiner jüdischer Auffassung dienten Tefillin, Zizith und Mezuza als Schutzmittel
gegen die Sünde[3]). Nicht Zauberei, sondern die göttlichen
Gebote schützen Israel[4]). Mit den Worten der Tora darf
man sich nicht heilen, aber sich mit ihnen zu schützen ist
erlaubt[5]).

7. Das böse Auge[6]).

Die Vorstellung, der Blick mancher Personen, Familien
oder Stämme bewirke Schaden an Leben und Gut, war bei
den classischen Völkern stark verbreitet. Nicht nur das
Volk glaubte an die magische Kraft des Auges, sondern
auch „Gebildete", ja, ein Philosoph machte sogar den Versuch,
diese Vorstellung aus seinem Natursystem zu rechtfertigen[7]).
Dieser Aberglaube ist bis auf den heutigen Tag unter den
meisten Völkern heimisch[8]); der Ungar hat einen eigenen

---

[1]) Vgl. Mechilta 12a 17: מזוזה שהיא חמירה שיש בה עשרה שמות סיחרין.

[2]) Joma 11a u Raschi.

[3]) Menachoth 43b und sonst.

[4]) Sabbath 130a: סה יונה זו בכסיה סנינות עליה אף ישראל מצוות סצוה בעדנא דעסק בה סנא וסצלא: Sota 21a: סנינת עליהן.

[5]) Schebuoth 15b: אסור להתרפאות בדברי תורה וכו׳ להגן שאני.

[6]) עֵין הָרֵע, nicht עֵין הָרֵע, wie allgemein gesprochen und vocalisirt wird.

[7]) Siehe besonders Daremberg-Saglio II 983 ff. sub fascinum.

[8]) l. c.; ferner Winer Bibl. Realwörterbuch[3] II 720 und Wuttke
Volksaberglaube, 3. Aufl. § 120. „Besonders sind es alte, zaubernde
Frauen und Juden, deren Blick selbst auf das Vieh unheilvolle Kraft
ausübt." Im südlichen Italien heisst das böse Auge malocchio; hebr.
עין הרע, aram. עינא בישא.

Ausdruck hierfür: mit dem Auge schlagen, mit dem Auge bezaubern. Diese verhängnissvolle Macht ist eine solche Eigenschaft des Auges, die ohne, ja gegen den Willen der betreffenden Person ihre Wirkung ausübt.

Wir haben schon gesehen, dass Frauen mit hässlichen Augen und Personen mit zusammengewachsenen Augenbrauen für fascinirend gehalten wurden. Dass der mit mystischer Glorie umgebene Mischnalehrer Simon ben Jochai und der gefeierte Talmudlehrer Jochanan mit ihrem Blicke Menschen in Knochenhaufen verwandelten und Aehnliches haben wir ebenfalls schon gehört[1]). Die „Meonenim" (Deut. 18. 10) sind nach der Tradition[2]) Gaukler (oder Zeitwähler); an Gaukler scheinen auch die zwei aramäischen Uebersetzungen, Jeruschalmi und Pseudo-Jonathan, zu denken[3]) und nicht an Personen, die mit ihrem Blicke bezaubern. Ob der Aderlasser (Kidduschin 82 a) mit „scheelen" oder bösen Augen blickt, ist nicht zu entscheiden.

In der Mischna kommt das böse Auge im magischen Sinne nicht vor[4]), woraus jedoch nicht geschlossen werden darf, dass dieser Aberglaube im heiligen Lande vor dem dritten Jahrhundert überhaupt unbekannt war, denn Eliezer meint, Chanania, Mischael und Azaria seien nach ihrer Rettung aus dem Feuerofen von den vielen Augen, die sich auf sie als Wundermänner richteten, getödtet worden[5]). Sicher aber ist, dass den Juden Babylonien als die Heimat dieses Aberglaubens galt[6]). Rab und Chijja, der ältere, meinen, von 100 Menschen sterben 99 an dem „Auge" und nur einer durch den Himmel, während Chanina und Samuel für die allgemeine Todesursache die Kälte halten. Diese Controverse

---

[1]) c f. oben S. 50 f. Rationalistische Erklärung bei Joel, Aberglaube 74 f.

[2]) Siehe oben p. 17 n. 1.

[3]) Gegen Winer l. c. Peschita übersetzt מאיר עינא, was ebenfalls Gaukler bedeutet = אחו עינים; cf. Meturgeman sub. חרר.

[4]) Joel 68.

[5]) Sanh. 93 a: ר"א אימר בעין מתי ר' יהושע אימר ברוק טבע. Dieselbe Controverse daselbst zwischen Rab und Samuel. Siehe auch weiter über Juda l.

[6]) Lenormant an mehreren Stellen; über die Verbreitung bei den Persern Kohut. Angelologie 58.

erklärt der pal. Talmud aus der Heimat der Controversanten: Rab lebte in Babylon, „wo das böse Auge oft vorkommt", während Chanina in Sepphoris lebte, „wo die Kälte oft vorkommt"[1]). Die allgemeine Anschauung von der Gefährlichkeit des bösen Blickes macht es begreiflich, dass vorzüglich die babylonischen Juden ihre Geräthe und wahrscheinlich noch mehr den Inhalt derselben durch apotropäische Inschriften vor Behexung zu schützen suchten[2]).

Man hüte sich vor dem bösen Auge[3]). Grosse Volksmengen fordern dasselbe heraus; daher rieth Josua (18, 15) den Söhnen Josef's, sich im Walde zu verbergen, damit das böse Auge ihnen nichts anhaben könne[4]). Jakob sagte zu seinen Söhnen, als sie nach Aegypten gingen: gehet nicht alle durch ein Thor, wegen des Auges[5]). Männer, die durch Stellung oder sonstige Eigenschaften hervorragen, sind dem bösen Blick ausgesetzt. Als das Volk forderte, Juda I. solle von der Schulbank auf den Katheder kommen, sagte sein Vater, der Patriarch Simon ben Gamliel: „Eine Taube habe ich unter euch und die wollet ihr vernichten vor mir" d. h. wenn Juda I. aus der Mitte der Zuhörer zu den Vortragenden erhoben wird, kann ihm das böse Auge schaden[6]). Das Schulhaupt Chisda meinte, wenn das erste Kind ein Mädchen ist, so ist dies ein gutes Vorzeichen für die folgenden Söhne[7]); das böse Auge wird nämlich nicht gereizt. Den Nachkommen Josef's schadet jedoch der böse Blick nicht. Jochanan, der ein sehr schöner Mann war, setzte sich in das Thor des rituellen Frauenbades, damit diese so schöne

---

[1]) j. Sabbath 14 c 48; cf. b. Baba Mezia 107 b ob.

[2]) Vgl. Schwab, Les coupes magiques et l'hydromancie dans l'antiquité orientale; derselbe, Coupes à inscriptions magiques; Wohlstein, Dämonenbeschwörungen aus nachtalmudischer Zeit inschriftlich auf Thongefässen des Königlichen Museums in Berlin (Berlin 1894); Stübe, Jüdisch-babylonische Zaubertexte (Halle 1895). Ueber die Gottesnamen auf Hausgeräthen und auf dem Bette ist schon oben gesprochen worden.

[3]) Baba Bathra 1, 18a: עצה טובה קא משמע לן דראיבעי ליה לאיניש לאהדורי מערתא בישא.

[4]) ibidem: שלא תשליט בכם עין רע.

[5]) Genesis r. c. 91 (339 a).

[6]) Baba Mezia 84 b u.

[7]) B. B. 141 a בת תחלה סימן יפה לבנים.

Kinder, wie er sei, hätten. Als man ihn fragte, ob er keine
Furcht vor dem bösen Auge hätte, erwiderte er: Ich stamme
von dem Samen Josef's ab, dem der böse Blick nicht
schadet[1]). Wer im Begriffe ist, in eine Stadt hineinzugehen
und vor dem bösen Blick Angst hat, der stecke den rechten
Daumen in die linke Hand und den linken Daumen in
die rechte Hand und spreche: ich N. Sohn der N. stamme
von dem Samen Josef's, dem das böse Auge nichts thun
kann[2]). Der Spruch ist jüdisch, die schützende Gebärde
jedoch heidnisch. Vor der Einwirkung des bösen Auges
schützte man sich gewöhnlich durch einen indecenten Gegenstand. Wenn man sich in unmittelbarer Gefahr glaubte,
machte man mit dem Daumen eine bis auf den heutigen
Tag existirende, wenn auch nicht mehr verstandene obscöne
Gebärde[3]). Die Talmudlehrer dürften den Sinn der von ihnen
empfohlenen Gebärde nicht mehr gekannt haben. Wer
vor dem eigenen bösen Auge Furcht hat, der sehe auf die
linke Seite seiner Nase[4]). Das Pferd schützte man vor dem
bösen Blick durch einen Fuchsschwanz, der zwischen seine
Augen gehängt wurde[5]). Eine ähnliche Bestimmung werden

---

[1]) Berachoth 20a u. (= B. Mezia 84a; vgl. Sota 36b und B.
B. 118b) nach Genesis 49, 22: עֲלֵי עָיִן sprosst über das Auge; Abahu
sagt, lies עֹלֵי עָיִן; J. b. Chanina meint, wie die Fische, vom Wasser
bedeckt, dem bösen Blick nicht ausgesetzt sind, so ist auch der Same
Josef's gefeit, der Gen. 48, 16 mit den Fischen verglichen wird. Der
Satz lautet aramäisch: זרעיה דיוסף לא שלטא ביה עינא בישא; hebräisch:
זרעי של יוסף אין עין הרע שולטת בהן.

[2]) Berachoth 55b.

[3]) Daremberg-Saglio II 988a: „Tous les moyens que l'on avait
imaginés pour se garantir du mauvais oeil (praefascinandis rebus) avai-
ent été inspirés uniformément par la méme idée: obliger le regard fas-
cinateur à se détourner, en lui opposant un objet indécent (ἄτοπον,
turpe) ou ridicule (γελοῖον, ridiculum)". „Lorsqu'on se croyait en danger
immédiat, on pouvait se défendre en faisant promptement le geste qui
est aujourd'hui connu en Italie et dans d'autres contrées sous le nom
de la figue: il consiste à fermer la main droite, le pouce étant in-
séré entre l'index et le médius et à l'étendre vers la personne par qui
on se sent menacé etc." Wenn man diese und ähnliche Anschauungen
vor Augen hält, versteht man manche dunkle Talmudstelle.

[4]) Berachoth daselbst.

[5]) Tosifta Sabb. IV 5 (115₁₄) = b. Sabbath 53a לא יצא הסוס
בזנב שועל ולא בזהורית שבין עיניו. Der „glänzende Faden" hat sicherlich

die Schellen gehabt haben, welche den Pferden z w i s c h e n
d i e A u g e n gehängt wurden[1]). Möglich ist, dass durch den
Klang des Erzes die Dämonen vertrieben werden sollten.

Das böse Auge konnte auch leblosen Gegenständen
schaden. Rab verbietet, dass man sich in das Feld des
Nächsten stelle, wenn die Saat auf den Halmen steht[2]). Ein
gefundenes Kleid darf man zum Nutzen des Kleides über
ein Bett (Sopha) ausbreiten; hat man aber Gäste, darf man
dies nicht thun, denn „es wird verbrannt durch das Auge"
der Gäste oder es kann gestohlen werden[3]). Die Vorstellung
vom bösen Auge bildet die Grundlage jener Behauptung, dass
der Segen nur in solche Dinge komme, die dem Auge verborgen sind, die das Auge nicht beherrscht[4]).

8. Z a u b e r d i n g e u n d S c h u t z m i t t e l.

Wir wollen nunmehr sämmtliche Dinge, natürliche und
künstliche, lebende und leblose, die sowohl bei der Bezauberung, als auch bei der Abwehr derselben gebraucht wurden,
mit Ausschluss der Heilmittel, die eine besondere Behandlung verdienen und ein Special-Studium erfordern, in möglichster Kürze vorführen.

Kinder wurden bezaubert, indem man ihnen die Augen
mit Oel rieb oder mit Schminke füllte[5]). Das Ueberschreiten
von Speisen, die auf der Erde zerstreut umherliegen, ist
gefährlich[6]). Wer geschälten Knoblauch, Zwiebel oder Eier,
über die die Nacht dahingegangen, isst; wer gemischten Wein,
über den die Nacht dahingegangen, trinkt; wer im Friedhof
übernachtet; wer seine Nägel schneidet und auf der Strasse
ausstreut; wer sich zur Ader lässt und hernach den Coitus

---

denselben Zweck und ist nichts Anderes als der Ersatz des Fuchs-
schwanzes (gegen Aruch und Raschi: לנוי Z i e r a t).

1) Pesachim 53a als Erklärung von Zacharia 14, 20.

2) Baba Mezia 107a: B. Bath. 2b. Raschi: שלא יזיקו בעין רעה.

3) B. M 30a 12.

4) Taanith 8b: איר ינאי אין הברכה מצויה אלא בדבר הסמ" מן העין
‎. . . תנא דבי רי אין הברכה מצויה אלא בדבר שאין העין שולט בו beide beziehen sich auf Deut. 28, 8.

5) Sabbath 10b.

6) Erubin 64b u. אין מעבירין על האוכלין: vgl. j. Aboda Zara 40a
16 v. u.; b. B. Mezia 23a u. sonst.

ausübt: der verschuldet sein Leben und trägt die Verantwortung dafür[1]). Jochanan sagte: gefährlicher ist ein Becher mit lauem Getränk als der Becher des Zauberers, aber nur aus einem ehernen, nicht irdenem Gefäss, ferner nur, wenn es nicht heiss ist und wenn kein Gewürz darin ist[2]). Zauberei wurde bewirkt durch Einritzen eines Gottes- oder Götzennamens auf das Membrum[3]); auf das Maul eines Götzen[4]). Heidnische Geräthe mit einem Sonnen- Mond- oder Drakonbilde mussten vernichtet werden[5]); die Opfergeräthe des Heiligthums nachzuahmen ist verboten[6]).

Einen Hund oder ein Schwein oder eine Schlange soll man zwischen zwei Menschen nicht durchgehen lassen[7]). Das Zaubern besteht im Binden, das Entzaubern im Lösen[8]). Der Rabe und die Taube waren mantische, also magische Vögel. Wenn wir diese zwei Anschauungen vor Augen halten, erscheint uns der folgende Ausspruch Raba's im rechten Lichte: Gesetzesleugner (Epikuräer) werden solche genannt, wie z. B. die Familie des Arztes Benjamin, die da sagen, was nützen uns die Rabbinen, nie haben sie uns einen Raben gelöst (erlaubt) und eine Taube gebunden (verboten)[9]). Leute, die einen Scherben verwenden, das Ungeziefer

---

[1]) Simon b. Jochai Nidda 17 a oben. Der b. Talmud erklärt: Obgleich der Knoblauch etc. in einem Korbe verbunden lag, ruht doch der „böse Geist über demselben,“ ist aber die Wurzel darauf geblieben, dann ist keine Gefahr. Der Wein ist nur dann gefährlich, wenn er in einem ehernen Gefäss lag, was auffallend ist, denn sonst ist Erz zauberbrechend und dämonenvertreibend. Die Nägel könnte eine schwangere Frau übertreten und abortiren. Es wird dann über die Folgen des nach dem Aderlass, bei Tag etc. ausgeübten Coitus gesprochen.

[2]) B. Mezia 25 b u. (= Chullin 84 b): כמא דתרשין ולא כמא דפשרין; gemeint ist irgend eine Lösung. Vgl. Tanchuma Wajescheb מם פשור bei Levy IV 151 a.

[3]) Sanh. 103 b. (Vgl. ob. 122).

[4]) A. Z. 47 a (schon oben 122 angeführt).

[5]) Mischna A. Z. III 3; siehe j. ib. 42 c. unt. und d.

[6]) b. A. Z. 43 a b. Von den Gottesnamen auf den Henkeln und von קמיה (Sanh. 81 b) war schon die Rede (Seite 52 Anm. 1).

[7]) Pesachim 111 a.

[8]) Sabb. 81 b u. (אסר) und Sanh. 67 b u. (פשר).

[9]) Sanh. 99 b unten: מאי אהני לן רבנן מעולם לא שרו לן עורבא ולא אסרו לן יונה. Die Aerzte waren mit der Magie vermöge ihres Berufes ver-

auf ihren Kleidern tödten und das Grünzeug aus dem Bündel
des Gärtners essen, ohne es vorher zu lösen, sind vor
Zauberkünsten nicht geschützt[1]). Das „Kuotenlösen", von
welchem Daniel 5, 12. 16 die Rede ist, wird man als eine
magische Kunst auffassen dürfen, zumal zuvor von Traum-
deutung gesprochen wird. Es gab Mittel, um Bräutigam und
Braut in der prima nox zu „binden"[2]). Genannt wird ein
„Wurzel-Becher", durch welchen dem Manne die Fähigkeit
zu zeugen und der Frau die Fähigkeit zu gebären genommen
wurde[3]).

Von den in der Magie verwendeten Mitteln sind die
meisten Schutzmittel, die zur Abwehr oder zum Brechen
des Zaubers dienen. In erster Reihe ist das Wasser zu
nennen, das jeden Zauber löst[4]). Zeiri kaufte in Alexandria
einen Esel. Als er ihn tränken wollte, löste sich der Zauber
und der Esel verwandelte sich in ein Brückenbrett. Da
sagte man zu Zeiri: wenn du nicht Zeiri wärest, würden
wir dir nichts zurückgeben. Kauft denn hier jemand etwas,
ohne es früher mit Wasser geprüft zu haben?[5]). Wenn

---

traut. Dieser Ausspruch wiederspiegelt die Sprache und Denkweise der
Magier.

1) Sabbath 81 a ob.; Chullin 105 b. Abaji glaubte Anfangs, man
esse deshalb nicht unmittelbar aus dem Bündel des Gärtners, weil es wie
Fresserei aussehe, bis er belehrt wurde, dass der wahre Grund die Furcht
vor Zauberei sei (משום דקשה לכשפים). Er theilt daselbst mehrere derartige „Aufklärungen" mit.

2) Pseudo-Jonathan und jerusalemisches Targum zu Deut. 24, 6
Diese Deutung beruht darauf, dass im vorhergehenden Vers von einer
neuen Frau, die der Mann soeben heimgeführt hat, die Rede ist und weil
die Motivirung lautet: כי נפש הוא חבל „er bindet eine Seele" d. h. es
wird kein Kind gezeugt. Vgl. auch den Commentar קרית הספר zu Targum
Jonathan.

3) Tosifta Jebamoth VIII 4 (249 29): לשתות בים עיקרין שלא . . . . .
יוליד שלא תלד.

4) Ueber die Bedeutung des Wassers im classischen Aberglauben
siehe PW. I 44.

5) Sanh. 67 b 10 v. u. Levy 1 131 b übersetzt nach Aruch פשר קם
אגמלא דאיסקריתא „so verrann es (floss ab), und er blieb auf dem Brett
einer kleinen Brücke stehen". Wir übersetzten nach Raschi's richtiger
scheinenden Interpretation. Behextes Wasser wird zu Skorpionen; ein
Weib wird durch Wasser in einen Esel verzaubert, auf dem Jannai reitet,
bis ein anderes Weib es entzaubert (daselbst).

jemand von einer Schlange g..bissen wurde, lief er zum
Wasser. Wenn der Mensch früher zum Wasser gelangte,
starb die Schlange, im umgekehrten Falle der Mensch. Chanina
ben Dosa wurde, während er betete, von einer Schlange
gebissen; er fühlte es gar nicht und die Schlange starb.
Jizchak b. Eleazar meint, Gott habe unter den Fusssohlen
Chanina's eine Quelle entstehen lassen[1]). Der Wundermann
Huna vollführte Heilungen und vertrieb Dämonen mit
Wasser[2]).

„Unter den Metallen tritt am meisten das E i s e n
hervor. Es bricht in hervorragendem Masse Zauber. Gespenster
fürchten sich vor ihm"[3]). Eine ähnliche Bedeutung hatte
das Eisen auch bei den alten Juden, wie aus den nachstehenden Beispielen erhellt. „Wenn man die bösen Geister
sehen will, nehme man die Nachgeburt einer erstgeborenen
schwarzen Katze, die die Tochter einer erstgeborenen
schwarzen Katze ist, verbrenne diese und zerreibe sie und
gebe aus der Asche in's Auge, dann sieht man die bösen
Geister. Die Asche gebe man in ein eisernes Rohr, versiegele es mit einem ehernen Rohr, sonst könnten die Dämonen
es stehlen. Man verschliesse den Mund[4]), damit man nicht
beschädigt werde. R. Bibi bar Abaji that so und wurde
beschädigt, die Rabbinen beteten für ihn, da wurde er
geheilt"[5]). Siegel und Rohr müssen also aus Eisen sein,
weil dies Metall die Dämonen abwehrt. Raschi verweist
richtig auf Chullin 105 b, wo gesagt wird, zu verbundenen
und versiegelten Dingen haben die Dämonen keinen Zutritt.
Der von einem tollen Hunde Gebissene musste das Wasser
ein volles Jahr aus einem ehernen oder goldenen Rohr

---

[1]) j. Berachoth 9 a 20 v. u.: Tanchuma Schemoth (p. 169 Stettin):
משל לאחר שנשבו עירוד והיה רץ לתך רגליו לתיך המים. Das Wasser „schwemmt
den bösen Zauber weg, z. B. bei Heilung von Schlangenbissen Plin.
XXVIII 32" (PW I 44).

[2]) Taanith 20 b unten. Ovid. fast. VI 157: et aquae medicamen
habebant.

[3]) PW. I 50.

[4]) ולהתים פומיה glaube ich auf den Menschen und nicht auf das
Rohr beziehen zu müssen. Ein Dämon könnte in den offenen Mund ein-
fahren.

[5]) Berachoth 6 a.

trinken, damit er von Seiten der Dämonen nicht in Gefahr komme[1]). Die Mücke, welche Titus, wie ein Dämon, d u r c h d i e N a s e in's Gehirn eindrang, stellte das Bohren ein, als sie die Stimme des Hammers hörte[2]). In diese Sage scheinen magische Anschauungen hineinzuspielen. Erz bricht nämlich ebenfalls den Zauber und sein Klang vertreibt die Dämonen[3]). Das Weib Raba's machte ihm, wenn er seine Nothdurft verrichtete und in Folge des unreinen Ortes der Gefahr der Dämonen ausgesetzt war, ein Geräusch durch das Schütteln einer Nuss in einem kupfernen (W a s s e r -) Becken[4]). Rabba b. R. Huna klingelte beim Coitus mit den Schellen[5]). Raschi meint, um die Hausleute zu vertreiben, wogegen Tosafoth mit Recht einwenden, ein solches Verfahren sei nicht sittsam. Das Klingeln sollte, wie es uns scheint, die Dämonen verscheuchen. Das Vertreiben von Ungeziefer bei derselben Gelegenheit, wovon daselbst die Rede ist, scheint ebenfalls mit abergläubischen Vorstellungen zusammenzuhängen.

Edelsteine sind heilkräftig. Abraham hatte einen Edelstein am Halse hängen; jeder Kranke, der ihn sah, wurde geheilt[6]).

Das Ei des Heupferdes nützt gegen Ohrenschmerzen, der Zahn eines l e b e n d e n Fuchses gegen Schlafsucht, eines t o d t e n gegen Schlaflosigkeit, der Nagel eines Galgens gegen eine Wunde. Die Chachamim verbieten jedoch dies, weil es „amoritischer Brauch" ist[7]).

Von der Pflanzenwelt heisst es, jedes Kraut hat seinen

---

[1]) Joma 84a. Vgl. Taanith 20b 10 v. u. דדהבא בהרקא das vielleicht mit magischen Anschauungen zusammenhängt.

[2]) Gittin 56b u. Schmiede gehören zu den „klugen" Leuten (Wuttke[1] 190).

[3]) PW. 1 51.

[4]) Berachoth 62a Mitte. Siehe noch Levy IV 392 קרקש.

[5]) Nidda 17a b.

[6]) Tosifta Sabbath V 17 (343₂₇): B. B. 16b.

[7]) Mischna Sabb. VI 9: יוצאין בביצת החרגול ובשן של שועל ומסמר מן הצלוב משום רפואה. Die im Text gegebene Specialisirung nach dem Talmud. Der Fuchszahn und besonders der Nagel vom Galgen leben noch heute im Aberglauben. Siehe über diese Stelle Joel 59. Fuchsschwanz ist Ende des vorigen Cap. erwähnt worden.

Planeten im Himmel, der es wachsen heisst[1]). Dass man sie
zu Heilmitteln verwendete, ist selbstverständlich, es lässt
sich aber schwer bestimmen, wo die Medicin aufhört und
die Magie beginnt. Das folgende Heilmittel zeigt, welchen
Bäumen besondere Schutzkraft zugeschrieben wurde. Gegen
Blutandrang des Kopfes nehme Ceder, Weide (populus
Euphratica), feuchte Myrte, Olive, salix Aegyptia (chilfa),
Schilf des Meeres und Kraut und weiche sie zusammen und
nehme 300 Becher auf die eine und 300 Becher auf die
andere Seite des Kopfes[2]).

Zwei Haare aus dem Schwanze des Pferdes oder der
Kuh dienten als Zaubermittel; ebenso zwei von den harten
Borsten eines Schweines, ja schon eine Borste genügte. Manche
machen einen Unterschied zwischen Borsten des Höckers
und anderer Stellen[3]).

Der menschliche Koth und Urin wurde den Götzen
dargebracht[4]). Da sie im Cultus Verwendung fanden, durften
sie in der Magie, die eigentlich auch eine Cultübung ist,
auch nicht fehlen. Beide brechen Zauber. Jesus war nach
jüdischer (und heidnischer) Anschauung ein Goēt; vielleicht
wird er deshalb in der Gittin 57a angegebenen Weise bestraft, damit der Zauber gebrochen werde[5]). Bei Galenos nimmt
dieses Mittel eine hervorragende Stelle ein; fehlt auch in
der talmudischen Medicin nicht[6]). Der Harn spielt im Aber-

---

[1]) Gen. r. c. 10 (Joel 95).

[2]) Gittin 68b u. Zu אך vgl. Pesikta 35a. b. Gitt. 68—70 ist die
Hauptstelle für die Medicin des Talmuds. In einem Heilmittel wird erwähnt, man schlachte die Henne mit einem weissen Zuz d. h. mit einem
neuen, dessen dem Metall innewohnende Zauberkraft noch nicht abge-
griffen worden. Eine 7 Farben zeigende Skorpionenhaut soll als Augen-
heilmittel im Schatten getrocknet werden. Der Grund ist, damit die
Sonne die Zauberkraft nicht breche. In dieser Weise können noch andere
medicinische Vorschriften aus magischen Anschauungen begriffen werden.

[3]) Tosifta Sabb. IX 1. 2 (121₂₀): j. Sabb. 11b₂₈. Vgl. auch die
Wb. sub ברקא.

[4]) Aboda Zara 50b unten.

[5]) Vgl. auch Erubin 21b₂₂: Wer die Worte der Rabbinen verspottet,
wird bestraft בצואה רותחת.

[6]) A. Z. 28b (daselbst mehrere Heilmittel); j. Sabb. 14d₅₀ Kinderkoth.

11

glauben aller Völker eine bedeutende Rolle; er bricht jeden Zauber. 40 Tage alter Urin, ein kleines Fläschchen getrunken, heilt Wespenstich; ein Viertel Log Skorpionenstich; ein halber Log nützt gegen über Nacht unbedeckt gebliebenes Wasser, das man getrunken hat; ein ganzer Log sogar gegen Bezauberung[1]). Die alten Völker beharnten alles, was sie für zaubergefährlich hielten. Simon ben Jochai sagt: Es giebt vier Dinge, die Gott hasst und ich nicht liebe: Wenn man plötzlich in sein Haus eintritt; beim Uriniren den penis mit der Hand hält; nackt vor seinem Bette urinirt und vor einem lebenden Wesen den Coitus ausführt[2]). Alle diese Dinge sind mit der Magie verzwickt. „Nie habe ich in den vier Ellen des Gebetes urinirt"[3]), das könnte die Kraft desselben abschwächen. Das Schema darf Angesichts des Urins nicht gelesen werden; ist aber Wasser, wie wenig immer, hineingegossen worden, ist es gestattet[4]). Das sperma virile galt den Heiden als heilkräftig. Acha wollte so etwas, das man ihm von einem Götzenhause brachte, gegen Fieber nicht trinken, Jona nahm es[5]).

Der menschliche Speichel ist vorzüglich heilkräftig. Augenschmerzen wurden durch Spucken in's Auge geheilt. Als ein Mann von seinem Weibe forderte, dass sie R. Meir in's Gesicht spucke, simulirte der berühmte Lehrer Augenschmerzen, damit die Frau dem Wunsche ihres Mannes entsprechen könne und so der Hausfriede hergestellt werde[6]). Am kräftigsten war der Speichel eines Menschen, der noch nichts gegessen hatte[7]). In der Nacht befallen den Menschen

---

[1]) Sabbath 109 b. Daselbst verschiedene Medicamente. — —

[2]) Nidda 16 b unt. Den Zauber soll man nackt ausführen, denn die Kleider könnten ihn brechen.

[3]) Megilla 27 b.

[4]) Tosifta Berachoth II 16 (5₂): b. Talmud 25 b. Vgl. Ber. 51 a. 14 v. u.

[5]) j. Sabb. 14 d₄₉ (= j. A. Z. 40 d): ובריותיה דדוהי. Alle Versuche hinwegzuinterpretiren sind mit Hinblick auf die heidnischen Anschauungen abzuweisen.

[6]) Debarim r. c. 5. Nr. 15 (222a Wilna) und Parallelstellen. Dies heisst: לחש לעין „dem Auge flüstern".

[7]) j. Sabbath 14 d₂₂: רוק תפל אסור ליתן על גבי העין בשבת ;b. Sabb. 108 b₁₂ v. u. dasselbe.

die bösen Geister. Mit der Hand soll man deshalb in der Früh, bevor man sie gewaschen hat, das Auge nicht berühren[1]), denn man könnte blind werden. Der Speichel hingegen, der dämonenvertreibende und zauberbrechende Kraft besitzt, wird geschwächt, wenn er in Folge des Imbisses mit Speisen in Berührung gekommen ist[2]). So heisst es auch in einer Baraitha[3]), „das Morgenbrot rette von den Dämonen". Eine Frau, vor der ein Römer Granatäpfel ass, so dass ihr der Mund wässerte, wurde krank, da sie den Speichel immer herunterschluckte. Sie wurde geheilt, indem der Römer noch einmal ihren Mund wässern machte und sie den Speichel ausspucken hiess[4]). Vom Ausspucken bei Besprechung der Wunde[5]) war schon die Rede. Griechen und Römer glaubten, Ausspucken schütze vor Verzauberung. Mit Kohlkeim angesetzten Wein[6]) trinke man unvermischt, voll, nehme ihn an mit der rechten und trinke ihn mit der linken Hand, spreche nachher nicht und unterbreche das Trinken nicht, gebe ihn nur demjenigen zurück, von dem man ihn empfangen hat, man spucke nachher aus.

Niesen. Seitdem Himmel und Erde erschaffen wurden, blieb kein Mensch am Leben, wenn er geniest hatte, bis Jakob durch sein Gebet dieses Unheil abwendete. Darum danke man Gott in solchem Falle, dass man von Tod zu Leben verwandelt wurde[7]). Wenn jemand **niest**, sagt man zu ihm: **gutes Leben**, denn Niesen brachte bis zur Zeit

---

[1]) Sabb. 108b unt. ‏ספני שרוח רעה שורה‏, Raschi: ‏יד לעין תקצץ וכו׳‏, ‏על היד‏.

[2]) Raschi a. a. O. bemerkt zu ‏רוק תפל‏: ‏לפי שהוא חוק ומרפא‏; die Frage ist aber, warum der „nüchterne Speichel" stark ist? Sabb. 121b u.: ‏רוק תורשי לפי תימי ובשבתא‏. Ob das nicht mit Zauberkraft in Verbindung steht?

[3]) B. Mezia 107b: ‏פת שחרית מצלת מן המזיקין‏.

[4]) Kethuboth 61b ob.

[5]) Tosifta Sanh. XII 10 (433₂₈); b. Sanh. 101a.

[6]) Berachoth 51a: ‏אספרגיס‏ = ἀσπάραγος (cf. Löw bei Krauss. Gr. u. lat. Lehnwörter II 94).

[7]) Jalkut zu Job 41, 20 aus Pirke d. R. Eliezer.

Jakobs den Tod[1]); niest er aber beim Essen, so sage man
nicht: Heilung, denn es ist gefährlich[2]). Niesen beim Gebet[3])
und in der Krankheit[4]) ist eine gute Vorbedeutung. Auch
die Blähungen werden, wie bei Griechen und Römern, gedeutet.

Als Schutzmittel dienten den Kindern gewöhnlicher
Menschen K n o t e n, Fürstensöhnen S c h e l l e n[5]). Die Knoten
band man an den Hals, die Schellen auf die Kleider. Beide
schützten unfehlbar vor bösem Blick, weshalb man sie auch
am Sabbath tragen durfte. Auch Heiden trugen Glöckchen
(tintinnabulum) an den Kleidern zur Abwehr des magischen
Auges[6]), man wird sie also auch bei den Juden als solche
ansehen müssen und nicht für einfache Schmuckgegenstände
ausgeben dürfen, wie Raschi. Ein Amora sagt, die Mischna
meine Pflanzenknoten[7]). Abaji theilt im Namen seiner Pflegemutter mit: Drei Knoten gebieten der Krankheit Halt, fünf
heilen, sieben nützen sogar gegen Zauberei. Er meint sicherlich den Krapp, wenn derselbe soviel Knoten hat[8]). Diese Kraft
haben diese Bündel aber nur, wenn sie Sonne, Mond oder
Regen nicht gesehen haben; wenn sie ferner nicht Eisenklang,
Hennestimme oder Schrittegeräusch gehört haben. Alle diese
benehmen nämlich dem Mittel die zauberische Kraft. Richtiger
erklärt ein anderer Amora die Mischna, indem er K e s c h a -
r i m als wirkliche Knoten fasst: Wenn das Kind nach
seinem Vater ein krankhaft heisses Sehnen empfindet, nimmt
der Vater den Riemen seines rechten Schuhes und bindet
ihn an den linken Schuh des Kindes. Umgekehrt ist es

---

1) Jelamdenu zu Gen. c. 27 (Levy IV 638a): חיים טובים.

2) j. Berach. 10d21: (= ἴγ,σις) אסיר למימר ייי.

3) Ber. 24b: סימן יפה; j. Ber. 6d unt. hingegen סימן רע.

4) Ber. 57b.

5) Mischna Sabbath 66b: הבנים יוצאין בקשרים ובני מלכים בזגין ובל
אדם אלא שדברו חכמים בהוה.

6) Daremberg-Saglio I 1562a, Anm. 12.

7) l. c. קשירי פואה = Krappbündel, cf. Löw, Aram. Pflanzennamen
S. 311.

8) Siehe j. Sabb. 8b oben: der Krapp ist sehr gut, wenn er 5, 7
oder 9 Knoten hat.

gefährlich. Eine Regel lautet: Bei jedem Kinde ist die linke Seite gemeint[1]). Ausgesetzte Säuglinge wurden ebenfalls durch Knoten geschützt[2]). Das Stirnband (Totefeth) soll nach R. Josef eine Art Knoten sein, das vor dem bösen Blick schützt[3]).

9. Etymologischer Aberglaube.

Einige Beispiele zeigen, dass der Aberglaube seine Wurzel in der Mehrdeutigkeit eines Wortes hat. „Wenn ein Baum seine Früchte fallen lässt, soll man ihn mit Farbe färben und mit Steinen beladen"[4]). Der b. Talmud meint, der Baum werde deshalb mit Steinen beladen, damit er abmagere und so seine Früchte behalte. Wahrscheinlich liegt aber dieser Verordnung eine abergläubische Vorstellung zu Grunde. Plinius XVIII 86 berichtet nämlich: legt man einen Stein unter einen Granatapfelbaum, so brechen die Aepfel nicht auf[5]). Das Bestreichen mit rother Farbe soll nach der Erklärung des Talmuds das Mitleid der Leute erregen und sie zu einem Gebet für den kranken Baum veranlassen. Allein auch der dem Heiligthum gehörende Baum war mit rother Farbe gefärbt[6]). Einen vollgiltigen Beweis für die abergläubische Grundlage beider Verordnungen bietet die folgende Tosiftastelle: „Man darf den Baum mit Farbe färben und mit Steinen belegen ohne Besorgniss wegen des Erlassjahres und der Sitten des Emori"[7]). Wenn die pal. Urbewohner keinen solchen Aberglauben gehegt hätten, wäre diese Beruhigung ganz überflüssig. Fragen wir nun

---

1) Sabb. 66 b.

2) Kidduschin 73 b₂ (siehe oben S. 90 Anm. 2).

3) Sabbath 57 b. Die in der Mischna Sabb. VI 1 erwähnten Schmuck-sachen dürften ursprünglich magische Schutzmittel gewesen sein. Ueber den Frauenschmuck „Jerusalem aus Gold" siehe ib. 59 a unten.

4) Sabbath 67 a 9 v. u.; Chullin 77 b u.; j. Schebiith 35 b 23 v. u. j. Maaser Scheni 55 d Mitte: אילן שמשיר (שהיא מנבל) פירותיו סוקרין בסקרא ומבהתין אותו. Im Jeruschalmi lautet der Schluss: וטיענו באבנים.

5) PW. I 50₂₄.

6) Tosifta Maaser Scheni V 13 (96₄); j. M. Sch. 55 d.

7) Schebiith I 10 (62₁): סוקרין וכ' ואינו חושש לא משום שביעית ולא משום דרכי האמורי.

nach dem Grunde dieses Aberglaubens, so finden wir ihn in den zwei Bedeutungen des Wortes סקר. Es bedeutet nämlich nicht nur **färben**, sondern auch **mit dem Auge fixiren**. Der Schlangenbeschwörer **fascinirt** die Schlange[1]). Die Alten glaubten nun, dass der Baum, der seine Früchte abwirft, vom bösen Blick (סקר) beschädigt sei. Man heilt also den Schaden nach der von uns schon charakterisirten Anschauung mit demselben Mittel (סקר == färben), mit dem er angerichtet worden. Man ging dann noch einen Schritt weiter und schützte den Baum von vornherein durch das **Färben gegen den bösen Blick**[2]).

Eine ähnliche Anschauung zeigt sich in der Sitte, die Gefahr des bösen Auges durch ein Stirnband (Totefeth) abzuwenden. Der Schaden kommt vom Auge und wird durch ein Mittel, das zwischen die Augen aufgehängt wird, unwirksam gemacht[3]). Das Pferd wird gegen das böse **Auge** geschützt durch einen Fuchsschwanz oder einen glänzenden Streifen zwischen seinen **Augen**[4]). Wir können hieraus feststellen, dass gegen die Beschädigung des **Auges röthliches Amulet, zwischen den Augen nützt**.

Die abergläubischen Traumdeutungen, zu denen der Talmud viele Belege giebt, sind männiglich bekannt. Irgendwelchen Sinn haben die hierhergehörigen Regeln ursprünglich ganz sicher gehabt, wenn wir auch den Schlüssel zu ihnen nicht mehr haben. Dies constatirt Tylor in seinem Werke „Anfänge der Cultur" Seite 121 und fährt dann fort „Manche Regeln müssen auf Gerathewohl angenommen sein, um die Reihe der Omina zu vervollständigen oder allerhand Zufälligkeiten begegnen. Warum sollte man, wenn man im

---

[1]) Lev. r. c. 22 (bei Levy III 582 b): סקר בההוא חויא ; Gen. r. c. 10: קם לבסקר בההוא חויא d. h. nicht. wie Levy meint, „genau betrachten". sondern fasciniren. wofür סקר terminus technicus ist. Das Targum giebt שוף (Joh. 20. 9 und 28, [bei Mandelkern 30] 7 mit סקר wieder.

[2]) Die Spitzmaus ist ein Heilmittel für ihren Biss, daher kommt es, dass die todte Spitzmaus als ein Amulet für das Vieh verwendet wurde (PW. 1 36₄₉).

[3]) Sabb. 57 b. Vgl. Ex. 13, 16; Deut. 6, 8; 11, 18.

[4]) Sabb. 53a. Raschi bemerkt: Fuchsschwanz gegen Fascination, Glanzstreifen als Verzierung (auch Aruch sub זהר).

Traume Fleisch brät, ein Verläumder sein?". Ich weiss wohl nicht, woher dieses Beispiel genommen ist, glaube aber doch behaupten zu dürfen, dass es auf einen etymologischen Aberglauben zurückzuführen ist. Im Aramäischen, Syrischen und Arabischen lautet nämlich der Ausdruck für Verläumden „sein Fleisch essen".

Ueber die Mandragora als erotische Pflanze haben wir schon Seite 52 Anm. 2 gesprochen. Dieselbe heisst hebräisch דּוּדָאִם (Genesis 30, 14—16; Hohelied 7, 14), was mit דודים zusammenhängt. Ob nun die Pflanze ihren Namen von diesem Aberglauben erhalten oder durch ihren Namen diesen Aberglauben veranlasst hat, steht dahin; sicher ist auf alle Fälle der etymologische Zusammenhang.

Druckfehler-Verzeichniss.

Seite	Zeile	statt	lies
11	4	100,000	10,000
12	10	dem	den
13	Ende Anm. 2	zurückschreckt	zurückschrickt
18	17	5, 3	3, 5
25	6	mittelt	mittelst
30	6 v. unten	bezeichnet	bezeichnet
31	13 v. unten	Jndaeis	Judaeis
55	11	auszusprechen	anzusprechen
61	3 v. unten	I	I 102
64	8 v. unten	;	:
66	22	5	4 und dem entsprechend die folgenden Nummern.
66	29	Kedrou	Kedron
76	1	Besessen	Besessene
82	Anm. 2	73	63
84	Anm. 1	68	112
85	12 nach Ein Mal	füge hinzu: und zwar von rückwärts	
86	Anm. 1	weshalb כ und ע (in	weshalb כ und כ (auch ע in
86	Anm. 2	füge hinzu Pesikta Buber 154 b.	
90	Anm. 2	πιττάκιον	πιττάκιον
90	Anm. 2	63	109
97	23	ἔτεκεν	ἔτεκεν
98	15	οὐρανῷ	οὐρανῷ
99	1	ζτεκεν	ἔτεκεν
99	5	αὐτούς	αὐτούς
104	10	τῷ	τῷ
108	Anm. 1	ράϑ. τῆ	ράϑ. τῆ
123	n. 2	3	2
126	15	Bewerkenswerth	Bemerkenswerth
127	10	῍Αρ.	῍Αρ.
128	5	Bennennung	Benennung
130	15	κεντουχ	ω [statt 2. α]
130	15	gross	grosse
132	25	setze Anführungszeichen an's Ende des Satzes.	
147	2 v. u.	II	II 160.
155	7 v. u.	ponce	pouce
159	20	Rohr	Siegel.